D1559128

'DER SOHN'

IN DEN SYNOPTISCHEN JESUSWORTEN

SUPPLEMENTS

TO

NOVUM TESTAMENTUM

VOLUME III

LEIDEN
E. J. BRILL
1961

'DER SOHN'
IN DEN SYNOPTISCHEN JESUSWORTEN

CHRISTUSBEZEICHNUNG DER GEMEINDE
ODER SELBSTBEZEICHNUNG JESU?

VON

Dr. B. M. F. van Iersel S.M.M.

LEIDEN
E. J. BRILL
1961

Übersetzt und publiziert mit Unterstützung der Niederländischen Organisation für Reinwissenschaftliche Forschung (Z.W.O.)

BS
410
.N81
v.3

PRINTED IN THE NETHERLANDS

INHALTSVERZEICHNIS

VORWORT

Die Mehrzahl der radikal-kritischen Exegeten ist der Ansicht, dass erst die Gemeinde — von hellenistischen Vorstellungen beeinflusst oder nicht — Jesus den christologischen Titel ὁ υἱὸς (τοῦ Θεοῦ) zugelegt habe. Bündig fasst G. BORNKAMM diesen Standpunkt in folgenden Worten zusammen: ,,So wenig ... der messianische Titel (Gottes-)Sohn schon in den Selbstaussagen des historischen Jesus beheimatet ist, so sehr erklärt sich seine Verwendung aus dem Credo der Urgemeinde, in dem er — unter Verwendung von Ps. 2,7 — seinen festen Platz hat.'' Viele Exegeten — u.a. auch die katholischen — teilten diese Auffassung nicht; aber eine diesbezügliche fruchtbare Diskussion kam bis jetzt nicht in Gang. Das liegt u.a. an der Tatsache, dass man die radikalkritische Überzeugung von katholischer Seite fast ausschliesslich mit dogmatischen Begründungen widerlegte, wobei auf die literarkritische Argumentation nur unzulänglich und ohne Gegenüberstellung entsprechender Beweisgründe eingegangen wurde.

Die vorliegende Arbeit versucht diesen Tatbestand zu ändern und eine Diskussion in Gang zu bringen. Das ist nur dann möglich, wenn die entsprechenden Logien der synoptischen Tradition an Hand einer selbständigen literarkritischen Untersuchung geprüft werden. Auch wenn man glaubt, dass Jesus im Sinne der Definition des Konzils von Nizäa der Sohn Gottes ist, kann eine solche Untersuchung mit aller Objektivität und ohne jede Voreingenommenheit stattfinden. Selbst ein negatives Resultat der Untersuchung — sei es, dass sich die betreffenden Logien nicht als ipsissima verba Jesu erweisen oder nicht in diesem Sinn aufgefasst werden sollten — würde noch nicht darauf hinweisen, dass Jesus selbst sich nicht im Sinne der späteren Formulierung des Konzils von Nizäa als Sohn Gottes betrachtete. Sind doch einerseits alle sich auf Jesus beziehenden Überlieferungen der Evangelien höchst fragmentarisch, während andererseits die Aussprüche von Nizäa den wiederholten Äusserungen von Paulus und dem vierten Evangelium entsprechen. Auch beweisen die diesbezüglichen synoptischen Logien zumindest, dass die Urgemeinde von Jesu Gottessohnschaft überzeugt war. Sollten sich die zu erörternden Logien auch nicht als ipsissima verba Jesu erweisen, so blieben sie dennoch authentische Offenbarungsworte der Heiligen Schrift und ebenso normativ für den Glauben der Kirche. Denn alles, was die Urgemeinde in Bezug auf den Herrn glaubt, ist verbürgt durch den Heiligen Geist, den sie empfing. Dass sie ihren Glauben u.U. in der Form eines Logions darstellte, tut nichts zur Sache. Theologisch gesehen sind darum auch die Logien des vierten Evangeliums genauso authentisch wie die ipsissima verba Jesu, — wenngleich nicht unter historischem Gesichtspunkt.

Am Ausgangspunkt unserer Arbeit steht also eine literarhistorische Frage: kann man mit einer literarkritischen Untersuchung nachweisen, dass Jesus die synoptischen Logien, in denen er sich selbst als „der Sohn" bezeichnet, tatsächlich aussprach, und ergibt sich daraus, dass er sich selbst als Sohn Gottes betrachtete? Es handelt sich somit für uns nicht darum, ob Jesus Gottes Sohn *ist*. Wer das glaubt, der weiss, dass auch für ihn die Worte gelten: „Nicht Fleisch und Blut haben dir das geoffenbart, sondern mein Vater im Himmel" (Mt. 16, 17). Diese Wirklichkeit lässt sich mit keinen menschlichen Mitteln erlangen; sie entzieht sich jeder positiv-wissenschaftlichen Erörterung.

Da zahlreiche Einzelfragen auch eine andere Lösung zulassen, führt die von uns angewandte Methode notwendigerweise zu hypothetischen Schlussfolgerungen. Um den hypothetischen Charakter der Konklusion soweit wie möglich zu beseitigen, wollen wir uns nicht nur auf eine Untersuchung der Selbstaussagen Jesu beschränken. Es schien uns wünschenswert, auch die Verkündigung der Urgemeinde zu berücksichtigen und ihre typischen Merkmale mit denen der Logien zu vergleichen, um daraus ersehen zu können, inwieweit letztere ein Produkt des theologischen Denkens der Urgemeinde sind. Nach einer kurzen Zusammenfassung der herrschenden Auffassungen (I. Teil) werden sowohl der Stellenwert und die Bedeutung des Gottessohnnamens in der urkirchlichen Verkündigung (II. Teil) als auch die diesbezüglichen synoptischen Logien (III. Teil) in zwei gesonderten Abschnitten systematisch untersucht. Erst der IV. Teil unserer Arbeit vergleicht die Ergebnisse der beiden vorangehenden Abschnitte und kann zu allgemeingültigen Schlussfolgerungen gelangen. So wird die Authentizitätsfrage in Bezug auf Jesu Selbstaussagen von zwei verschiedenen Seiten in Angriff genommen; dass sich beide Phasen der Arbeit gegenseitig ergänzen, macht die Schlussfolgerungen nur noch einleuchtender.

Der hier unternommene Versuch schliesst an die neueren Arbeiten über die synoptische Tradition an, in denen nicht nur die Frage nach der vollständigen Traditionsgeschichte und den Absichten der betreffenden Evangelisten, sondern auch die nach den Tatsachen des Lebens Jesu und nach seinen ipsissima verba erneut zur Diskussion gelangt.

ABKÜRZUNGSVERZEICHNIS

(Für die Schriften des ATs und des NTs und der Apostolischen Väter sind die üblichen Abkürzungen gebraucht, für die Qumranschriften die Abkürzungen, die R. de Vaux, RB 60 (1953) S. 87 ff. vorgeschlagen hat.)

AER	American Ecclesiastical Review
ALBO	Analecta Lovaniensia Biblica et Orientalia
ARW	Archiv für Religionswissenschaft
ASNU	Acta Seminarii Neotestamentici Uppsaliensis
AThANT	Abhandlungen zur Theologie des Alten und Neuen Testaments
BASOR	The Bulletin of the American Schools for Oriental Research
Bb	Biblica
BMS	Benediktinische Monatschrift
BWANT	Beiträge zur Wissenschaft vom Alten und Neuen Testament
BZ	Biblische Zeitschrift
CBQ	The Catholic Biblical Quarterly
ChQR	The Church Quarterly Review
ET	The Expository Times
EThLov	Ephemerides Theologicae Lovanienses
EvTh	Evangelische Theologie
FRLANT	Forschungen zur Religion und Literatur des Alten und Neuen Testaments
HNT	Handbuch zum Neuen Testament
HThR	The Harvard Theological Review
JBL	The Journal of Biblical Literature
JR	The Journal of Religion
JThS	The Journal of Theological Studies
NTA	Neutestamentliche Abhandlungen
NTD	Das Neue Testament Deutsch
NTS	New Testament Studies
RB	Revue Biblique
RHPhR	Revue d'Histoire et de Philosophie Religieuse
RScR	Recherches de Sciences Religieuses
RThPh	Revue de Théologie et de Philosophie
STh	Studia Theologica
ThLZ	Theologische Literaturzeitung
ThWNT	Theologisches Wörterbuch zum Neuen Testament
ThQ	Theologische Quartalschrift
ThR	Theologische Rundschau
ThZ	Theologische Zeitschrift
TrThZ	Trierer Theologische Zeitschrift
TU	Texte und Untersuchungen
VD	Verbum Domini
VT	Vetus Testamentum
ZNW	Zeitschrift für die Neutestamentliche Wissenschaft
ZThK	Zeitschrift für Theologie und Kirche

FESTSCHRIFTEN UND SAMMELWERKE

Beginnings	F. JACKSON-K. LAKE, The beginnings of christianity, London, I 1942³; II 1922; III 1926; IV 1933; V 1933.
Benoit, Exégèse	P. BENOIT, Exégèse et Théologie, Paris 1961.
Cerfaux, Recueil	Recueil Lucien Cerfaux, Bibliotheca EThLov VI-VII, Gembloux 1954.
Daube, Rabbinic Judaism	D. DAUBE, Rabbinic Judaism and the New Testament, London 1956.
Dibelius, Aufsätze	M. DIBELIUS, Aufsätze zur Apostelgeschichte, herausgegeben von Heinrich Greeven, FRLANT N.F. 42, Göttingen 1953².
Essays Dodd	The Background of the New Testament and its eschatology, edited by W. D. Davies and D. Daube in honor of C. H. Dodd, Cambridge 1956.
Festschrift Heinrici	Neutestamentliche Studien, Georg Heinrici zu seinem 70. Geburtstag dargebracht von Fachgenossen, Freunden und Schülern, Leipzig 1914.
Festschrift Meinertz	Vom Wort des Lebens, Festschrift für Max Meinertz, Münster 1951.
Fuchs, Jesus	E. FUCHS, Zur Frage nach dem historischen Jesus, Tübingen 1960.
Mélanges Goguel	Aux sources de la tradition chrétienne, Mélanges offerts à M. Maurice Goguel, Neuchâtel-Paris s.d. (1950).
Recueil Barth	Hommage et reconnaissance, Recueil de travaux publiés à l'occasion du soixantième anniversaire de Karl Barth, Neuchâtel-Paris s.d. (1946).
Studia de Zwaan	Studia Paulina in honorem Johannis de Zwaan septuagenarii, Haarlem 1953.
Studien Bultmann	Neutestamentliche Studien für Rudolf Bultmann, Beihefte zur ZNW 21, Berlin 1954.
Studien Hommel	Orientalische Studien, Fritz Hommel zum 60. Geburtstag am 31.Juli 1914 gewidmet von Freunden, Kollegen und Schülern, Leipzig 1917.
Studien Wikenhauser	Synoptische Studien Alfred Wikenhauser zum siebzigsten Geburtstag dargebracht von Freunden, Kollegen und Schülern, München 1953.
Studies van der Leeuw	Pro Regno, Pro Sanctuario; een bundel studies en bijdragen van vrienden en vereerders van Prof. Dr. G. van der Leeuw, Nijkerk 1950.
Studies Lightfoot	Studies in the Gospels, Essays in memory of R. H. Lightfoot, edited by D. E. Nineham, Oxford 1955.

Bei wiederholter Nennung eines Werkes wird nur das Hauptwort des Titels zitiert.

LITERATURVERZEICHNIS

ABEL, F.-M., *Grammaire du Grec biblique*, Paris 1927[2]
ABRAMOWSKI, R., *Der Christus der Salomooden*, ZNW 35 (1936) 44-69
ALBERTZ, M., *Die synoptischen Streitgespräche*, Berlin 1921
ALLEGRO, J. M., *Fragments of a Qumran scroll of eschatological midrâšîm*, JBL 77 (1958) 350-354
ALLEN, E. L., *Representative-christology in the New Testament*, HThR 46 (1953), 161-169
ALLEN, W. C., *Critical and exegetical commentary on the gospel according to S. Matthew*, Edinburgh 1947[3]
ARGYLE, A. W., *The evidence for the belief that our Lord Himself claimed to be divine*, ET 61 (1949-1950) 228-232
ARVEDSON, T., *Phil.* 2, 6 *und Mt.* 10, 39, STh 5 (1951) 49-51
BALTENSWEILER, H., *Die Verklärung Jesu*, AThANT 33, Zürich 1959
BARTH, M., *Die Taufe, ein Sakrament?*, Zürich 1951
BARTHÉLEMY, D.- MILIK, J. T., *Discoveries in the Judaean desert I*, Oxford 1955
BAUER, W., *Griechisch-Deutsches Wörterbuch zu den Schriften des Neuen Testaments und der übrigen urchristlichen Literatur*, Berlin 1952[4]
BAUERNFEIND, O., *Die Worte der Dämonen im Markusevangelium*, BWANT III/8 (Heft 44), Stuttgart 1927
BEASLEY-MURRAY, G. R., *Jesus and the future*, London 1956
—, *A commentary on Mark thirteen*, London 1957
BENGEL, J. A., *Gnomon Novi Testamenti*, Stuttgart 1891[8]
BENOIT, P., *La septante est-elle inspirée?*, Festschrift Meinertz 41-49, Exégèse I, 3-12
—, *L'évangile selon Saint Matthieu* (Bible de Jérusalem), Paris 1953[2]
BENTZEN, A., *Messias, Moses redivivus, Menschensohn*, AThANT 17, Zürich 1948
BERGH VAN EYSINGA, G. A. VAN DEN, *De derde verzoeking*, Nieuw Theologisch Tijdschrift 33 (1946), 280-294
BERNARDIN, J. B., *The transfiguration*, JBL 52 (1933), 181-189
BERNOUILLI, C. A., *Le Dieu-Père de Jésus d'après les synoptiques*, Actes du Congrès International d'Histoire des Religions tenu à Paris en octobre 1923, Paris 1925, II 211-222
BERTRANGS, A., *Damascus en de bijbel, Topieken van Sint Paulus' roeping*, Studia Catholica 29 (1954) 225-236
BEUS, CH. DE, *De oud-christelijke doop en zijn voorgeschiedenis I*, Haarlem 1945
BEYER, H. W., *Die Apostelgeschichte*, NTD 5, Göttingen 1951[6]
BIELER, L., ΘΕΙΟΣ ANHP, *das Bild des „göttlichen Menschen" in Spät-antike und Frühchristentum*, Wien 1935
BIENECK, J., *Sohn Gottes als Christusbezeichnung der Synoptiker*, AThANT 21, Zürich 1951
BLACK, M., *An aramaic approach to the Gospels and Acts*, Oxford 1957[2]
—, *Servant of the Lord and Son of Man*, Scottish Journal of Theology 6 (1953) 1-11
BLASS, F.-DEBRUNNER, A., *Grammatik des neutestamentlichen Griechisch*, Göttingen 1954[9]
BLINZLER, J., *Die neutestamentlichen Berichte über die Verklärung Jesu*, NTA 17/4, Münster 1937

—, *Der Prozess Jesu*, Regensburg 1955²

BOISMARD, M.-E., *Constitué Fils de Dieu (Rom. 1, 4)*, RB 60 (1953) 5-17

BONNARD, P., *La signification du désert selon le Nouveau Testament*, Recueil Barth 9-18

BONSIRVEN, J., *Le judaisme palestinien au temps de Jésus Christ*, Paris 1934-35

—, *Les juifs et Jésus, attitudes nouvelles*, Paris 1937

—, *Théologie du Nouveau Testament*, Paris 1951

BOOBYER, G. H., *St Mark and the transfiguration*, JThS 41 (1940), 119-140

BORNKAMM, G., *Enderwartung und Kirche im Matthäusevangelium*, Essays Dodd 222-260

—, *Jesus von Nazareth*, Stuttgart 1957²

BOUSSET, W., *Kyrios Christos, Geschichte des Christusglaubens von den Anfängen des Christentums bis Irenäus*, FRLANT N.F. 4, Göttingen 1913

—, *Jesus der Herr, Nachträge und Auseinandersetzungen zu Kyrios Christos*, FRLANT N.F. 8, Göttingen 1916

BOUSSET, W.-GRESSMANN, H., *Die Religion des Judentums im späthellenistischen Zeitalter*, HNT 21, Tübingen 1926³

BOVER, J. M., *„Quod nascetur (ex te) sanctum vocabitur Filius Dei" (Lc 1, 35)*, Bb 1 (1920), 92-94

BRATCHER, R. C., *A note on υἱὸς θεοῦ (Mk xv. 39)*, ET 68 (1956-57) 27-28

BROWNLEE, W. M., *The Servant of the Lord in the Qumran scrolls I*, BASOR 132 (1953) 9-15

BUBER, M., *Jesus und der Knecht*, Studies van der Leeuw 71-78

BÜCHSEL, F., *Jesus, Verkündigung und Geschichte*, Gütersloh 1947

BULTMANN, R., *Die Frage nach dem messianischen Bewusstsein Jesu und das Petrus-Bekenntnis*, ZNW 19 (1919-20) 165-174

——, *Das Urchristentum im Rahmen der antiken Religionen*, Zürich 1949

——, *Das Evangelium des Johannes*, Göttingen 1950¹¹

——, *Geschichte der synoptischen Tradition*, FRLANT 29, Göttingen 1957³ (mit Ergänzungsheft 1958)

——, *Theologie des Neuen Testaments*, Tübingen 1958³

——, *Die Erforschung der synoptischen Evangelien*, Aus der Welt der Religion, N.F. 1, Berlin 1960³

BURNEY, C. F., *The poetry of our Lord*, Oxford 1925

CADBURY, H. J., *The titles of Jesus in Acts*, Beginnings V 354-375

——, *The speeches in Acts*, Beginnings V 402-427

CASEY, R. P., *Gnosis, gnosticism and the New Testament*, Essays Dodd 52-80

CELLINI, A., *Il valore del titolo „Figlio di Dio" nella sua attribuzione a Gesù presso gli evangeli sinottici*, Roma 1907

CERFAUX, L., *La composition de la première partie du livre des Actes*, EThLov 13 (1936) 667-691; Recueil II 63-91

——, *La première communauté chrétienne a Jérusalem*, EThLov 16 (1939) 5-31; Recueil II 125-156

——, *L'hymne au Christ-Serviteur de Dieu (Phil. 2, 6-11 = Is. 52, 13-53, 12)*, Miscellanea historica in honorem A. De Meyer, Louvain 1946, 117-130; Recueil II 425-437

——, *Simples réflexions à propos de l'exégèse apostolique*, EThLov 25 (1949), 565-576; Recueil II, 189-203

——, *Le Christ dans la théologie de Saint Paul*, Lectio Divina 6, Paris 1951

——, *Saint Paul et le „Serviteur de Dieu" d'Isaïe*, Miscellanea Biblica et Orientalia A. Miller, Studia Anselmiana 27-28 (1951) 351-365; Recueil II 439-454

——, *Les sources scripturaires de Mt.* 11,25-30, EThLov 30 (1954), 740-746; 31 (1955), 331-342

——, *L'évangile de Jean et ,,le logion Johannique" des synoptiques*, Recherches Bibliques III, Bruges-Paris 1958, 146-159

CHARLES, R. H., *Religious development between the Old and the New Testaments*, The home university library of modern knowledge 94, London 1948[12]

CHEVALLIER, M.-A., *L'esprit et le messie dans le bas-judaisme et le Nouveau Testament*, Études d'histoire et de philosophie religieuses 49, Paris 1958

CLEMEN, C., *Religionsgeschichtliche Erklärung des Neuen Testaments*, Giessen 1924[2]

COHON, S. S., *The place of Jesus in the religious life of his day*, JBL 48 (1929) 82-108

CONZELMANN, H., *Die Mitte der Zeit, Studien zur Theologie des Lukas*, Beiträge zur historischen Theologie 17, Tübingen 1960[3]

CULLMANN, O., *Les traces d'une vieille formule baptismale dans le Nouveau Testament*, RHPhR 17 (1937), 424-434

——, *Les premières confessions de foi chrétiennes*, Cahiers de la RHPhR 30, Paris 1943

——, *Christus und die Zeit*, Zürich 1946

——, *Die Tauflehre des Neuen Testaments*, AThANT 12, Zürich 1948

——, *Jésus serviteur de Dieu*, Dieu Vivant 16 (1950), 17-34

——, *Petrus, Jünger-Apostel-Märtyrer*, Zürich 1952

——, *Die neuentdeckten Qumrantexte und das Judenchristentum der Pseudoklementinen*, Studien Bultmann 35-51

——, *Die Christologie des Neuen Testaments*, Tübingen 1957

DABROWSKI, E., *La transfiguration de Jésus*, Scripta pontificii instituti biblici 85, Romae 1939

DAHL, N. A., *Die Messianität Jesu bei Paulus*, Studia de Zwaan 83-95

——, *Formgeschichtliche Beobachtungen zur Christusverkündigung in der Gemeindepredigt*, Studien Bultmann 3-9

——, *Der historische Jesus als geschichtswissenschaftliches und theologisches Problem*, Kerygma und Dogma 1 (1955), 104-132

DALMAN, G., *Jesus-Jeschua*, Leipzig 1922

——, *Die Worte Jesu I*, Leipzig 1930[2]

DANIÉLOU, J., *Théologie du judéo-christianisme*, Tournai 1958

DAUBE, D., *Four types of question*, JThS n.s. 2 (1951), 45-58; Rabbinic Judaism 158-169

DAVIES, W. D., *,,Knowledge" in the Dead Sea scrolls and Matthew* 11 : 25-30, HThR 46 (1953) 113-139

DIBELIUS, M., *Die Formgeschichte des Evangeliums*, Tübingen 1933[2]

——, *Aufsätze zur Apostelgeschichte*, herausgegeben von Heinrich Greeven, FRLANT N.F. 42, Göttingen 1953[2]

DODD, C. H., *The parables of the kingdom*, London 1946[4]

——, *The apostolic preaching and its developments*, London 1956

——, *According to the Scriptures*, London 1952

——, *The appearances of the risen Christ: An essay in form-criticism of the Gospels*, Studies Lightfoot 9-35

DOEVE, J. W., *Jewish hermeneutics in the synoptic Gospels and Acts*, Assen 1953

DÖLGER, F. J., *Ichthys, der heilige Fisch in den antiken Religionen und im Christentum, I*, 1928[2]

DONDORP, A., *De verzoekingen van Jezus Christus in de woestijn*, Kampen 1951

DUPONT, J., *Filius meus es tu, L'interprétation de Ps. 2, 7 dans le Nouveau Testament*, RScR 35 (1948) 522-543

——, *Jésus-Christ dans son abaissement et son exaltation d'après Phil.* 2, 6-11, RScR 37 (1950), 500-514

——, *Les problèmes du livre des Actes d'après les travaux récents*, ALBO II/17, Louvain 1950

——, *Jésus, messie et seigneur dans la foi des premiers chrétiens*, Vie Spirituelle 83 (1950), 385-416

——, *L'utilisation apologétique de l'Ancien Testament dans les discours des Actes*, EThLov 29 (1953), 289-327

——, *L'arrière-fond biblique du récit des tentations de Jésus*, NTS 3 (1957) 287-304

——, *Ressuscité „le troisième jour"*, Bb 40 (1959), 742-761

EITREM, S., *Some notes on the demonology in the New Testament*, Symbolae Osloenses Fasc. Suppl. 12, Oslo 1950

EULER, K. F., *Die Verkündigung vom leidenden Gottesknecht aus Jes. 53 in der griechischen Bibel*, BWANT IV/14 (66), Stuttgart-Berlin 1934

EVANS, C. F., *The kerygma*, JThS n.s. 7 (1956), 25-41

FASCHER, A., *Jesus und der Satan*, Hallische Monographien 11, Halle 1949

FEINE, P., *Theologie des Neuen Testaments*, Berlin 1950-51[8]

FEUILLET, A., *Les perspectives propres à chaque évangéliste dans les récits de la transfiguration*, Bb 39 (1958), 281-301

——, *Le baptême de Jésus d'après l'évangile selon Saint Marc*, CBQ 21 (1959) 468-490

——, *Le récit lucanien de la tentation*, Bb 40 (1959), 613-631

FRIDRICHSEN, A., *Eine unbeachtete Parallele zum Heilandsruf, zu Mt 11, 28 ff.*, Studien Wikenhauser 83-85

FUCHS, E., *Die Frage nach dem historischen Jesus*, 143-167

FUNK, F.-BIHLMEYER, K.-SCHNEEMELCHER, W., *Die apostolischen Väter* I, Tübingen 1956

GAGG, R. P., *Jesus und die Davidssohnfrage, zur Exegese von Markus 12, 35-37*, ThZ 7 (1951), 18-30

GEWIESS, J., *Die urapostolische Heilsverkündigung nach der Apostelgeschichte*, Breslauer Studien zur historischen Theologie N.F. 5, Breslau 1939

GILS, F., *Jésus Prophète*, Orientalia et Biblica Lovaniensia 2, Louvain 1957

GLOMBITZA, O., *Akta XIII. 15-41, Analyse einer lukanischen Predigt für Juden*, NTS 5 (1959), 306-17

GÖDAN, H., *Das Bild von Gott dem Vater im rabbinischen Judentum*, Leipzig 1941

GOOSSENS, W., *De sensu „Filius Dei" in confessione sancti Petri et in questione synedrii*, Collationes Gandavenses 28 (1945), 61-85

——, *De divinitate Christi juxta evangelia synoptica*, Collationes Gandavenses 28 (1945), 12-24

GORDIS, R., *The „begotten" messiah in the Qumran scrolls*, VT 7 (1957), 191-194

GOULD, E. P., *A critical and exegetical commentary on the Gospel according to St. Mark* (ICC), Edinburgh 1932[7]

GOZZO, S. M., *Disquisitio critica-exegetica in parabolam N. Testamenti de perfidis vinitoribus*, Studia Antoniana 2, Roma 1949

GRANDMAISON, L. DE, *Jésus Christ* I, Paris 1929[18]

GRANT, F. C., *The authenticity of Jesus' sayings*, Studien Bultmann 137-143

GRESSMANN, H., *Der Messias*, FRLANT N.F. 26, Göttingen 1926

——, *Die Sage von der Taufe Jesu und die vorderorientalische Taubengöttin*, ARW 20 (1920-21) 1-40; 323-359

GROSSOUW, W., *De Zoon des Mensen*, Nijmegen 1957

GRUNDMANN, W., *Die Gotteskindschaft in der Geschichte Jesu und ihre religionsgeschichtlichen Voraussetzungen*, Studien zur deutschen Theologie und Frommigkeit 1, Weimar 1938
——, *Jesus der Galiläer und das Judentum*, Leipzig 1941[2]
——, *Sohn Gottes*, ZNW 47 (1956), 113-133
GUIGNEBERT, CH., *Quelques remarques d'exégèse sur Philippiens* (2, 6-11), Actes du congrès international d'histoire des religions tenu à Paris en octobre 1923, Paris 1925, II, 290-316
GUILLAUMONT, A. u.a., *Evangelium nach Thomas*, Koptischer Text herausgegeben und übersetzt von A. Guillaumont, H.-Ch. Puech, G. Quispel, W. Till, Yassah 'Abd Al-Masih, Leiden 1959
GUISAN, R., *Le secret messianique*, RThPh n.s. 22 (1934), 222-235
HAENCHEN, E., *Die Apostelgeschichte* (Meyer's Kommentar III/10), Göttingen 1956
HARNACK, A., *Ist die Rede des Paulus in Athen ein ursprünglicher Bestandteil der Apostelgeschichte?*, TU 39/1, Leipzig 1913, 1-46
——, *Judentum und Judenchristentum in Justins Dialoge mit Trypho*, TU 39/1, Leipzig 1913, 47-98
HARNACK, A. VON, *Die Bezeichnung Jesu als Knecht Gottes und ihre Geschichte in der alten Kirche*, Sitzungsbericht der Preussischen Akademie der Wissenschaften 1926, Berlin 1926, 212-238
HATCH, E.-REDPATH, H. A., *A concordance to the septuagint*, Graz 1954[2]
HATCH, W. H. P., *The primitive christian message*, JBL 58 (1939) 1-13
HAWKINS, J. C., *Horae synopticae, Contributions to the study of the synoptic problem*, Oxford 1909[2]
HEITMÜLLER, W., „*Im Namen Jesu", Eine sprach- und religionsgeschichtliche Untersuchung zum Neuen Testament, speziell zur altchristlichen Taufe*, FRLANT I/2, Göttingen 1903
HERMANIUK, M., *La parabole évangélique* Bruges-Paris-Louvain 1947
HIRSCH, E., *Frühgeschichte des Evangeliums*, Tübingen, I 1951[2], II 1941
HOFFMANN, J. *Les vies de Jésus et le Jésus de l'histoire*, ASNU 17, Uppsala 1947
——, *Jésus messie juif*, Mélanges Goguel 103-112
HÖLLER, J., *Die Verklärung Jesu*, Freiburg 1937
HORAN, B. W., *The apostolic kerygma in Philippians* 2, 6-9, ET 62 (1950-51) 60-61
HOUSSIAU, A., *L'exégèse de Matthieu* 11, 27b *selon saint Irénée*, EThLov 29 (1953), 328-354
HUCK, A.-LIETZMANN, H., *Synopse der drei ersten Evangelien*, Tübingen 1950[9]
HUMBERT, P., *Le messie dans le targum des prophètes*, RThPh 43 (1910), 420-447, 44 (1911), 5-46
HUNTRESS, E. "*Son of God" in jewish writings prior to the christian era*, JBL 54, (1935), 117-123
JACKSON, F.-LAKE, K., *The beginnings of christianity*, London, I-1942[3], II-1922; III 1926; IV-1933; V-1933
JACQUIER, E., *Les actes des apôtres*, Paris 1926[1]
JEREMIAS, J., *Amnòs toû theoû—paîs theoû*, ZNW 34 (1935), 115-123
——, *Zum Problem der Deutung von Jes.* 53 *im palästinischen Spätjudentum*, Mélanges Goguel 113-119
——, *Zur Geschichtlichkeit des Verhörs Jesu vor dem Hohen Rat*, ZNW 43 (1950), 145-150
——, *Die Gleichnisse Jesu*, AThANT 11, Zürich 1952[2]
——, *Kennzeichen der ipsissima vox Jesu*, Studien Wikenhauser 86-93
——, *Abba*, ThLZ 79 (1954) 213-214

———, Παῖς θεοῦ , ThWNT V 653-713
———, *Die Abendmahlsworte Jesu*, Göttingen 1960[3]
Jocz, J., *The jewish people and Jesus Christ*, London 1949
Jülicher, A., *Die Gleichnisreden Jesu*, Tübingen 1910[2]
Käseman, E., *Das Problem des historischen Jesus*, ZThK 51 (1954), 125-153
Ketter, P., *Die Versuchung Jesu nach dem Berichte der Synoptiker*, NTA VI/3, Münster 1918
Kittel, G., ʼΑββᾶ, ThWNT I, 4-6
Klausner, J., *Jesus von Nazareth, seine Zeit, sein Leben und seine Lehre*, Jerusalem 1952[3]
Klostermann, E., *Das Markusevangelium*, HNT 3, Tübingen 1950[4]
Knox, W. L., *The Acts of the apostles*, Cambridge 1948
———, *The Sources of the synoptic Gospels*, I *St. Mark*, Cambridge 1953; II *St. Luke and St. Matthew*, Cambridge 1957
Koch, L., *Die Geistsalbe Christi bei der Taufe im Jordan in der Theologie der alten Kirche*, BMS 20 (1938), 15-20
Kosmala, H., *Hebräer-Essener-Christen*, Studia Post-Biblica 1, Leiden 1959
Kosnetter, J., *Die Taufe Jesu*, Theologische Studien der österreichischen Leo-Gesellschaft 35, Wien 1936
Kossen, H. B., *Op zoek naar de historische Jezus*, Assen 1960
Kümmel, W. G., *Das Gleichnis von den bösen Weingärtnern*, Mélanges Goguel 120-131
———, *Theologie und Geschichte des Judenchristentums*, STh 3 (1951), 188-194
———, *Verheissung und Erfüllung, Untersuchungen zur eschatologischen Verkündigung Jesu*, AThANT 6, Zürich 1956[3]
———, *Das Urchristentum*, ThR 14 (1942), 81-95; 155-173; 17 (1948), 3-50; 103-142; 18 (1950), 1-53; 22 (1954), 138-170; 191-211
Labib, P., *Coptic gnostic papyri in the coptic museum at old Cairo* I, Cairo 1956
Lagrange, M.-J., *La paternité de Dieu dans l'Ancien Testament*, RB 17 (1908), 481-499
———, *La conception surnaturelle du Christ d'après saint Luc*, RB 23 (1914), 60-71; 188-208
———, *Le judaisme avant Jésus-Christ*, Paris 1931
———, *Les origines du dogme paulinien de la divinité du Christ*, RB 45 (1936), 5-33
———, *Évangile selon saint Marc*, Paris 1947[6]
———, *Évangile selon saint Matthieu*, Paris 1948[8]
———, *Évangile selon saint Luc*, Paris 1948[7]
Lebreton, J., *Histoire du dogme de la trinité des origines à saint Augustin, I*, Paris 1927[6]
Leeuw, V. de, *De Ebed-Jahweh-profetieën*, Assen 1956
Lehmann, H., „Du bist Petrus . . ." EvTh 13 (1953) 44-67
Leipoldt, J., *Ein neues Evangelium? Das koptische Thomasevangelium übersetzt und besprochen*, ThlZ 83 (1958) 481-496
Lepin, M., *Jésus messie et fils de Dieu d'après les évangiles synoptiques*, Paris 1910[4]
Lichtenstein, E., *Die älteste christliche Glaubensformel*, Zeitschrift für Kirchengeschichte IV/I/63 (1950), 1-74
Lietzmann, H., *Der Prozess Jesu*, Sitzungsberichte der preussischen Akademie der Wissenschaften 1931, Berlin 1931, 311-322
Lilly, J. L., *Jesus Christ's revelation of his messianic dignity and of his divinity*, AER 119 (1948), 130-141
Lindeskog, G., *Die Jesusfrage im neuzeitlichen Judentum*, Uppsala 1938

LOHMEYER, E., *Die Verklärung Jesu nach dem Markus-Evangelium*, ZNW 21 (1922), 185-215

——, *Das Gleichnis von den bösen Weingärtnern*, Zeitschrift für systematische Theologie 18 (1941), 243-259

——, *Gottesknecht und Davidssohn*, Symbolae Biblicae Uppsalienses 5, Haphniae 1945

——, *Das Vater-unser*, AThANT 23, Zürich 1952[3]

——, *Das Evangelium des Markus* (Meyer's Kommentar I/2), Göttingen 1954[13]

LOHMEYER, E.-SCHMAUCH, W., *Das Evangelium des Matthäus* (Meyer's Kommentar, Sonderband) Göttingen 1956

LÖSCH, S., *Deitas Jesu und antike Apotheose*, Rottenburg 1933

MANSON, T. W., *The sayings of Jesus as recorded in the Gospels according to St. Matthew and St. Luke arranged with introduction and commentary*, London 1949

——, *The Old Testament in the teaching of Jesus*, Bulletin of the John Rylands library 34 (1952) 312-332

——, *The servant Messiah*, Cambridge 1953

——, *The life of Jesus: some tendencies in present-day research*, Essays Dodd 211-221

MANSON, W., *Jesus the Messiah*, London 1952[6]

MARXSEN, W., *Der Evangelist Markus, Studien zur Redaktionsgeschichte des Evangeliums*, Göttingen 1959[2]

——, *Anfangsprobleme der Christologie*, Gütersloh 1960

MAURER, C., *Knecht Gottes und Sohn Gottes im Passionsbericht des Markusevangeliums*, ZThK 50 (1953), 1-38

McCASLAND, S. V., *Abba Father*, JBL 72 (1953), 79-91

McKENZIE, J. L., *Divine sonship of the angels*, CBQ 5 (1943), 293-300

——, *Divine sonship and individual religion*, CBQ 7 (1945), 32-47

——, *Divine sonship of the men in the Old Testament*, CBQ 7 (1945) 326-339

——, *Divine sonship of Israel and the covenant*, CBQ 8 (1946), 320-331

MEINERTZ, M., *Theologie des Neuen Testaments*, Bonn 1950

——, *Zum Verständnis des Christushymnus Phil. 2, 5-11*, TrThZ 61 (1952), 186-192

MÉNARD, J. E., *Pais theou as messianic title in the book of Acts*, CBQ 19 (1957), 83-92

——, *Le titre ΠΑΙΣ ΘΕΟΥ dans les Actes des Apôtres*, Sacra Pagina, Miscellanea Biblica congressus internationalis catholici de re biblica, Bibliotheca EThLov 13, Paris-Gembloux 1959, II/314-321

MERTENS, H., *L'hymne de jubilation chez les synoptiques*, Gembloux 1957

MEYER, E., *Ursprung und Anfänge des Christentums* I, Stuttgart-Berlin 1921

MICHEL, O., *Der Brief an die Römer* (Meyer's Kommentar IV), Göttingen 1955[10]

MONTEFIORE, C. G., *Rabbinic literature and Gospel teachings*, London 1930

MONTEFIORE, H. W., *God as father in the synoptic Gospels*, NTS 3 (1956), 31-46

MOORE, G. F., *Judaism in the first centuries of the christian era, the age of the tannaim*, Cambridge 1927-30

MORGENTHALER, R., *Statistik des neutestamentlichen Wortschatzes*, Zürich 1958

MOULTON, J. H., *A grammar of New Testament Greek*, Edinburgh 1949[3]

MUNDLE, W., *Die Geschichtlichkeit des messianischen Bewusstseins Jesu*, ZNW 21 (1922), 299-311

MURPHY, R. E., *Šaḥat in the Qumran literature*, Bb 39 (1958), 61-66

MUSSNER, F., *Der historische Jesus und der Christus des Glaubens*, BZ N.F. 1 (1957), 224-252

NEW, S., *The name, baptism, and the laying on of hands*, Beginnings V/121-140

NICKLIN, T., *The Messiah's baptism and the Holy Ghost*, ChQR 149 (1950), 127-137

NORDEN, E., *Agnostos Theos, Untersuchungen zur Formengeschichte religiöser Rede*, Stuttgart 1956[4]

——, *Die Geburt des Kindes, Geschichte einer religiösen Idee*, Studien der Bibliothek Warburg 3, Leipzig-Berlin 1924

PAFFRATH, P. TH., *Der Titel „Sohn der Gottheit"*, Studien Hommel I/157-159

PERCY, E., *Die Botschaft Jesu*, Lunds Universitets Årsskrift N.F. 1/49/5, Lund 1953

PIROT, J., *Paraboles et allégories évangéliques*, Paris 1949

PLUMMER, A., *A critical and exegetical commentary on the Gospel according to S. Luke*, Edinburgh 1928[5]

PRESS, R., *Jahweh und sein Gesalbter, Zur Auslegung von Ps 2*, ThZ 13 (1957), 321-334

PREUSCHEN, E., *Antilegomena, Die Reste der ausserkanonischen Evangelien und urchristlichen Überlieferungen*, Giessen 1905[2]

QUELL, G., Πατήρ, ThWNT V, 959-974

QUISPEL, G., *Some remarks on the Gospel of Thomas*, NTS 5 (1959), 276-290

RAMSEY, A. M., *La gloire de Dieu et la transfiguration du Christ*, Dieu Vivant 15 (1950), 17-27

REICKE, B., *Glaube und Leben der Urgemeinde*, AThANT 32, Zürich 1957

RICHARDSON, A., *An introduction to the theology of the New Testament*, London 1958

RIESENFELD, H., *Jésus transfiguré*, ASNU 19, København 1947

RIST, M., *Is Matt. XI 25-30 a primitive baptismal hymn?* JR 15 (1935), 63-77

ROBINSON, J. A. T., *The most primitive christology of all?* JThS n.s. 7 (1956), 177-189

ROBINSON, J. M., *The problem of history in Mark*, Studies in Biblical Theology 21, London 1957

ROBINSON, J. M., *A new quest of the historical Jesus*, Studies in Biblical Theology 25, London 1959

ROMANIUK, K., *De themate Ebed Jahve in soteriologia Sancti Pauli*, CBQ 23 (1961), 14-25

ROPES, J. H., *The influence of second Isaiah on the epistles*, JBL 48 (1929), 37-39

SAHLIN, H., *Der Messias und das Gottesvolk*, ASNU 12, Uppsala 1945

——, *Studien zum dritten Kapitel des Lukasevangeliums*, Uppsala Universitets Årsskrift 1949/2, Uppsala-Leipzig 1949

SCHMIDT, K. L., *Der Rahmen der Geschichte Jesu*, Berlin 1919

——, *Das Christuszeugnis der synoptischen Evangelien*, EvTh Beiheft 2, München 1936, 7-33

——, *Der Todesprozess des Messias Jesus*, Judaica 1 (1945), 1-40

SCHMITT, J., *Jésus ressuscité dans la prédication apostolique*, Paris 1949

——, *Les sources et les thèmes de la naissante foi apostolique au Christ sauveur*, Lumière et Vie 15 (1954) 21-34

SCHMUTZ, S., *Christus und die Göttersöhne der Heiden*, BMS 22 (1946), 202-210; 260-269; 23 (1947), 45-54

SCHNACKENBURG, R., *Der Sinn der Versuchung Jesu bei den Synoptikern*, ThQ 132 (1952) 297-326

SCHNIEWIND, J., *Das Evangelium nach Markus*, NTD 1, Göttingen 1952[6]

——, *Das Evangelium nach Matthäus*, NTD 2, Göttingen 1954[7]

SCHOEPS, H. J., *Theologie und Geschichte des Judenchristentums*, Tübingen 1949

——, *Aus frühchristlicher Zeit*, Tübingen 1950

——, *Die ebionitische Wahrheit des Christentums*, Essays Dodd 115-123

SCHRENK, G., Πατήρ, ThWNT V, 946-959; 974-1016

SCHWEITZER, A., *Geschichte der Leben-Jesu-Forschung*, Tübingen 1951[6]

SCHWEITZER, E., *Zu den Reden der Apostelgeschichte*, ThZ 13 (1957), 1-11

——, *Die Urchristenheit als ökumenische Gemeinschaft*, EvTh 10 (1950-51), 273-288

SEIDELIN, P., *Der 'Ebed Jahweh und die Messiasgestalt im Jesajatargum*, ZNW 35 194-231

SEITZ, A., *Das Evangelium vom Gottessohn*, Freiburg 1908

SELWYN, E. G., *The Father's name*, Theology 27 (1933) 184-198

SEVENSTER, G., *De christologie van het Nieuwe Testament*, Assen 1948[2]

SMITH, M., ,,*God's begetting the messiah*'' in 1 QSa, NTS 5 (1959), 218-224

SMITS, C., *Oud-Testamentische citaten in het Nieuwe Testament II*, Collectanea Franciscana Neerlandica VIII/2, Buscoduci 1955

SOLAGES, B. DE, *Synopse grecque des évangiles*, Leiden-Toulouse 1959

SPARKS, H. F. D., *The doctrine of divine fatherhood in the Gospels*, Studies Lightfoot 241-262

SPICQ, C., *Le nom de Jésus dans le Nouveau Testament*, La Vie Spirituelle 86 (1951), 5-18

STANLEY, D. M., *The theme of the servant of Yahweh in primitive christian soteriology and its transposition by St. Paul*, CBQ 16 (1954), 385-425

——, *The conception of salvation in the synoptic Gospels*, CBQ 18 (1956), 345-363

STAUFFER, E., *Die Theologie des Neuen Testaments*, Gütersloh 1948[4]

——, *Agnostos Christos, Joh. ii 24 und die Eschatologie des vierten Evangeliums*, Essays Dodd 281-299

——, *Jerusalem und Rom im Zeitalter Jesu Christi*, Dalp-Taschenbücher 331, Bern 1957

——, *Jesus, Gestalt und Geschichte*, Dalp-Taschenbücher 332, Bern 1957

——, *Die Botschaft Jesu damals und heute*, Dalp-Taschenbücher 333, Bern 1958

STEMPVOORT, P. A. VAN, ,,*Gods Zoon*'' of ,,*een zoon Gods*'' in Matth. 27,54 ?, Nederlands Theologisch Tijdschrift 9 (1954-55), 79-89

STRACK, H.-BILLERBECK, P., *Kommentar zum Neuen Testament aus Talmud und Midrasch*, München 1922-1928

SUGGS, M. J., *Wisdom of Solomon 2, 10-5: A homily based on the fourth servant song*, JBL 76 (1957), 26-33

SWIGCHEM, D. VAN, *Geschiedenis van de exegese van Luc. 10 : 22 (Matth. 11 : 27) in de laatste decennia*, Gereformeerd Theologisch Tijdschrift 52 (1952), 97-108

TAYLOR, V., *The formation of the Gospel tradition*, London 1945

——, *The messianic secret in Mark*, ET 59 (1947-48), 146-151

——, *The names of Jesus*, London 1953

——, *The life and ministry of Jesus*, London 1955

——, *The Gospel according to St. Mark*, London 1957[4]

——, *The person of Christ*, London 1958

TELFER, W., *The form of a dove*, JThS 29 (1928), 238-242

TILLMANN, F., *Das Selbstbewusstsein des Gottessohnes auf Grund der synoptischen Evangelien*, Biblische Zeitfragen IV/11-12, Münster 1911

TORREY, C. C., *The influence of second Isaiah in the Gospels and Acts*, JBL 48 (1929), 24-36

TRILLING, W., *Das wahre Israel, Studien zur Theologie des Matthäusevangeliums*, Erfurter Theologische Studien 7, Leipzig 1959

TROCMÉ, E., *Le „livre des Actes" et l'histoire*, Paris 1957

VACCARI, A., *Antica e nuova interpretatione del Salmo 16*, Bb 14 (1933), 408-434

——, *De messia „Filio Dei" in Vetero Testamento*, VD 15 (1935), 48-55; 77-86

VAGANAY, L., *Le problème synoptique*, Tournai 1954

VITTI, A., *„Et dominum eum et christum fecit Deus"* (Act. 2, 36), VD 20 (1940), 193-200

VOGELS, H. J., *Die Versuchungen Jesu*, BZ 17 (1926), 238-255

VOSTÉ, I.-M., *De baptismo, tentatione et transfiguratione Jesu*, Studia theologiae biblicae Novi Testamenti 2, Romae 1934

——, *The title „Son of God" in the synoptic Gospels*, AER 121 (1949), 18-33

WALKER, TH., *The teaching of Jesus and the jewish teaching of his age*, London 1923

WANROY, M. VAN, *Eunuchus aethiops a diacono Philippo conversus*, VD 20 (1940) 287-293

WEINREICH, O., *Antikes Gottmenschentum*, Neue Jahrbücher für Wissenschaft und Jugendbildung 2 (1926), 633-651

WEISS, J., *Das Logion Mt. 11,25-30*, Festschrift Heinrici 120-129

WETTER, G. P., *„Der Sohn Gottes"*, FRLANT N.F. 9, Göttingen 1916

WILCKENS, U., *Kerygma und Evangelium bei Lukas*, ZNW 49 (1958), 223-237

WILDER, A. N., *Variant traditions of the resurrection in Acts*, JBL 62 (1943), 307-318

WILLAERT, B., *La connexion littéraire entre la première prédiction de la passion et la confession de Pierre chez les synoptiques*, EThLov 32 (1956), 24-45

WILLIAMS, A. L., *„My father" in jewish thought of the first century*, JThS 31 (1930), 42-47

WINDISCH, H., *Friedensbringer—Göttersöhne*, ZNW 24 (1925), 240-260

WINKEL, M. E., *Der Sohn, Die evangelischen Quellen und die Verkündigung Jesu von Nazareth in ihrer ursprünglichen Gestalt und ihre Vermischung mit jüdischem Geist*, Berlin 1938[2]

YADIN, Y., *A midrash on 2 Sam. vii and Ps. i-ii* (4Q Florilegium), Israel Exploration Journal 9 (1959), 95-98.

——, *A crucial passage in the Dead Sea scrolls*, JBL 78 (1959), 238-41

ERSTER TEIL

DIE GOTTESSOHNSCHAFT JESU
IN DER NEUZEITLICHEN FORSCHUNG

DIE GOTTESSOHNSCHAFT JESU
IN DER NEUZEITLICHEN FORSCHUNG

1. Die traditionelle Auffassung: G. Dalman, J. Schmitt. — 2. Die religions-geschichtliche Schule: W. Bousset. — 3. Die formgeschichtliche Schule: M. Dibelius, R. Bultmann. — 4. Kritik an R. Bultmanns Folgerungen: J. Bieneck, V. Taylor, O. Cullmann, W. Manson. — 5. J. Jeremias, C. Maurer. — 6. Kritik an J. Jeremias' und C. Maurers Folgerungen: W. Grundmann. — 7. Die angemessene Methode zur Lösung der Kernfrage.

1. DIE TRADITIONELLE AUFFASSUNG: G. DALMAN, J. SCHMITT

Zwei Gründe erschweren eine übersichtliche Zusammenfassung der neueren Untersuchungen zum Ursprung des christologischen Titels „Sohn Gottes": einerseits gibt es nur wenige Monographien zu diesem Thema[1], andrerseits aber haben ungemein viele Autoren Stellung zur diesbezüglichen Diskussion genommen. Eine vollständige Literaturübersicht würde deshalb die Grenzen der Einleitung sprengen[2]. Wir müssen uns hier also auf das Hervorheben der grossen Linien, die sich innerhalb der neueren Forschung abzeichnen, beschränken.

Nach traditioneller Auffassung verdankt die Bezeichnung „Sohn Gottes" ihre eigentliche Bedeutung Jesu selbst — mag dieser Begriff auch eine alttestamentliche Vorgeschichte haben, mag man auch anerkennen, dass seine Verwendung durch das hellenistische Christentum gefördert wurde. Hat Jesus sich diesen Namen auch nicht expressis verbis selbst zugelegt, so gab er doch deutlich zu verstehen, dass er in einzigartiger Weise der Sohn des Vaters sei. Die Verfechter dieser These diskutieren im allgemeinen gar nicht (oder doch nur selten) mit den Anhängern einer anderen Auffassung, — obschon man gegen die formgeschichtliche Schule nachdrücklich die Echtheit von Mk. 13, 32 par. vertritt und hierin die Be-

---

[1] M. LEPIN, *Jésus Messie et Fils de Dieu d'après les Évangiles Synoptiques*, Paris 1910⁴, eine apologetische Schrift; zwei nicht von uns eingesehene Arbeiten: A. CELLINI, *Il valore del titolo „Figlio di Dio" nella sua attribuzione a Gesù presso gli Evangeli sinottici*, Roma 1907; u. W. F. LOFTHOUSE, *The Father and the Son*, London 1934; J. BIENECK, *Sohn Gottes als Christusbezeichnung der Synoptiker*, AThANT, 21, Zürich 1951.

[2] Man vergleiche die Arbeiten von A. SCHWEITZER, *Geschichte der Leben-Jesu-Forschung*, Tübingen 1951⁶; J. HOFFMANN, *Les vies de Jésus et le Jésus de l'histoire*, ASNU XVII, Uppsala 1947; G. LINDESKOG, *Die Jesusfrage im neuzeitlichen Judentum*, ASNU VIII, Uppsala 1938; W. G. KÜMMEL, *Das Neue Testament, Geschichte der Erforschung seiner Probleme*, Orbis-Band III, 3, Freiburg-München 1958.

stätigung dafür sieht, dass Jesus selbst sich als Gottes Sohn betrachtet habe; dabei führt man gerne Mt. 11,27 par., Mk. 12, 1-8 par.
und Mk. 12, 35-37 als Textstellen an, die deutlich zeigten, was Jesus
darunter verstanden habe. Schliesslich gehen dann auch die Glaubensbekenntnisse der Urgemeinde auf eine Offenbarung von Jesus
selber zurück. So schreibt E. STAUFFER: ,,In diesem Sinne, als
messianische Amtsbezeichnung, hat der Begriff Gottessohn, nicht
ohne Jesu Einverständnis, in der Christologie des NT Eingang
gefunden.'' [1] Und er fährt fort: ,,Es ist Amtsbezeichnung, aber auch
Ursprungsbezeichnung''. [2] Er gehört zu den ,,Würdenamen ...
mit denen die Jünger und Hilfesuchenden den irdischen Jesus
angeredet haben'' und die ,,nach Ostern sehr rasch zu Akklama-
tionen des Erhöhten geworden sind.'' [3] In bezug auf das Verhältnis
zwischen Amtsbezeichnung und Ursprungsbezeichnung darf M.
MEINERTZ' Formulierung als repräsentativ gelten: ,,Es ist Berufs-
bewusstsein, das aus einem Seinsverhältnis entspriesst''. [4]

Weniger einmütig wird die Frage beantwortet, ob der Glaube der
Urgemeinde an die Gottessohnschaft auch schon zu Jesu Lebzeiten
unter den Jüngern verbreitet war. Ihre Bejahung ist jedoch keineswegs ein Ausnahmefall. So meint J.-M. VOSTÉ, dass Petrus in
seinem Glaubensbekenntnis — dessen authentische Fassung
Mt. 16, 16 wiedergebe — ,,de filiatione aeterna naturali'' spricht [5].

Unter diesen Autoren nimmt G. DALMAN einen wichtigen Platz
ein [6]. Nach einer kritischen Betrachtung der hierfür gewöhnlich
zitierten Texte stellte er fest, dass ,,Psalm 2 nicht von wesentlicher
Bedeutung für die jüdische Vorstellung vom Messias gewesen ist,
und dass ,,Sohn Gottes'' keine übliche messianische Bezeichnung
war.'' [7] Auf alle Fälle unterband er es dadurch, den christlichen

---

[1] *Theologie des Neuen Testaments*, Gütersloh 1948⁴, S. 94.
[2] ebd.
[3] a.a.O., S. 222.
[4] *Theologie des Neuen Testaments*, Bonn 1950, I S. 191; vgl. W. C. ALLEN,
Critical and exegetical commentary on the Gospel according to S. Matthew,
Edinburgh 1947³, S. 123; P. FEINE, *Theologie des Neuen Testaments*, Berlin
1950-1951, I S. 49-50; P. KETTER, *Die Versuchung Jesu nach dem Berichte
der Synoptiker*, NTA VI 3, Münster i.W. 1918, S. 122; A. DONDORP, *De
verzoekingen van Jesus Christus in de woestijn*, Kampen 1951, S. 92.
[5] *De baptismo, tentatione et transfiguratione Jesu*, Studia Theologiae
Biblicae Novi Testamenti II, Romae 1934, S. 12; *The title ,,Son of God''
in the Synoptic Gospels*, AER 121 (1949), S. 27.
[6] *Die Worte Jesu I*, Leipzig 1930², S. 150-59; 219-37.
[7] a.a.O., S. 223. DALMANS Aufassung vertraten u.a. M.-J. LAGRANGE,
La paternité de Dieu dans l'Ancien Testament, RB n.s. 17 (1908), S. 490-91;

„Sohn Gottes"-Titel als eine homogene Entwicklung aus jüdischen Auffassungen zu sehen. Getreu seinem Ausgangspunkte behauptet er, Jesus sei zeit seines irdischen Lebens von keinem Menschen so genannt worden [1]. Was Jesus selber anlangt, meint er: „Jesus

J. Lebreton, *Histoire du dogme de la Trinité des origines à saint Augustin*, I, Paris 1927[6], S. 133-34; 300 Anm. 2; J. Klausner, *Jesus von Nazareth, seine Zeit, sein Leben und seine Lehre*, Jerusalem 1952[3], S. 526-27; J. Kosnetter, *Die Taufe Jesu*, Theologische Studien der Österreichischen Leo-Gesellschaft 35, Wien 1936, S. 188-89; G. Sevenster, *De christologie van het Nieuwe Testament*, Amsterdam 1948[2], S. 97-98; M. Meinertz, *Theologie des NT I*, S. 157; A. Graham, *The Person and the Teaching of Christ*, in: The Catholic Commentary on Holy Scripture, London 1953, S. 773 Nr. 622b. U.a. lehnt H. Riesenfeld, *Jésus transfiguré*, ASNU XVI, København 1947, seine Ansicht ab; er wirft Dalman sogar unverantwortete Textänderungen und andere unerlaubte „opérations critiques" vor (S. 69 Anm. 18), ohne allerdings sein Urteil zu motivieren. R. Bultmann, *Theologie* S. 52-53, meint, es gebe im Judentum Spuren einer messianischen Auslegung von Ps. 2, 7, die aller Wahrscheinlichkeit nach daraufhindeuteten, dass „Sohn Gottes" ein messianischer Titel war; in Mk. 14,61 u. 15,26 sieht er diese Annahme bestätigt; vgl. *Geschichte der synoptischen Tradition*, FRLANT N.F. 12, Göttingen 1957[3], S. 264 Anm. 1; Auch J. Bieneck, a.a.O., S. 25, V. Taylor, *The names of Jesus*, London 1953, S. 53-54 und J. Blinzler, *Der Prozess Jesu*, Regensburg 1955[2], S. 75-76 Anm. 30 liessen sich von Dalman nicht überzeugen, zumal „Sohn Gottes" im NT des öfteren als ein Äquivalent für Messias gebraucht wird (Mk. 12,35-37; 14,61; 15,26; Lk 4,41; Apg. 9,20-22). Man muss jedoch berücksichtigen, dass eine Gleichstellung des christianisierten „Messias" mit „Sohn Gottes" keineswegs einer Gleichstellung mit dem jüdischen Titel gleichkommt; lassen sich doch innerhalb der Christologie der Urkirche alle christologischen Titel — da sie auf ein und dieselbe konkrete Gestalt Bezug nehmen — untereinander gewissermassen austauschen. Deshalb lässt sich mit NT-Texten schwerlich nachweisen, dass „Sohn Gottes" ein messianischer Titel der jüdischen Literatur war. Die Qumranfunde haben bis heute Dalmans Argumentation nicht widerlegt. Man könnte höchstens auf 1QSa. 2, 11-12 hinweisen, wo es heisst: אם יוליד (אל) א(ת) המשיח. D. Barthélemy u. J. T. Milik, *Discoveries in the Judaean desert, I, Qumran Cave I*, Oxford 1955, S. 108-18 schlagen nach Erörterung dieses Textes vor, יוליד in יוליך zu verändern. Ihre Emendation stiess jedoch auf Widerspruch: vgl. u.a. R. Gordis, *The „begotten" Messiah in the Qumran scrolls*, VT 7 (1957), S. 191-94. Man muss in diesem Text zwei Punkte beachten: 1). Die Ergänzung אל ist eine rein hypothetische; 2). In keinerlei Weise wird „Sohn Gottes" als feststehender Titel des Messias genannt; wohl wird von einer Zeugung des Messias durch Gott gesprochen, vorausgesetzt, dass der Text richtig verbessert wurde; da diese Tatsache in einem kurzen und unbetonten Zwischensatz erwähnt wird, gewinnt man den Eindruck, es habe sich dabei um eine allgemein übliche Auffassung gehandelt. Für eine andere Interpretation s. M. Smith, „*God's begetting the Messiah*" in 1QSa, NTS 5 (1959), S. 218-224 (s. auch die Literaturangaben a.a.O. S. 218 Anm. 2), und Y. Yadin, *A crucial passage in the Dead Sea Scrolls*, JBL 78 (1959), S. 238-41, der einen neuen Rekonstruktionsversuch macht: אם יועדו (הכוהן) המשיח ...

[1] a.a.O. S. 225-226.

hat sich nie die Bezeichnung 'der Sohn Gottes' beigelegt, aber doch
unzweideutig zu erkennen gegeben, dass er nicht nur 'ein', sondern
'der Sohn Gottes' sei."[1] Diese Bezeichnung sage etwas über sein
Verhältnis zur Welt aus. In DALMANS Kommentar zu Mt. 21,33-46
par. heisst es: ,,Die Stellung des einzigen Sohnes ist dabei ähnlich
wie in Ps. 2 aufgefasst als eine Rechtsstellung, welche Anspruch
auf das gesamte Familiengut verleiht. Bei dem Sohn Gottes kann
es sich dann nur um die Weltherrschaft handeln, und zwar eine
solche, wie sie nicht ein jüdischer Imperator, sondern wie sie Gott
ausübt."[2] Doch enthalte der Titel auch ein Urteil über ,,das Jesu
eigene Verhältnis zu Gott". Als Beleg hierfür zitiert DALMAN vor
allem Mt. 11,27 und 22,41-46, und schreibt über diese Stellen:
,,Für denjenigen, der ohne dogmatische Befangenheit Jesu Wort
liest, wird kein andrer Sinn sich ergeben können, als dass der
Messias in Wirklichkeit Sohn eines Höheren ist als Davids, nämlich
Gottes. . . . . Nicht der Gedanke einer Menschwerdung Gottes oder
einer zwiefachen in einer Person vereinigten Natur wird ausgesprochen, wohl aber bezeugt das Vorhandensein eines in menschlicher
Schwachheit erscheinenden, vollkommenen Offenbarers Gottes und
künftigen Weltherrschers, den Gottes Wundermacht der Welt ge-
geben."[3] Eine ausschliesslich religiös-ethische Interpretation von
Jesu Sohnschaft lehnt er deshalb auch vollständig ab. Auf die
Frage, was dieser Name für die Synoptiker bedeutet habe, antwortet er, dass ,,die hellenistischen Synoptiker" gewiss an den ,,von
Gott Geborenen" gedacht haben[4]; er schliesst: ,,Die hellenistische
Deutung von ὁ υἱὸς τοῦ θεοῦ kann im Blick auf Jesu eigene Gedanken nicht als völlig unrichtig bezeichnet werden. Ein wesentlicher
Unterschied in der Fassung besteht aber insofern, als Jesus den Ausdruck zunächst in bezug auf seine gegenwärtige Stellung zu Gott
verwendet und nur durchblicken lässt, dass auch seine Herkunft
eine dieser Stellung entsprechende sei, während die Synoptiker den
letztgenannten Punkt dem Sinne des Ausdrucks zugrunde legen.
Ihre Denkweise ist griechisch, die Denkweise Jesu semitisch."[5]

J. SCHMITT stellte die Bedeutungsentwicklung dieses christologischen Titels dar[6]. Das Prädikat sei ,,d'un usage assez

---

[1] a.a.O. S. 230.
[2] a.a.O. S. 230-31.
[3] a.a.O. S. 234-35.
[4] a.a.O. S. 236.
[5] a.a.O. S. 236-37.
[6] *Jésus Ressuscité dans la prédication apostolique*, Paris 1949, bes. S. 209-16.

primitif"[1], weil es schon Lukas in den ihm verfügbaren Quellen über Jesu Geburt und Jugend vorgefunden habe; der Titel sei also schon der ältesten christlichen Generation vertraut gewesen[2]. Im synoptischen, Paulinischen und Johanneischen Material unterscheidet er folgende Entwicklung: ,,Dans les Synoptiques, la locution σὺ εἶ ὁ υἱὸς τοῦ θεοῦ reparaît à peu près stéréotypée . . . comme l'expression de la croyance au Messie. Dans les épitres de Paul, la foi en ,,Jésus, Fils de Dieu'' est déjà celle au Christ élevé à la gloire divine de par sa résurrection. Enfin, dans les écrits johanniques la formule Ἰησοῦς ἐστιν ὁ υἱὸς τοῦ θεοῦ marquera la confession classique d'une chrétienté pour qui Jésus est, par définition, le Verbe Incarné.''[3] Jesus selbst habe seine Jünger davon überzeugt, dass er der Sohn Gottes sei; er habe damit seinen Ursprung gemeint[4] und sogar den Eindruck erwecken wollen, die gleiche ,,Natur'' zu besitzen wie sein Vater[5]. Anfänglich hätten sie ihn falsch verstanden; aber seine durch Himmelfahrt und Pfingstwunder besiegelte Auferstehung habe ihnen die Augen geöffnet und deutlich gemacht was er mit der Selbstbezeichnung ,,Sohn'' aussagen wollte[6]. Der Glaube an Jesu Gottessohnschaft gehe deshalb bis zu den Aposteln zurück: ,,I Thess. I, 10 montre qu'elle était courante dans les églises pagano-chrétiennes dès l'an 50. Bien plus: l'énoncé doctrinal reproduit dans Rom. I, 3-4 indique qu'elle était commune à la génération apostolique dès avant la mission auprès des gentils.''[7] Schmitt sieht dabei folgenden Verlauf: ,,Cette foi en la filiation divine du Christ semble bien marquer le résultat d'un double travail de précision portant, l'un sur l'idée de résurrection, l'autre sur le terme ,,Fils de Dieu.''[8] Er unterscheidet innerhalb dieser Entwicklung drei Phasen: ,,À l'origine, les apôtres reconnaissent la condition de ,,Fils de Dieu'' au Christ ressuscité. Dans la suite, ils la reconnaissent également au Christ de l'histoire évangélique. Enfin, ils confessent en Jésus le ,,Fils'' préexistant auprès du

---

[1] a.a.O. S. 72.
[2] a.a.O. S. 73. Der Wert des Argumentes hängt völlig von der Datierung der Quellen von Lk. 1-2 ab; man wird nicht ohne weiteres behaupten können, sie stammten aus der ältesten Periode der Verkündigung.
[3] a.a.O. S. 73-74.
[4] a.a.O. S. 180.
[5] a.a.O. S. 180-81.
[6] a.a.O. S. 182.
[7] a.a.O. S. 209.
[8] ebd.; vgl. S. 209-13.

„Père" et incarné pour le salut des hommes."[1] Zeugnisse der
ersten Phase sind für ihn Texte wie Apg. 13, 23-41 und Röm. 1,3-4[2],
der zweiten u.a. Lk. 4,17-21 und 1 Thess. 1,10[3], der dritten u.a.
Kol. 1, 15-17 und Phil. 2,6-11[4].

2. DIE RELIGIONSGESCHICHTLICHE SCHULE: W. BOUSSET

G. DALMANS Folgerung, „Sohn Gottes" sei kein messianischer
Titel der vorchristlichen jüdischen Literatur, wurde zum Ausgangspunkt einer Untersuchung W. BOUSSETS[5], die man für die
religionsgeschichtliche Schule als typisch bezeichnen kann. Die
wenigen Texte der apokryphen Literatur, bei denen DALMAN noch
ein Fragezeichen hatte stehen lassen[6], waren inzwischen weg-
gefallen; es hatte sich herausgestellt, dass man an allen diesen
Stellen nicht υἱὸς θεοῦ sondern παῖς θεοῦ lesen musste; deshalb
konnte H. GRESSMANN konstatieren: „Die genauere Prüfung der
Textüberlieferung ergibt aber die völlige Ausmerzung, wie BOUSSET
mir vorweggenommen hat."[7] BOUSSETS Folgerungen entsprechen
ganz den Auffassungen der religionsgeschichtlichen Schule. Das
synoptische „Sohn Gottes" hält er für sekundär; man wird sich
nicht darüber wundern, dass A. VON HARNACK dies „das Kühnste
was BOUSSET je unternommen hat" nannte[8]! Zuvor hatte BOUSSET
das Gotteswort des Taufberichtes, der Verklärungsgeschichte und
das Logion Mt. 11, 25 ff. als „Gemeindebildung" bezeichnet[9]; das
Prädikat „Sohn Gottes" erörtert er gesondert[10]. Gegen die Auffassung, schon die älteste christliche Gemeinde habe den Ausdruck
als messianischen Titel verwandt, führt er noch über DALMANS

---

[1] a.a.O. S. 213; weiter ausgeführt S. 213-16.
[2] a.a.O. S. 213-14.
[3] a.a.O. S. 214.
[4] a.a.O. S. 215-16.
[5] *Kyrios Christos*, FRLANT N.F. 4, Göttingen 1913, S. 57 ff.
[6] Nämlich 4 Esr. 13,32. 37. 52; 14, 9.
[7] *Der Messias*, FRLANT N.F. 26, Göttingen 1929, S. 384 Anm. 1. Es ist
merkwürdig, dass GRESSMANN in der von ihm 1926 postum herausgegebenen
neuen Auflage von BOUSSETS *Die Religion des Judentums im späthellenistischen Zeitalter*, HNT 21, Tübingen, noch stets BOUSSETS Standpunkt aus
dem Jahre 1902 vertritt, obschon beide Forscher inzwischen zu einer anderen
Auffassung gekommen waren; vgl. S. 227-28.
[8] *Die Bezeichnung Jesu als Knecht Gottes und ihre Geschichte in der alten
Kirche*; Sitzungsberichte der Preussischen Akademie der Wissenschaften
1926, Berlin 1926, S. 214 Anm. 1.
[9] a.a.O. S. 58-63.
[10] a.a.O. S. 65-70.

Folgerungen hinaus an, dass diese Bezeichnung bei Markus meist in relativ späten Texten vorkomme: z.B. Jesu Taufe, seiner Versuchung und seinem Verhör durch den Hohen Rat; auch stünde der Titel bei Johannes und Paulus „nicht mehr" im spezifisch messianischen Sinne, sondern habe eine ausschliesslich spekulativ-metaphysische Bedeutung bekommen, die nur vom Hellenismus her verständlich werde [1]. „Sohn Gottes" sei eben ein typischer heidenchristlicher Titel gewesen. Symptomatisch dafür hält Bousset Mk. 15,39: „Für den Evangelisten war (ὁ) υἱὸς τοῦ θεοῦ bereits die grosse Formel, in welcher sich das Wesen des Jesus Christos für den Glauben der heidenchristlichen Kirche zusammenfasste, und also nicht (mehr?) die Bezeichnung des vom Judentum erhofften Messias." [2] So kommt er zu dem Schluss: „So drängt sich von verschiedenen Seiten her die Vermutung auf, dass der Titel „Sohn Gottes" erst auf griechischem Boden in griechischer Sprache entstanden sein könnte, dass er also nicht in dem Boden jüdischer Messianologie wurzelt." [3] Wer — wie Bousset — an eine homogene Evolution des religiösen Denkens glaubt, sieht natürlich nicht die dritte Möglichkeit: dass nämlich „Sohn Gottes" auch innerhalb der Gemeinde gebräuchlich gewesen sein kann, ohne Einfluss vom Hellenismus und ohne im Judentum eine Rolle als messianischer Titel gespielt zu haben.

Noch eine zweite Erwägung hält Bousset für wichtig. Er meint, παῖς θεοῦ und ὁ υἱὸς τοῦ θεοῦ stünden in einer solchen Spannung zueinander, dass sie kaum in demselben Milieu entstanden sein und nebeneinander existiert haben könnten [4]. Ausschlaggebend für seine Folgerung ist, dass auf jeden Fall παῖς θεοῦ als christologischer Titel im ältesten Christentum in Gebrauch gewesen, „Sohn Gottes" hingegen erst im zweiten Stadium aufgekommen sei [5]. Er hält den „Sohn Gottes"-Gebrauch des Markus für eine von Markus in Jesu Leben zurückprojizierte paulinische christologische Bezeichnung [6], d.h. für eine nicht authentische Überarbeitung des ursprünglichen Jesusbildes, die an die heidnische Vorstellung von Göttersöhnen, ja, sogar „an die bestimmtere Vorstellung einer Sohnesgottheit" [7] an-

---

[1] a.a.O. S. 67.
[2] ebd.
[3] a.a.O. S. 68.
[4] a.a.O. S. 68-69.
[5] ebd.
[6] a.a.O. S. 70.
[7] a.a.O. S. 182; vgl. über „Sohn Gottes" bei Paulus a.a.O. S. 180-85.

knüpfen konnte. Es scheint ihm deshalb möglich, dass die älteste Fassung der Gottesstimme im Taufbericht υἱός gar nicht gekannt habe: „Könnte nicht nach alledem die Gottesstimme im Taufbericht ursprünglich gelautet haben: σὺ εἶ ὁ παῖς μου ὁ ἀγαπητός ἐν σοὶ εὐδόκησα ? ... Die Veränderung des παῖς in υἱός im Taufbericht des Markus würde dann den ersten Schritt in der Entwicklung bedeuten, die mit der Einführung des gesamten Wortlautes von Ps. 2, 7 ihren Abschluss erhielt." [1]

Später hat Bousset seine Aufassung in einer kaum beachteten Schrift „*Jesus der Herr; Nachträge und Auseinandersetzungen zu Kyrios Christos*" [2] revidiert. Einem seiner Rezensenten gesteht er: „... der Schluss, dass der Sohn-Gottes-Titel vielleicht erst auf hellenischem Gebiet entstanden sei, war zu rasch gezogen. Man könnte demgegenüber in der Tat einfach annehmen, dass er schon von der *Palästinensischen Urgemeinde* aus der Durchforschung des Alten Testaments (Ps. 2; 89,27. II Sam. 7,14) unter messianischer Tendenz herausgesponnen sei." [3] Dieser Widerruf vermochte sich jedoch kaum durchzusetzen, vermochte die einmal beschworenen Geister nicht zu bannen.

3. Die formgeschichtliche Schule: M. Dibelius, R. Bultmann

Obschon die formgeschichtliche Schule methodisch anders und verantworteter zu Werke ging und das Verständnis für die Entstehung der Evangelientexte in mancher Hinsicht förderte [4], betrachtete sie in ihrer Beurteilung des „Sohn Gottes"-Prädikates Boussets Auffassungen als ehrwürdiges Erbgut.

M. Dibelius versuchte Boussets Hypothesen neu zu begründen[5]. Die Perikopen, in denen „Sohn Gottes" vorkommt, lässt er ebenfalls als sekundär ausser acht und hält selbst diese Bezeichnung für sekundär. Einzig und allein die Paradigmen besitzen für ihn echte Geschichtlichkeit. Was er „Novelle" oder „Legende" nennt, bringt uns immer weiter ab vom Boden geschichtlicher Wirklichkeit. Nach Dibelius hat keine einzige der diesbezüglichen Perikopen

---

[1] a.a.O. S. 69 Anm. 2. A. von Harnack, a.a.O. S. 212-38 übte Kritik an dieser Hypothese. Er hält sie für unhaltbar, weil παῖς θεοῦ im NT und in der christlichen Literatur bis zum Jahre 160 nur selten vorkommt.

[2] FRLANT, N.F. 8, Göttingen 1916.

[3] a.a.O. S. 4-5.

[4] Vgl. über die Grenzen der formgeschichtlichen Methode J. Hoffmann, a.a.O. S. 166-75.

[5] *Die Formgeschichte des Evangeliums*, Tübingen 1933².

paradigmatischen Charakter [1]. Sollten sie ursprüngliche Tatbestände enthalten, so wären diese schon bei Markus zy Mythen geworden[2]. Er nennt jede „geheime Epiphanie"-Stelle mythisch, wonach nicht nur alle Texte, in denen von „Sohn Gottes" die Rede ist mythisch oder zumindest mythisch beeinflusst wären, sondern Markus auch den gesamten übrigen Stoff auf Grund seiner Konzeption zu einem einzigen grossen Mythos verarbeitet hätte: „Also ist das Markus-Evangelium seinem letzten Gepräge nach gewiss ein mythisches Buch." [3] Die mythische Betrachtungsweise von Markus wäre unter hellenistischem Einfluss entstanden [4]. Somit ist die Entwicklung der Christologie für DIBELIUS eine Evolution, „die von einer geschichtlichen Person zu ihrer kultischen Verehrung und schliesslich zu dem kosmischen Christus-Mythus der Gnosis und zur kirchlichen Christologie führt." [5]

R. BULTMANN stimmt im grossen ganzen mit DIBELIUS überein. Er hält es für möglich, dass schon die älteste palästinensische Gemeinde den christologischen „Sohn Gottes"-Titel gebrauchte, wenn auch lediglich in jüdisch-adoptianischem Sinne: „Klar aber ist, dass dieser Titel weder im Judentum noch in der christlichen Gemeinde den mythologischen Sinn haben konnte wie später im hellenistischen Christentum, dass er also nicht den Messias als ein von Gott erzeugtes supranaturales Wesen bezeichnete, sondern einfach eine Königstitulatur war." [6] Erst nach der Auferstehung habe die Gemeinde Jesus so genannt [7]; da Jesu Leben faktisch kein messianisches gewesen sei, und er ebensowenig der Messias habe sein wollen, könne man kaum annehmen, dass er selbst diesen Titel in Anspruch nahm, oder dass andere ihm diesen schon zu seinen Lebzeiten beilegten [8]. Seine Messianität werde nur für die Gemeinde zur Realität, und zwar erst nach der Auferstehung [9].

---

[1] a.a.O. S. 41.
[2] a.a.O. S. 270-76. DIBELIUS überschreitet in diesem Kapitel zweifelsohne die Grenzen der Formgeschichte. Das ergibt sich auch aus der Tatsache, dass er sich bei der Feststellung ob eine Erzählung mythisch sei, niemals auf formale Kriterien beruft; er bezieht sich ausschliesslich auf den Inhalt. Ausserdem ist die Bezeichnung „mythisch" im Hinblick auf 2.Petri 1,16 nicht sehr glücklich gewählt.
[3] a.a.O. S. 279; vgl. S. 77; 97; 112-13; 279-84.
[4] a.a.O. S. 283-84.
[5] a.a.O. S. 288.
[6] *Theologie* S. 53.
[7] ebd.
[8] a.a.O. S. 27-29.
[9] ebd.

Jesus selbst habe sich nicht als Messias betrachtet, da nur der eschatologische König so genannt worden und Jesus nie als solcher in Erscheinung getreten sei [1]. Er sei Prophet und Rabbi gewesen [2]. Genausowenig könne man sagen, Jesus habe die jüdische Messiasvorstellung neu interpretieren wollen und sich selbst in diesem neuen Sinne als Messias gesehen [3]. Erst nach Tod und Auferstehung sei er Messias geworden, dann erst habe man ihm den messianischen „Sohn Gottes"-Titel zugelegt.

Alle Stellen der synoptischen Tradition, die Jesus „Sohn Gottes" nennen, hält BULTMANN daher für „Gemeindebildung" (z.B. Mk. 12, 1-9[4]; Mk. 14,55-64[5]; Mt. 27,39-43[6]), redaktionelle Veränderung[7] oder eine ins Leben Jesu zurückprojizierte „Ostergeschichte" (z.B. die Ereignisse nach der Taufe[8], die Verklärung [9] oder Petri Glaubensbekenntnis [10]); sowohl literarisch als auch historisch seien deshalb alle diese Perikopen sekundär. Die Tatsache, dass die Gemeinde Jesu Gestalt so interpretierte, erklärt er folgenderweise: „Dass das Leben Jesu ein unmessianisches war, ist bald nicht mehr verständlich gewesen — wenigstens in den Kreisen des hellenistischen Christentums, in denen die Synopt. ihre Gestaltung gefunden haben. Dass Jesus der Gottessohn sich als solchen auch in seinem irdischen Wirken ausgewiesen habe, erschien als selbstverständlich, und so wurde der evangelische Bericht von seinem Wirken in das Licht des messianischen Glaubens gestellt." [11]

Wir fassen BULTMANNS Ansichten noch einmal zusammen:

---

[1] a.a.O. S. 28.
[2] ebd.
[3] a.a.O. S. 29-30.
[4] *Geschichte* S. 191.
[5] a.a.O. S. 290-92.
[6] a.a.O. S. 295.
[7] a.a.O. S. 366.
[8] a.a.O. S. 268; *Theologie* S. 28.
[9] *Geschichte* S. 267; 278-79; *Theologie* S. 28.
[10] *Die Frage nach dem messianischen Bewusstsein Jesu und das Petrus-Bekenntnis*, ZNW 19 (1919-20), S. 165-74; *Geschichte* S. 275-78; *Theologie* S. 27-28.
[11] *Theologie* S. 33. Es muss hinzugefügt werden, dass nach BULTMANNS Überzeugung auch Paulus Jesu Leben für kein messianisches hielt; vgl. *Theologie* S. 28. Man kann sich dann allerdings abfragen, wo eigentlich der Abstand zwischen Paulus und den hellenistischen Christen, oder zwischen Paulus und Markus, zu suchen sei? Umsomehr noch, als BULTMANN an anderer Stelle schreibt, dass Markus „wie wahrscheinlich, als hellenistischer Christ der paulinischen Sphäre Jesus schon als präexistenten Gottessohn gesehen hat" (*Geschichte* S. 270).

Jesus war nach ihm nicht der von den Juden erwartete Messias, wollte das auch gar nicht sein; trotzdem betrachteten ihn seine palästinensischen Anhänger nach seinem Tode als einen solchen und verliehen ihm den messianischen Königstitel „Sohn Gottes" — natürlich im adoptianischen Sinn, den dieser Ausdruck für sie hatte; die hellenistischen Christen interpretierten diese Bezeichnung allerdings auf eine andere — und zwar mythische — Art und Weise; für sie war somit Jesus schon zur Zeit seines Erdenwandels Gottes Sohn, weshalb sie sein irdisches Leben neu auslegten und die Gottessohnschaft darauf zurückprojizierten [1].

4. KRITIK AN R. BULTMANNS FOLGERUNGEN:
J. BIENECK, V. TAYLOR, O. CULLMANN, W. MANSON

Derart extreme Behauptungen stiessen natürlich auf Widerspruch. So glaubte S. SCHMUTZ, „alte und neue Anklagen" auf Grund "alter Antworten", d.h. Aussprüche von Origenes, Justin oder Ignatius von Antiochien, widerlegen zu können [2]. Offensichtlich entging es ihm dabei, dass die neuzeitliche Fragestellung von der des 2.Jh.s n. Chr. abweicht.

Gründlicher griff J. BIENECK das Problem wieder auf [3]. Er untersuchte ausführlich, ob das „Sohn Gottes"-Prädikat unter dem Einfluss hellenistischer Christen in die synoptische Tradition aufgenommen worden sei oder seine inhaltliche Bedeutung in einem hellenistischen Milieu zu suchen sei. Zu diesem Zweck gibt er, nach einem Kapitel über die „Sohn Gottes"-Bedeutung im AT [4], einen Überblick über die heidnisch-hellenistischen Auffassungen [5] und die

---

[1] In bezug auf die Verklärung ist auch J. B. BERNARDIN, *The Transfiguration*, JBL 52 (1933), S. 181-89 dieser Ansicht.

[2] *Christus und die Göttersöhne der Heiden, alte Antworten auf alte und neue Anklagen*, BMS 22 (1946), S. 202-10; 260-69; 23 (1947), S. 45-54.

[3] a.a.O.

[4] a.a.O. S. 12-26. Allzu nachdrücklich wird hier der Zusammenhang zwischen der Gottessohnschaft Israels und dem Gehorsam betont. Nicht Israels Gehorsam ist in erster Linie für die Gottessohnschaft bestimmend; Stellen wie Jes. 30, 9 u. Jer. 3, 14 wären dann nicht möglich. Das einzige Fundament für Israels Gottessohnschaft ist die Auserwählung Gottes; Ex. 4, 22-23; Dt. 14, 1-2; 32, 6-9; Hos. 2, 1; Jes. 63, 8; Jer. 3, 19.

[5] a.a.O. S. 27-34; vgl. auch G. P. WETTER, „*Der Sohn Gottes*", FRLANT N.F. 9, Göttingen 1916; O. WEINREICH, *Antikes Gottmenschentum*, Neue Jahrbücher für Wissenschaft und Jugendbildung 2 (1926), S. 633-51; H. WINDISCH, *Friedensbringer-Göttersöhne*, ZNW 24 (1925), S. 240-260; L. BIELER, ΘΕΙΟΣ ANHP, *das Bild des „göttlichen Menschen" in Spätantike und Frühchristentum* I, Wien 1935.

Bedeutung der synoptischen ,,Sohn Gottes''-Aussagen[1]; auf Grund der auffallenden Unterschiede gelangt er zur Feststellung, man könne die synoptische Titulatur nicht durch den Hellenismus erklären. Im Hellenismus liege der Nachdruck einseitig auf der Hoheit und den Prätentionen der Göttersöhne: ,,Wo dieser Gedanke begegnet, dient er nur zum Ausdruck der dem θεῖος ἀνήρ eignenden Göttlichkeit.''[2] Auch die diesbezüglichen Schriftstellen der synoptischen Tradition, ,,die keineswegs samt und sonders dem theologisierenden und 'zurückprojizierenden' Evangelisten zugeschrieben werden dürfen''[3], deuteten Jesu Hoheit zwar an[4], legten jedoch den eigentlichen Akzent auf seinen Gehorsam und seine Unterwerfung unter den Vater[5]. Gerade letzteres veranlasst BIENECK, von einem ,,gänzlich ungriechischen Bild'' zu sprechen[6]; aus dem gleichen Grund bestreitet er, dass der ,,Sohn Gottes''-Titel Jesus zuerst in hellenistischer Umwelt zugelegt worden sei oder dass die synoptische Tradition Spuren einer hellenistischen Neu-Interpretation trage[7].

Auch V. TAYLOR widersprach den allzu kühnen Schlüssen der deutschen Gelehrten[8]. Sein ,,formcriticism'' übernimmt zwar die Methoden, nicht jedoch die Ausgangspunkte der formgeschichtlichen Schule[9]. Aus Mk. 12,35-37 und 14,61 schliesst er, dass zu Jesu Zeiten ,,Sohn Gottes'', wenn auch kein jüdischer Messiastitel[10], so doch ein Synonym für Messias gewesen sei[11]. Er meint,

---

[1] a.a.O. S. 35-69.
[2] a.a.O. S. 34.
[3] a.a.O. S. 52.
[4] a.a.O. S. 45-57.
[5] a.a.O. S. 58-69.
[6] a.a.O. S. 70-74.
[7] Der S. 13 Anm. 4 erwähnte Einwand gilt z.T. auch für BIENECKS Schlussfolgerung. Allzu einfach sieht er die Zusammenhänge zwischen dem AT und dem Inhalt des synoptischen ,,Sohn Gottes''. Auch geht er nicht auf die Frage ein, ob der — in der Tat im Assoziationszusammenhang des synoptischen ,,Sohn Gottes'' ungemein wichtige — Gehorsam sich ursprünglich schon auf ihn bezog und nicht vielleicht auf den Knecht-Gottes-Titel, von dem später die Betonung des Gehorsams auf den Sohn Gottes übertragen sein könnte.
[8] Besonders in seinem Buch *The names of Jesus*, London 1953, S. 52-65.
[9] Das ergibt sich u.a. aus seinen Sätzen über die Taufgeschichte: ,,Mark is using material given to him by the tradition, which apparently he does not understand himself. Such, at least, is the impression which the narrative leaves on modern mind, and his procedure is far removed from that of the inventor of pious legends.'' *The formation of the Gospel tradition*, London 1945, S. 147.
[10] *The Person of Christ*, London 1958, S. 197.
[11] *Names*, S. 53-54.

nachdem er den synoptischen Textbestand untersucht hat: „It is manifest that this terminology is rooted in the primitive tradition, even when full allowance is made for later and editorial usage." [1] Über den Unterschied zwischen „der Vater" und „mein Vater" heisst es dann: „. . . . this type of saying goes back to Jesus Himself and is a correlative to His self-designation as „the Son"." [2] Auf die Frage, ob „Sohn Gottes" als feststehender Titel schon bei den palästinensischen Gemeinden bekannt war oder erst im hellenistischen Bereich entstand, antwortet er, der Gebrauch des Titels bei Paulus beweise, dass man ihn bereits zwischen 40 und 50 n. Chr., wahrscheinlich sogar noch früher, angewandt habe [3]. Man habe Jesus schon zu seinen Lebzeiten so genannt [4], weshalb auch die Christen diesen Ausdruck lange vor ihrem Kontakt mit der griechischen Welt gekannt hätten. Einflüsse seitens des Herrscherkultes oder der hellenistischen Mysterienreligionen hält TAYLOR daher für äusserst unwahrscheinlich [5]; man müsse sich dann allenfalls auf die damals üblichen Vorstellungen von den θεῖοι ἄνδρες berufen, „and on such terms the hypothesis of borrowing is hardly worth pursuing." [6] Was Jesus selbst unter der Gottessohnschaft verstand, zeigten Mt. 11,25 ff [7] und Mk. 13,32 [8]; als authentische Aussprüche bewiesen sie, dass „it belongs to the selfconsciousness of Jesus that He believed Himself to be the Son of God in a preeminent sense." [9] „Sohn Gottes" sei kein üblicher Titel der urkirchlichen Verkündigung gewesen; TAYLOR fügt hinzu: „we must regard the absence of the name in primitive christology as a mark of its limitations, and its re-emergence in the great New Testament writings as a natural and necessary contribution to Christian thought." [10] Auf Jesu Selbstbewusstsein kam V. TAYLOR ausführlich zurück [11].

---

[1] a.a.O. S. 55.
[2] a.a.O. S. 57.
[3] a.a.O. S. 59.
[4] ebd.
[5] Vgl. auch F. J. DOELGER, Ichthys, Der heilige Fisch in den antiken Religionen und im Christentum I, Münster 1928², S. 388-403, bes. 395-99; M.-J. LAGRANGE, Origines du dogme Paulinien de la divinité du Christ, RB 45 (1936), S. 5-13; L. CERFAUX, Le Christ dans la théologie de Saint Paul, Paris 1951, S. 341-43.
[6] a.a.O. S. 60.
[7] a.a.O. S. 60-64.
[8] a.a.O. S. 64-65.   [9] a.a.O. S. 65.
[10] The Person of Christ, S.197.
[11] The Person of Christ, „The divine consciousness of Jesus" S. 156-71 u. „The emergence of the divine consciousness of Jesus" S. 172-89.

Er lehnt den früher gebräuchlichen Ausdruck „messianisches Bewusstsein" entschieden ab, weil Jesus sich von messianischen Erwartungen deutlich distanziert habe und gebraucht lieber „the divine consciousness" [1]. Trotz des fragmentarischen Charakters der Quellen, und trotz der Entwicklung, welche die Texte im Lauf der Überlieferung beeinflusste, ist er davon überzeugt, dass wir über Jesu Selbstbewusstsein und den Kern seiner Persönlichkeit hinlängliche Nachrichten haben. Er nennt als solche den Taufbericht [2], Mk. 13, 32 und Mt. 11,27 par. [3], weist aber gleichzeitig darauf hin, dass die isolierte Erörterung dieser Texte falsch sei. Deshalb stellt er als erstes ihren Hintergrund dar, aus dem ersichtlich werden soll, ob sich das aus den betreffenden Stellen ergebende Selbstbewusstsein Jesu mit dem deckt, was die synoptische Tradition sonst noch über ihn bewahrte. Als Hintergrund sieht TAYLOR die Menschensohn-Theologie, Jesu Wissen darum, dass er den Satan binden müsse, seine Haltung dem Gesetz gegenüber, seine Wundertaten, sein Vom-Geist-Getriebensein und seine Überzeugung, dass das stellvertretende Leiden ein Teil seiner Sendung sei [4]. Anschliessend konstatiert er eine weitgehende Übereinstimmung zwischen diesen Zügen des synoptischen Jesubildes und dem ihm von der synoptischen Tradition zugeschriebenen Bewusstsein seiner Gottessohnschaft. Die angeführten drei zentralen Texte werden auf wenigen Seiten erörtert [5]; TAYLOR interpretiert die Stimme der Taufepiphanie als eine Widerspiegelung von Jesu Bewusstsein [6], und schliesst: „that His consciousness of divine Sonship is the key to the presentation of Jesus we find in all the Gospels." [7]

Das darauf folgende Kapitel beginnt mit der Feststellung TAYLORS, weder habe Jesus sein diesbezügliches Bewusstsein hellenistischem Einfluss zu danken, noch könne man seinen Ursprung in landläufigen jüdischen Vorstellungen suchen; da aber der „Sohn Gottes"-Titel auch keine spätere Rückprojizierung in Jesu Leben sei, gebe es nur die eine Folgerung: „its use by Jesus

---

[1] a.a.O. S. 156.
[2] Genauso berechtigt wäre die Hervorhebung der Verklärungsgeschichte als Zeugnis für Jesu Bewusstsein. Warum TAYLOR sie in diesem Zusammenhang nicht erwähnt, bleibt undeutlich.
[3] a.a.O. S. 157; 167-69.
[4] a.a.O. S. 158-66.
[5] S. 167-69.
[6] a.a.O. S. 167.
[7] a.a.O. S. 169.

was original and creative" [1]. TAYLOR geht dann auf die eigentliche Fragestellung ein: „how the consciousness of Sonship arose within the limitations of our Lord's humanity." [2] Sich stützend auf T. W. MANSONS Ergebnisse [3] hält er in diesem Zusammenhang Jesu Wissen um Gottes Vaterschaft und die Art und Weise, wie er das in Gebets- und Meditationsstunden erlebt hatte, für ungemein wichtig [4]. Dass sich diese Gewissheit allmählich vertieft und ausgeprägt habe, werde an Hand der synoptischen Berichte deutlich [5]. Ebenso erweise sich, dass kein anderer als Jesus solchermassen Gottes Vaterschaft erfuhr, dass er sich Gottes einziger Sohn nannte. TAYLORS Überzeugung lautet deshalb: „For my own part I cannot but think that the consciousness of Jesus bears the signature of its truth, and that it agrees with the testimony of the Epistles and the constant witness of the Church; that, in human language, He comes from God and is the Word of God to men." [6]

Fast gleichzeitig mit V. TAYLOR, aber unabhängig von diesem, erörterte O. CULLMANN das gleiche Problem in seiner „Christologie

---

[1] a.a.O. S. 173.
[2] ebd.
[3] *The Teaching of Jesus*, Cambridge 1931, S. 89-115.
[4] a.a.O. S. 174-80.
[5] a.a.O. S. 180-86.
[6] a.a.O. S. 189. Es ist TAYLORS Verdienst, nachgewiesen zu haben, dass die einzigartige Stellung, die Jesus in der synoptischen Tradition als „Sohn Gottes" bekleidet, den anderen Berichten dieser Evangelien keineswegs widerspricht, sondern sich ihnen einfügt. Allerdings weist seine Darstellung auch schwache Punkte auf. Aus der Übereinstimmung mit den anderen synoptischen Angaben geht nicht hervor, ob es sich hier um Jesu eigenes Bewusstsein handelt. Nun soll ja gerade untersucht werden, ob die diesbezüglichen synoptischen Texte zu einer noch vor der ältesten Verkündigung liegenden Traditionsschicht gehören. TAYLOR selbst sagt dazu: „This is the picture given in the Gospels, and it is hard to believe that it is a product of human imagination and so of man's devising." a.a.O. S. 188-89. Aber was ihm schwierig erschien, war leicht und selbstverständlich für andere Exegeten. Eben deshalb muss man hier positive Hinweise aufspüren. Auch kann man ihm zum Vorwurf machen, dass er den Taufbericht und die Jesusworte als historisch gleichwertige Texte behandelt; unterscheidet sich ersterer doch formal sehr stark von den Logien, sodass er sich nicht *a priori* mit diesen gleichstellen lässt. Schliesslich wird auch die Frage nach dem Ursprung von Jesu Bewusstsein nicht befriedigend beantwortet. Die Art, geschweige denn die Herkunft der Gottessohnschaft Jesu — wie TAYLOR sie sieht — lassen sich selbstverständlich nicht literarkritisch untersuchen. Wohl könnte man auf diesem Weg vielleicht zur Feststellung gelangen, ob Jesus das ihm von den Synoptikern zugeschriebene Bewusstsein besass oder nicht.

des Neuen Testaments" [1]. Dass der „Sohn Gottes"-Titel unter hellenistischem Einfluss in der Verkündigung Aufnahme fand, hält er für äusserst unwahrscheinlich, weil der hellenistische Wortgebrauch „sich im Grunde kaum vom polytheistischen Hintergrund der Antike ablösen lässt" [2]; auch könne der — für den Hellenismus so bezeichnende — „Gedanke einer blossen Begabung mit göttlichen Kräften . . . auf die Evangelientradition von Jesus als dem Gottessohn keine Anwendung finden." [3] Genau wie J. BIENECK glaubt er, dass in diesem Zusammenhang viel eher der Gehorsam besonders hervorgehoben wird [4]. Da dieser Titel, im Gegensatz zu „Menschensohn" und der Rolle des leidenden „Gottesknechts", tatsächlich innerhalb der Verkündigung auftritt, hält er es a priori nicht für unmöglich, dass „erst die palästinensische Urgemeinde ihm diese Bezeichnung in den Mund gelegt hätte". [5] Allerdings müsse man darauf hinweisen, dass Jesus in der synoptischen Tradition nur ausnahmsweise so von anderen genannt werde, und dann lediglich auf Grund seines übermenschlichen Wissens [6]. Für CULLMANNS Ansicht, dass dieser Titel irgendwie auf Jesu selbst zurückzuführen sei, ist jedoch ausschlaggebend, dass „durchaus kein ersichtlicher Grund für die Gemeinde bestand, Jesus als Gottessohn zu bezeichnen." [7] Hier gehe es nicht „um ein wesenhaft zum Messias gehöriges Attribut . . . Ausserdem ist aber auch im Neuen Testament selber . . . der Gottessohntitel nie Ausfluss des Messiasberufs Jesu." [8] Beim Versuch, den Bedeutungsumfang des „Sohn Gottes"-Titels zu umschreiben, gelangt CULLMANN zu dem bemerkenswerten Schluss: der im AT dem Volk geltende Titel müsse für Jesus stellvertretende Bedeutung gehabt haben; sein hervorragendstes Element sei der Gehorsam gewesen, wie es der Taufbericht und die Versuchungsgeschichte bezeugten [9]. Die sonst noch für die inhaltliche Bedeutung dieses Namens

---

[1] *Die Christologie des Neuen Testaments*, Tübingen 1957, S. 276-97.
[2] a a,O. S. 282; vgl. S. 277-78.
[3] ebd.
[4] a.a.O. S. 282-84.
[5] a.a.O. S. 284-85.
[6] ebd.
[7] a.a.O. S. 286. Das trifft nicht ganz zu. Wurde in der Gemeindepredigt Ps. 2 auf Jesus hin gedeutet, so lässt sich in Vers 7 der „Sohn Gottes"-Titel doch gewiss auf Jesus beziehen. Vgl. S. 66 ff.
[8] ebd.
[9] a.a.O. S. 290-92.

wichtigsten Stellen seien Mt. 16, 17; 11, 27 par; Mk. 13,32 und
das Gleichnis von den bösen Winzern. Dabei umschliesse dieser
Name nicht nur das Wirken Jesu, sondern auch seine Person:
,,im Heils- und Offenbarungshandeln Jesu zeigt es sich, dass der
Vater und der Sohn eins sind.'' [1] Möglicherweise impliziere ausserdem Mt. 11,27 die Präexistenz [2].

W. MANSON kommt auf anderem Weg zu ähnlichen Ergebnissen [3].
Er ist der Ansicht, ,,Sohn Gottes'' sei im vorchristlichen Judentum
zwar nicht als messianische Bezeichnung gebraucht worden, aber
,,a Messianic potential'' gewesen [4]. Somit erübrige sich, das Auftreten dieses Titels in der neutestamentlichen Christologie in
hellenistischen Einflüssen zu suchen; ein Logion wie Mt. 11,27
könne durchaus von Jesus selbst stammen [5]. So wie Markus und
die auf ihm basierenden Evangelisten den Titel gebrauchten,
,,Son of God clearly represents the higher and Christian equivalent
of the Jewish term ,,Messiah''.'' [6] Dass der Titel für Markus'
Christologie charakteristisch ist beweise jedoch nicht, dass er
oder hellenistische Christen ihn als erste in die christliche Tradition
eingeführt hätten; bereits Q mache von ihm Gebrauch (Versuchungsgeschichte und Mt. 11,27 par.). Man dürfe deshalb noch keineswegs
behaupten, ,,that Hellenistic influences did not powerfully reinforce
the instinct of christianity to express the significance of Jesus
predominantly in terms of a Son of God doctrine.'' [7] Aber der
unleugbar vorhandene stimulierende Einfluss des Hellenismus
lasse noch nicht die Annahme zu, dass er auch der Ursprung für
den Gebrauch des Ausdruckes war; das sei weder nötig noch
berechtigt [8]. Unverkennbare Hinweise deuteten jedenfalls auf
palästinensische Tradition. Da nun aber das Judentum diesen
Titel ablehnte, könne man schwerlich annehmen, palästinensische
Christen hätten ihn von aussen her eingeführt, indem sie Ps. 2,7 auf
Jesus anwandten; gerade die jüdische Auslegung dieses Textes

[1] a.a.O. S. 297.
[2] a.a.O. S. 294-95.
[3] *Jesus the Messiah*, London 1952[6], S. 103-07.
[4] a.a.O. S. 103.
[5] ebd.; vgl. auch a.a.O. S. 71-75.
[6] a.a.O. S. 104.
[7] ebd. Vgl. auch F. TILLMANN, *Das Selbstbewusstsein des Gottessohnes auf Grund der synoptischen Evangelien*, Biblische Zeitfragen IV, 11/12, Münster i.W. 1921, S. 83.
[8] a.a.O. S. 105.

erkläre ja die Gottessohnschaft sinnbildlich [1]. So dränge sich die
Frage auf, ob wir nicht den Ursprung bei Jesus selbst suchen
müssten. MANSON gibt zu, dass wir in der Tauf- und Versuchungsgeschichte mit einer kirchlichen Redaktion rechnen müssen, dass
wir auf Grund der heutigen Ordnung der Evangelientexte keine
Entwicklung feststellen können; sagt aber dennoch: ,,from a
certain stratification of ideas in words and thoughts having a
reasonable claim to come to us from Jesus certain inferences may
still . . be drawn as to the relation in which the Son of God confession of Christianity stands to the general structure of his religious
consciousness.'' [2] Das Bewusstsein der Christen, Gott einzig durch
Jesus als ihren Vater anrufen zu können, werde aus Stellen wie
Gal. 4,6 und Röm. 8,15 ersichtlich; und Lk. 12,32 zeige deutlich,
wie tief Jesus selbst von Gottes Vaterschaft überzeugt war [3]. Es
sei darum möglich, dass Jesu Wissen um seine Gottessohnschaft
auch das Fundament für sein messianisches Bewusstsein war;
dass ''the Messiahship of Jesus comes as the final seal or imprint
upon that sense of revealing the Father which had carried him into
all his work for men.'' [4]

5. J. JEREMIAS, C. MAURER

W. BOUSSETS zweite Erwägung [5] wurde von anderer Seite ausführlich untersucht. Die von ihm lediglich in Form einer Frage
aufgeworfene Vermutung, der ,,Sohn Gottes''-Titel könne eine
Weiterentwicklung aus παῖς θεοῦ sein, hält J. JEREMIAS für möglich [6]. Seiner Meinung nach ist die heutige Version der Taufstimme
sekundär; ursprünglich hätte es sich bei der Vorlage von Mk. 1,11
um ein wörtliches Zitat von Jes. 42,1 gehandelt [7]. Also habe hier
anfänglich nicht υἱός sondern παῖς gestanden. Da sich jedoch die mit
dem Hintergrund des παῖς θεοῦ-Titels nicht vertrauten hellenistischen Christen daran gestossen hätten, sei in der Folgezeit
παῖς in υἱός verändert worden. Dies habe gleichsam eine Inter-

---

[1] a.a.O. S. 105-06.
[2] a.a.O. S. 106. Leider wird diese Feststellung nicht allgemein anerkannt.
[3] a.a.O. S. 107.
[4] a.a.O. S. 109.
[5] s.S. 9-10.
[6] ThWNT V S. 676-713, s.v. παῖς.
[7] a.a.O. S. 699.

pretation des zweideutigen παῖς in sich geschlossen [1]. Da aber παῖς
θεοῦ damals gewiss noch „Gottesknecht" hiess, sei diese Interpretation als eine wichtige Bedeutungsverschiebung zu betrachten [2].
Erst aus dem 2. Jahrhundert habe man Spuren einer semantischen
Veränderung, auf Grund derer παῖς θεοῦ dann „Gotteskind"
heissen könne [3].

Diese These hat C. MAURER näher erläutert und ausgearbeitet [4].
Nach einer tiefschürfenden Untersuchung bestätigt er JEREMIAS'
Ergebnisse. Der Gottessohn-Titel sei Jesu nicht in erster Linie auf
Grund von Ps. 2,7, sondern über Sapientia Salomonis unter Einfluss
von Deuterojesaja zugeschrieben worden; und: „Wenn nun aller-
dings im NT auch der Einfluss von Ps. 2 festzustellen ist, so
weisen Stellen wie Lk. 3,22 (varia lectio); 23,6 ff.; Joh. 1,49;
Act. 13,33; Hebr. 1,5 doch eher darauf hin, dass hier ein späterer
Einfluss auf die ursprünglichere Gottesknechtlinie vorliegt." [5]
Also liege dem „Sohn Gottes" ursprünglich παῖς θεοῦ zugrunde.
MAURER untersucht zum Beweis dieser Behauptung vor allem den
Passionsbericht des Markus, wobei er, nicht zu Unrecht, davon
ausgeht, dass man hier vorwiegend die Spuren der Gottesknecht-
anschauung suchen müsse. Nach einleitenden Sätzen über den
(speziell bei Matthäus auftretenden) Schriftbeweis „de verbo"
und den Schriftbeweis „de facto", „welcher durch die blosse
Erzählung von Tatsachen die Erfüllung der Schrift in der Person
Jesu schildert" [6], stellt er fest: „Von dieser den Markus besonders
charakterisierenden Methode her zeigt nun die Passionsgeschichte
einen bewussten Schriftbeweis, welcher Jesus als den leidenden
Gottesknecht darstellt." [7] Zur Illustration weist er Deuterojesajas
Einfluss auf das Vokabular nach [8] und ist der Ansicht, dieser
Einfluss habe nicht erst bei Markus, sondern schon in der ihm vor-
angehenden Tradition, ja, sogar schon in der aramäisch sprechenden
Urgemeinde eine grosse Rolle gespielt: „Zuletzt ist die enge Beziehung der Passionsgeschichte zum hebräischen Text des ATs ein

---

[1] Vgl. M. MEINERTZ, *Theologie* I, S. 219.
[2] a.a.O. S. 700-01.
[3] a.a.O. S. 702.
[4] *Knecht Gottes und Sohn Gottes im Passionsbericht des Markus*, ZThK 50
(1953), S. 1-38.
[5] a.a.O. S. 37.
[6] a.a.O. S. 7.
[7] ebd.
[8] a.a.O. S. 7-10.

Hinweis darauf, dass schon die aramäische Urgemeinde, die noch die hebräische Bibel besass, massgeblich an der Gestaltung der Paistradition beteiligt war."[1] Auch in bezug auf die inhaltliche Gestaltung der Passionsgeschichte von Markus weist er auf die nahe Verwandtschaft mit Deuterojesaja hin[2]. Entscheidend für ihn ist dann die Frage, warum in der ganzen Passionsgeschichte des Markus kein einziges Mal der Paistitel auftaucht? MAURERS Antwort hierauf lautet, hinter der Frage des Hohenpriesters stecke nichts anderes als die Frage, ob Jesus der παῖς θεοῦ ist[3], ,,dass also mit dem Gottessohn der Gottesknecht gemeint ist!"[4] Der Beweis dafür liege nicht nur in der Doppeldeutigkeit von παῖς, das genauso wie das hebräische עבד sowohl Knecht als auch Sohn heissen kann, sondern auch in der nahen Verwandtschaft zwischen Mk. 14,55 ff. und einer Reihe von Stellen aus der Sapientia Salomonis (2,13-20; 4.20; 5,1 ff.), die ebenfalls vom leidenden παῖς θεοῦ handeln und dabei παῖς und υἱός promiscue gebrauchen[5]. Im De-facto-Zitieren dieser Texte der Sap. Sal. ,,liegt nichts anderes als ein Schriftbeweis vor, wie er sich ganz in die Methode des Markus einfügt."[6] MAURERS Schlussfolgerung lautet: ,,Mag der Titel ,,Gottessohn" den Bereich des Hellenismus verraten, so liegt doch sachlich nicht der geringste Grund dafür vor, diesen besonderen Gottessohn des Markus inhaltlich von den hellenistischen Göttersöhnen her zu bestimmen."[7] Er fährt fort: ,,Das . . . die für die ganze Passionsgeschichte wichtigste Perikope aus griechischen Kreisen kommt, zeigt, wie stark auch dort die Vorstellung von Jesus als dem Gottesknecht verankert gewesen ist."[8] Infolgedessen lehnt MAURER den Einfluss von Ps. 2,7 auf die Himmelsstimme im Taufbericht genauso wie JEREMIAS ab und weist ausschliesslich auf Jes. 42,1. Υἱός sei eine freie Übersetzung des hebräischen עבד.[9]

---

[1] a.a.O. S. 10.
[2] a.a.O. S. 11-19.
[3] a.a.O. S. 24; vgl. J. BLINZLER, *Der Prozess Jesu*, S. 76 Anm. 30.
[4] ebd.; vgl. P. BENOIT, *L'évangile selon Saint Matthieu*, Paris 1953², S. 48 Anm. b.
[5] a.a.O. S. 25-26.
[6] a.a.O. S. 26.
[7] a.a.O. S. 27. Doch lässt sich keinem einzigen positiven Hinweis entnehmen, dass in der Vorlage von Mk. 14,61 sowohl inhaltlich als auch formal, entweder bei Markus selbst oder in irgendeiner Vorlage oder Quelle, statt von Gottessohn von Gottesknecht die Rede war: eine Tatsache, die MAURERS Argumentation beträchtlich schwächt.
[8] a.a.O. S. 28.
[9] a.a.O. S. 30-32.

Im Gegensatz zu JEREMIAS [1] sieht MAURER den Grund für die fast vollständige Verdrängung von παῖς durch υἱός weder ausschliesslich noch in erster Linie in der Tatsache, dass die hellenistischen Christen Anstoss daran nahmen; für entscheidender hält er, dass παῖς zwar Jesu Demut und Gehorsam, nicht aber seine Herrlichkeit auszudrücken vermochte [2].

6. KRITIK AN J. JEREMIAS' UND C. MAURERS FOLGERUNGEN: W. GRUNDMANN

W. GRUNDMANN bestritt ernstlich JEREMIAS' und MAURERS Auffassungen. Schon früher hatte er eine Untersuchung über Jesu Gottessohnschaft vorgelegt [3], in der er die Gestalt Jesu und seine Verkündigung „entjudaisieren" wollte. Zwischen Jesus und der jüdischen Messias- und Gottesreicherwartung gibt es für ihn keinerlei Verbindung [4]. Er hält die Evangelien weitgehend für Überarbeitungen der ältesten judenchristlichen Gemeinden und hofft, durch eine Trennung von primitiven und sekundären Schichten zur echten Jesusvorstellung zu gelangen [5]. Er unterscheidet den ursprünglichen Stoff von der jüdischen und hellenistischen Interpretation; so sei der Name „Menschensohn" eine Bildung der judenchristlichen Gemeinde [6] und trage vor allem Matthäus die Schuld an einer mit diesem Titel verbundenen jüdischen neuen Auslegung [7]. Jesus selbst habe sich als „der Sohn" bezeichnet [8]. Bei der Taufe sei ihm die Gottessohnschaft verliehen worden, deren Bedeutung die Versuchungsgeschichte scharf umreisse, indem sie einen Zusammenhang sowohl mit dem jüdischen Messiasglauben als auch mit hellenistischen Auffassungen ablehne [9]. Denn obschon

---

[1] a.a.O. S. 701.
[2] a.a.O. S. 38.
[3] *Die Gotteskindschaft in der Geschichte Jesu und ihre religionsgeschichtlichen Voraussetzungen*, Studien zur deutschen Theologie und Frömmigkeit I, Weimar 1938.
[4] a.a.O. S. 109; 152-55.
[5] Ähnliche Absicht verfolgte M. E. WINKEL, *Der Sohn, Die evangelischen Quellen und die Verkündigung Jesu von Nazareth in ihrer ursprünglichen Gestalt und ihre Vermischung mit jüdischem Geist*, Berlin 1938². Seine Schlussfolgerungen stimmen im grossen und ganzen mit denen von GRUNDMANN überein.
[6] a.a.O. S. 155-59; vgl. J. DUPONT, *Filius meus es tu, L'interprétation de Ps.II dans le Nouveau Testament*, RScR 35 (1948), S. 525.
[7] a.a.O. S. 61-62.
[8] a.a.O. S. 160.
[9] a.a.O. S. 160-61.

Jesus nicht der Sohn in der Bedeutung des jüdischen „Menschensohns" gewesen sei, so sei er doch ebensowenig Gottessohn in jener mythischen Bedeutung gewesen, „die in der Jungfrauengeburt ihre letzte Ausprägung fand und die christologischen Streitigkeiten verursachte." [1] Jesu Gottessohnschaft bedeute nichts anderes als die Verkörperung seiner den Menschen gebrachten Verkündigung: dass alle Kinder des Vaters sind. Diese ursprüngliche Absicht habe die älteste Kirche falsch verstanden. Einerseits könne man eine Umbiegung in jüdische Richtung feststellen, die auf den „Menschensohn"-Titel und die mit ihm verbundenen Assoziationen hinauslief, andererseits gebe es eine Umbiegung im hellenistischen Sinn, die zum „Sohn Gottes"-Titel mit seinen theologischen Implikationen hinführte [2]. Jesus sei kollektiv gesehen des Vaters Sohn und zwar genau in dem Sinn, wie seine Anhänger zu Kindern Gottes werden sollten [3].

GRUNDMANN untersuchte in einem späteren Aufsatz [4] den „Sohn-Gottes"-Titel und seine Geschichte aufs neue und zeigte sich dabei als Gegner von JEREMIAS' und MAURERS Thesen [5]. Besondere Bedeutung misst er den Qumrantexten bei, die zwei Messiasgestalten kennen: eine vom Stamme Juda, die andere vom Stamme Aaron [6]. Das gleiche sei auch Test. XII der Fall. Überdies werde Levi „Sohn Gottes" genannt (Test. Levi 4), zeige die Beschreibung vom Auftrag des messianischen Hohenpriesters Test. Levi 18 eine Verwandtschaft mit synoptischen und johanneischen Texten [7] und erinnere die Beschreibung seiner Weihe an den synoptischen Taufbericht. Somit gelangt er zu dem Schluss: „Während also der messianische König und auch der Prophet nicht als Sohn Gottes gelten, besteht eine gewisse Wahrscheinlichkeit, dass in priesterlichen Kreisen der Essener vom hohenpriester-

---

[1] a.a.O. S. 161.

[2] Man könnte deshalb nicht nur von „Entjudaisierung" sondern auch von „Enthellenisierung" sprechen.

[3] Nicht anders fasste J. BIENECK a.a.O. S 53 GRUNDMANNS Absichten auf. GRUNDMANN schreibt das seinen eigenen „nicht genügend geschützten und zu sehr zugespitzten Formulierungen" zu, ZNW 47 (1956) S. 130 Anm. 38, und bestreitet, eine solche Interpretation der Gottessohnschaft Jesu beabsichtigt zu haben. Doch nährt er in seinem Artikel dieses 'Missverständnis' aufs neue.

[4] *Sohn Gottes*, ZNW 47 (1956) S. 113-33.

[5] S. 20-23.

[6] a.a.O. S. 114-16.

[7] Mk. 3, 27; Lk. 10, 19; Joh. 6, 35; 8, 12; 14, 27; 20, 19.21; 8, 56 usw.

lichen Messias als vom Sohne Gottes gesprochen wird." [1] Natürlich in adoptianischem Sinne [2].

Seiner Ansicht nach bestand womöglich in der jüdischen Tradition schon vor Jesus ein Zusammenhang zwischen der Bezeichnung Knecht Gottes und dem hohenpriesterlichen Messias. Das wäre in der Tat der Fall, hätte die Bezeichnung „der Gerechte" — im NT zusammen mit „der Heilige", einem Titel des messianischen Hohenpriesters, für Jesus verwandt [3] — auch schon in der Sapientia Salomonis auf den Messias hingedeutet. Apg. 3, 14 würde Jesus dann als den messianischen Hohenpriester kennzeichnen. Nach IQ Is. 52,14, wo vom Gottesknecht als vom messianischen Hohenpriester die Rede ist, scheint es ihm wahrscheinlich, dass diese Kombination schon im vorchristlichen Judentum vorhanden war. Der Knecht Gottes als messianischer Hoherpriester wäre dann auch Gottes Sohn. „Dann hätten wir an dieser Stelle den Boden gefunden, auf dem wachsen konnte, was uns die Evangelien bezeugen, die Ineinssetzung von Gottessohn und Gottesknecht, und zwar auf der Grundlage des Nenners „messianischer Hoherpriester"." [4]

Anschliessend untersucht GRUNDMANN, ob diese vielseitige Titulatur und die mit ihr verbundenen Vorstellungen Jesus erst im Laufe der Tradition zugelegt wurden oder schon in seinem Bewusstsein vorhanden waren. Er ist anderer Auffassung als JEREMIAS und MAURER und betont nachdrücklich, dass das Korrelat des Begriffes Knecht Herr, das von Sohn Vater ist. Hinsichtlich der Art und Weise, wie Jesus Gott als seinen Vater ansprach, beruft er sich auf Untersuchungen anderer, z.B. G. DALMAN [5], T. W. MANSON [6], G. KITTEL [7], J. JEREMIAS [8], S. V. McCASLAND [9], H. F. D. SPARKS [10], G. QUELL-G. SCHRENK [11] und H. W. MONTEFIORE [12]; er folgert auf Grund dieser Arbeiten: „Der in einzigartiger und

---

[1] a.a.O. S. 116.
[2] ebd.
[3] Er verweist auf Mk. 1,24; Joh. 6, 69; Ps. 106, 16, a.a.O. S. 125.
[4] a.a.O. S. 125-26.
[5] a.a.O. S. 150-59.
[6] *The Teaching of Jesus*, S. 89-115.
[7] ThWNT I, S. 4-6, s.v. ἀββᾶ.
[8] *Kennzeichen der ipsissima vox Jesu*, Studien Wikenhauser, S. 86-93; *Abba*, ThLZ 79 (1954), S. 213-14.
[9] *Abba Father*, JBL 72 (1953), S. 79-91.
[10] *The doctrine of divine fatherhood in the Gospels*; Studies Lightfoot, S. 241-62.
[11] ThWNT V, S. 959-1016, s.v. πατήρ.
[12] *God as Father in the synoptic Gospels*, NTS 3 (1956), S. 31-46.

vollmächtiger Art Gott 'abba', d.h. mein Vater, anredet, der kann sich gar nicht anders denn als Sohn verstehen."[1] Der Sohn selbst, meint er, habe aber den Weg, den er in Gehorsam zu gehen hatte, besonders deutlich in der Gestalt des deuterojesajanischen Gottesknechtes vor sich gesehen: „Die Verbindung zwischen dem Weg des Gottesknechtes und dem Selbstverständnis dessen, der diesen Weg geht, als Sohn ist in der Geschichte Jesu selbst vollzogen."[2]

7. Die angemessene Methode zur Lösung der Kernfrage

Überblickt man die Resultate der neuzeitlichen Forschung, so tritt deutlich zutage, dass eine neue Untersuchung kaum noch zu neuen Ergebnissen führen kann. Wäre es theoretisch vielleicht auch möglich, zu einer für die Geschichte der Exegese neuen Hypothese zu gelangen, praktisch darf man das a priori für ausgeschlossen halten. Man kann deshalb mit Recht fragen, was für eine Absicht der Untersuchung dieses christologischen Titels überhaupt noch zugrunde gelegt werden kann, wenn nicht lediglich diese: die verschiedenen Schlussfolgerungen anhand des Textmaterials erneut nachzuprüfen. Was das betrifft, sind besonders die Auseinandersetzungen mit der formgeschichtlichen Schule äusserst unbefriedigend: Prinzipien und Hypothesen spielten hier eine viel grössere Rolle als die unmittelbare Interpretation der Quellen. Die Gegner dieser Schule machten es sich allzu leicht bei der Frage, inwiefern die synoptische Gottessohnbezeichnung auf Jesus selbst zurückgehe: J. Schmitt[3] und J. Bieneck[4] vermeiden sie, während die Argumentation der andern Autoren häufig nicht stichhaltig ist. So gibt V. Taylor zwar zu, dass man in der synoptischen Tradition mit „later and editorial usage"[5] rechnen müsse, versucht aber nicht, die sekundären Elemente von den ursprünglichen zu trennen; fälschlicherweise setzt er den Taufbericht gleich mit den Selbstaussagen Jesu[6]. Der Schwerpunkt von O. Cullmanns Beweisführung liegt in seiner Behauptung, die christliche Tradition habe keinerlei Veranlassung dazu gehabt, den Titel „Sohn Gottes" post factum Jesu zuzulegen[7] — aber eben diese These ist zumindest

---

[1] a.a.O. S. 128.
[2] ebd.
[3] S. 6 ff.
[4] S. 13 f.
[5] S. 15 Anm. 1.
[6] S. 16.
[7] S. 18.

sehr anfechtbar [1]. W. MANSON meint, die vom „Sohn Gottes"
redenden Perikopen zeigten Spuren der palästinensischen Tradition,
weshalb sie von Jesu selbst stammen müssten [2]; aber er macht
kaum einen Versuch, diese Spuren nachzuweisen.

Wir beabsichtigen daher, auf Grund einer anderen Methode
nachzuprüfen, inwieweit die Gottessohnbezeichnung auf Jesus
selbst zurückgeführt werden kann. Dabei beschränken wir uns
strikte auf die Logien des irdischen Jesus, und lassen nicht nur den
Taufbericht, die Versuchungsgeschichte und Jesu Verklärung,
sondern auch die Dämonen-Ausrufe und die Glaubensbekenntnisse
ausser acht. Auch die Dialoge, etwa das Verhör durch den Hohen
Rat, fallen nicht mehr in den Rahmen der Untersuchung. Diese
Beschränkung ist methodisch verantwortet, weil ja gerade die
Logien als solche aller Wahrscheinlichkeit nach in der Tradition
eher wörtlich überliefert wurden als die Erzählungen über Jesus
oder die Worte anderer, die den Herrn betrafen. Es bleiben dann
innerhalb der synoptischen Tradition nur folgende drei Stellen
übrig: Mt. 11,27 par., Mk. 13,32 par. und das Gleichnis von den
bösen Winzern.

Natürlich kann man diese Quellen selbst hinsichtlich ihrer
Echtheit untersuchen, was im folgenden auch nicht versäumt werden soll. Methodisch wichtiger aber ist eine andere Aufgabe, nämlich
der Vergleich dieser Texte mit der Verkündigung der Urgemeinde;
erst dann kann festgestellt werden, inwieweit diese auf sie zurückgehen oder dann die Verkündigung in Bezug auf diese Logien als
sekundär zu betrachten ist. [3]

---

[1] ebd. Anm. 7.

[2] S. 19 f.

[3] Die vorliegende Arbeit war bereits weitgehend abgeschlossen, als J. M.
ROBINSON die hier angewandte Methode empfahl; vgl. *A new quest of the
historical Jesus*, Studies in Biblical Theology 25, London 1959, z.B. S. 94:
„As a purposeful undertaking, a new quest of the historical Jesus would
revolve around a central problem area determined by its purpose ... In
the case of a new quest, this focal problem would consist in using the available
source material and current historical method in such a way as to arrive at
an understanding of Jesus' historical action and existential selfhood, in
terms which can be compared with the kerygma." Wir hoffen, mit dieser
Untersuchung auf einem zwar nicht umfangreichen aber doch wesentlichen
Teilgebiet einen Beitrag zu diesem „new quest" geliefert zu haben.

Zur Feststellung der Authentizität der Logien findet man einige Kriterien
bei J. JEREMIAS, *Kennzeichen der ipsissima vox Jesu*, Studien Wikenhauser,
S. 86-93. Die grundsätzliche Frage der Authentizität erörterte F. C. GRANT,
The authenticity of Jesus' sayings, Studien Bultmann, S. 137-143.

Damit ist bereits auch die Konzeption der Arbeit umrissen. In ihrem zweiten Teil soll — unabhängig von der synoptischen Tradition — untersucht werden, ob die Gottessohnschaft Jesu in der Verkündigung der Urgemeinde Fuss gefasst hat. Daher wird im 1. Kapitel der Quellenwert von Apg. 1-13 erörtert. Das 2. Kapitel untersucht dann im Hinblick auf die vorangehenden Diskussionen die Frage, ob der Titel „Gottesknecht" in dieser Verkündigung eine überwiegende Rolle spielte und welchen Einfluss Jes. 52,13-53,12 auf den Aufbau und die Formulierung der kerygmatischen Verkündigung ausübte. Die beiden darauf folgenden Kapitel behandeln die Vorstellungen der Urgemeinde von Jesu Gottessohnschaft und die Rolle, die Ps. 2,7 hierbei gespielt haben kann. Der dritte Teil der Arbeit führt zu den synoptischen Jesusworten. Zuerst sollen die Texte, in denen von Gottes Vaterschaft die Rede ist, behandelt werden; anschliessend dann die drei Selbstaussagen, in denen sich Jesus selbst „der Sohn" nennt. Der vierte und letzte Teil soll einen Vergleich der Selbstaussagen Jesu mit der urkirchlichen Tradition bringen; wir beabsichtigen dabei, die Gemeindepredigt in formaler Hinsicht an den Selbstaussagen zu messen, um infolgedessen festzustellen, inwieweit die diesbezüglichen Jesusworte der Verkündigung wohl oder nicht vorangehen.

ZWEITER TEIL

DIE GOTTESSOHNSCHAFT JESU
IN DER URKIRCHLICHEN VERKÜNDIGUNG

ERSTES KAPITEL

DER QUELLENWERT VON APG. 1-13

1. Die Reden. — 2. Der Wortschatz. — 3. Das Kompositionsschema. —
4. Der Schriftbeweis. — 5. Archaismen. — 6. Die Reden und die urkirchliche
Tradition.

1. DIE REDEN

Bevor wir untersuchen, ob und in welchem Sinne in der urkirchlichen Tradition „Sohn Gottes" als christologischer Titel in Erscheinung tritt [1], müssen einige Präliminarien erörtert werden. Auf Grund des häufig im NT anzutreffenden formelhaften Glaubensgutes [2] kann man das Kerygma [3] der Urkirche rekonstruieren. Ausserdem enthalten die ersten dreizehn Kapitel der Apostelgeschichte eine Anzahl Reden [4], in denen anscheinend die älteste kerygmatische Verkündigung für Juden und Heiden mit konkreten Beispielen gekennzeichnet wird. Der Titel „Sohn" kommt in einem dieser Beispiele als Teil eines Zitates von Ps. 2,7 vor (Apg. 13,33). Lukas allerdings legt diese Rede Paulus in den Mund und lässt in einer Zusammenfassung ebenfalls Paulus ausdrücklich von Jesus verkündigen „ὅτι οὗτός ἐστιν ὁ υἱὸς τοῦ θεοῦ" (9, 20). Dass nach Apg. 1-13 gerade und ausschliesslich Paulus die Gottessohnschaft Jesu verkündet, ist gewiss auffallend; deshalb übernahmen mehrere Exegeten W. BOUSSETS Schlussfolgerung: dass nämlich Paulus den „Sohn Gottes"-Titel als erster Jesu zugelegt habe. [5]

In diesem Zusammenhang erweist sich die Frage, inwieweit die Reden der Apg. 1-13 historisch sind, ja, ob sie überhaupt das älteste allgemeine Kerygma wiedergeben, als berechtigt. Mit anderen

---

[1] Vgl. W. G. KÜMMEL, Das Urchristentum, ThR 14 (1942) S. 81-95; 155-173; 17 (1948) S. 3-50; 103-42; 18 (1950) S. 1-53; 22 (1954) S. 138-70; 191-211.

[2] E. STAUFFER, Theologie S. 316 nannte eine Anzahl Kriterien, an Hand deren man formelhaftes Glaubensgut erkennen kann.

[3] Wir verstehen unter Kerygma die Verkündigung des Christentums an Ungläubige, unter Katechese die Glaubensunterweisung der Getauften.

[4] 2, 22-36; 3, 13-26; 4, 10-12; 5, 29-32; 10, 34-43; 13, 26-41.

[5] L. CERFAUX, Le Christ dans la Théologie de saint Paul, Paris 1951, S. 61; V. TAYLOR, The Person of Christ, London 1958, S. 197; B. REICKE, Glaube und Leben der Urgemeinde, S. 39-41, meint, Lukas habe in den Reden auch das für die Sprecher jeweils typische mit Erfolg wiederzugeben versucht.

Worten: stützt sich Lukas hier auf zuverlässige schriftliche oder mündliche Quellen[1]? Die Antworten darauf lauten sehr verschieden.

Die extremste Ansicht hält die Reden für eine recht genaue Wiedergabe eines von Lukas vorgefundenen Textes und glaubt, sie stammten in der Tat aus dem Munde der dort angeführten Personen. E. JACQUIER versuchte das zu beweisen, indem er den auf Petrus bezüglichen Wortschatz mit dem der beiden Briefe Petri und das Wortgut der paulinischen Aussagen mit Pauli Briefen verglich[2]. Auch J. W. DOEVE konstatiert typische Gegensätze zwischen Apg. 2,24-31 und 13,24-38, woraus er den Schluss zieht, dass erstere Stelle vor allem für Petrus zutreffe, während die zweite all das in Erinnerung rufe, was von Paulus bekannt sei[3]. W. L. KNOX[4], J. SCHMITT[5] und J. A. T. ROBINSON[6] gelangen zu ähnlichen Ergebnissen, indes auch B. REICKE[7] annimmt, Lukas habe in den Reden das für die verschiedenen Redner jeweils charakteristischste wiederzugeben versucht.

Ebenso extrem lautet J. CADBURYS Ansicht, der JACQUIERS Beweisführung ad absurdum trieb, indem er mit den gleichen Argumenten das Gegenteil bewies[8]; er behauptet sogar, diese Reden vermittelten uns schon deshalb nichts von der ältesten Verkündigung, da sie ohne Ausnahme Lukas entstammten, der

---

[1] Vgl. H. H. WENDT, *Die Apostelgeschichte*, Göttingen 1913[9], S. 15-40; J. GEWIESS, *Die urapostolische Heilsverkündigung nach der Apostelgeschichte*, Breslauer Studien zur historischen Theologie N.F. V, Breslau 1939; L. CERFAUX, *La première communauté chrétienne à Jérusalem* (1939), Recueil II, S. 125-56; A. N. WILDER, *Variant traditions of the resurrection in Acts*, JBL 62 (1943) S. 307-18; W. L. KNOX, *The acts of the apostles*, Cambridge 1948, S. 16-39; J. SCHMITT, *Jésus Ressuscité*, S. 30-36; J. DUPONT, *Les Problèmes du livre des actes d'après les travaux récents*, ALBO II 17, Louvain 1950, S. 35-49; E. TROCMÉ, *Le ,,livre des actes'' et l'histoire*, Paris 1957, S. 207-14; B. REICKE, *Glaube und Leben der Urgemeinde*, AThANT 32, Zürich 1957.
[2] *Les actes des Apôtres*, Paris 1926[2], S. CCLIX-CCLXXXVI.
[3] *Jewish hermeneutics in the synoptic Gospels and Acts*, Assen 1953; besonders Kapitel 6: ,,Two midrasjim relating to the resurrection of Christ in Acts'', S. 168 76, wo er den Unterschied zwischen Apg. 2, 24-31 und 13, 24-38 betont, und meint, die erste Rede passe besser zu Petrus, indes die zweite mehr mit Paulus verwandt sei. Vgl. zur Kritik dieser Auffassung u.a. J. JEREMIAS, ThLZ 80 (1955) S. 210-11.
[4] *Acts* S. 77-80.
[5] *Jésus ressuscité* S. 22-30.
[6] *The most primitive christology of all?* JThS n.s. VII (1956) S. 177-89.
[7] *Glaube und Leben*, S. 39-41; 48.
[8] *The speeches in Acts*, in Beginnings V, London 1933, S. 402-27, bes. S. 413-16.

sie ungeachtet allen überlieferten Materials verfasst habe [1]. Ähnlich denkt M. DIBELIUS, der sich ausführlich mit diesem Problem aus- einandersetzte [2]. Er geht von der Voraussetzung aus, dass die Apostelgeschichte antike Historiographie sei. Man müsse somit die Geschichtlichkeit dieser Reden im Hinblick darauf beurteilen, was von Absicht und Echtheit der Reden antiker Gesichtsschrei- bung bekannt sei. So gelangt er zum Schluss: ,,Alle Reden . . . — gleichviel ob sie ,,historischen" oder Predigtzwecken dienen — haben Lukas zum Verfasser." [3] Lukas aber — so fährt er fort — wollte seinen Lesern nicht verraten, wie die älteste christliche Predigt tatsächlich gelautet habe; es gehe ihm nicht um eine neue Darstellung des ältesten Kerygmas, d.h. um dessen Rekonstruktion; sondern ,,durch mehrfache Bearbeitung des gleichen Schemas will Lukas den Lesern zeigen, was christliche Predigt ist und sein soll." [4] ,,Es ist eine literarisch-theologische, keine geschichtliche Aufgabe, die er . . . erfüllen will." [5] Methodisch spricht zwar manches für DIBELIUS' Auffassung, doch lassen sich prinzipielle Einwände gegen sie erheben. Erstens stehen uns keine analogen Beispiele aus der profanen Literatur zur Verfügung — wie DIBELIUS selbst zugibt [6]. In gewissem Masse sind daher die Reden der Apg. I-13 einmalig in ihrer Art, weshalb ungeklärt bleibt, ob man sie nach den für die Althistoriker gültigen Regeln beurteilen darf. Zweitens aber liefern auch keinerlei interne Argumente den Beweis dafür, dass die Reden freie Kompositionen von Lukas sind. [7] Und schliesslich haben keineswegs alle antiken Historiker derart frei verfasste Reden zur Kennzeichnung ihrer Helden in ihr Werk aufgenommen. Ohne weiteres lassen sich Beispiele für die Wiedergabe echter — wenn auch literarisch bearbeiteter — Reden anführen. [8]

---

[1] a.a.O., bes. die Schlussfolgerung S. 426-27.

[2] *Aufsätze*. Das Problem scheint ihn sehr beschäftigt zu haben; DIBELIUS kam des öfteren darauf zurück: *Stilkritisches zur Apostelgeschichte* (1923), a.a.O. S. 11; *Die Apostelgeschichte als Geschichtsquelle* (1947), a.a.O. S. 91-95; *Die Bekehrung des Kornelius* (1947), a.a.O. S. 97; *Der erste christliche Histo- riker* (1948), a.a.O. S. 108-19; *Die Reden der Apostelgeschichte und die antike Geschichtsschreibung* (1944, veröffentlicht 1949), a.a.O. S. 120-62. Auch C. F. EVANS urteilt recht skeptisch: *The kerygma*, JThS VII (1956) S. 25-41.

[3] a.a.O. S. 157.

[4] a.a.O. S. 116-17.

[5] a.a.O. S. 98.

[6] a.a.O. S. 152.

[7] DIBELIUS' Auffassung ist deshalb auch nicht sehr konsequent, vgl. z.B. a.a.O. S. 98, Anm. 1.

[8] vgl. C. F. EVANS, a.a.O. S. 28-30.

Gibt es einen Mittelweg zwischen diesen beiden extremen Auffassungen? J. SCHMITT bestreitet es: seiner Ansicht nach gibt es keine andere Möglichkeit als die der Geschichtlichkeit oder der freien Komposition[1]. Aber J. DUPONT konstatierte mit Recht, dass diese Auffassung eine weitgehende Simplifikation ist[2]. Selbst dann, wenn Lukas die Reden nicht buchstäblich übernommen sondern bearbeitet hat, bleibt durchaus die Möglichkeit bestehen, das ihm bei seiner Komposition überlieferte Quellen zur Verfügung standen. Man muss deshalb drei Möglichkeiten in Erwägung ziehen: 1. Lukas hat die Reden völlig frei und ohne bewusste Bindung an die älteste Tradition verfasst; 2. Er hat die Reden in ihrer heutigen Form einer Quelle entnommen; 3. Er hat, mit Hilfe von Material aus ältester Zeit, das ihn auf schriftlichem oder mündlichem Weg erreichte, die Reden selbst bearbeitet. Um sich für eine dieser drei Möglichkeiten zu entscheiden, bedarf es einer neuen Untersuchung, wobei in erster Linie der Wortschatz aufs sorgfältigste geprüft, danach jedoch das allgemeine Schema und der Schriftbeweis der Reden — beide als Beweise gegen die Historizität angeführt —analysiert werden müssen.

2. DER WORTSCHATZ

Wenn Lukas die Reden selbständig verfasst oder bei der Endredaktion überarbeitet hat, ist zu erwarten, dass der Wortschatz die Prägung seiner Hand zeigt. Wurden sie jedoch aus einer anderen Quelle übernommen, dann müsste sich ihr Vokabular von demjenigen des Lukas unterscheiden; etwaige Semitismen könnten auf eine hebräische oder aramäische Quelle hindeuten.

M. BLACK wies in bezug auf letzteres folgende Semitismen nach: [3]

1. Casus pendens: 2, 22-23; 4, 10; 7, 35; 7, 40; 10, 36. 37; 13, 32[4].

2. Asyndeton: 7, 15 (mit auffallender parataktischer Konstruktion); 7, 44. 52; 10, 36. 37[5].

3. ἄνθρωπος = τις: 4, 9; 10, 28[6]; wohl auch ἀνδρὶ Ἰουδαίῳ, 10, 28, was BLACK in seiner Liste nicht anführt[7].

4. Ναζωραιος: 2, 22; 4, 10[8].

---

[1] *Jésus ressuscité*, S. 22.

[2] *Les problèmes du livre des Actes* S. 46.

[3] *An aramaic approach to the Gospels and Acts*, Oxford 1957[2].

[4] a.a.O. S. 36.

[5] a.a.O. S. 41.

[6] a.a.O. S. 249-51.

[7] a.a.O. S. 250.

[8] a.a.O. S. 143-44.

5. „Übersetzungsgriechisch": ein Relativsatz wird durch ὅτι wiedergegeben, in 7, 39D [1]; ἥ als Übersetzung für מן in 5, 29 [2]; auch die Variante in 3, 17 D, wo ἐπιστάμεθα an Stelle von οἶδα steht, bezeugt, dass es sich hier um eine Übersetzungsvariante handelt [3].

Diese Semitismen sind jedoch keineswegs so zahlreich, dass sie ein Beweis für hebräische oder aramäische Quellen sind; wohl verleihen sie dem Gebrauch dieser Quellen einige Wahrscheinlichkeit.

Eine Überprüfung des griechischen Wortgebrauchs ist darum wichtig [4]. Nacheinander betrachten wir: a. die „Lukanismen"; b. die Übereinstimmungen mit dem Corpus Paulinum; c. die Wörter, die (nahezu) ausschliesslich bei Lukas und Paulus vorkommen; d. die Hapaxlegomena und seltenen Wörter, die im klassischen griechischen Sprachgebrauch vorkommen und deshalb die Hand eines damit vertrauten Autors verraten; e. die im NT (und u.U.auch in der LXX) selten gebrauchten Wörter, die jedoch in der Apostelgeschichte sowohl in den diesbezüglichen Reden als auch ansonsten vorkommen, (weil sie darauf schliessen lassen, dass die Reden von der gleichen Hand stammen wie der Rest der Apostelgeschichte).

a. Lukanismen [5]

ὑπολαμβάνειν in der Bedeutung „meinen"; kommt nur 2, 15 und Lk. 7, 43 vor.

καθότι nur 2, 24; 17, 31 und Lk. 1, 7; 19, 9[6].

Θαυμάζειν ἐπί im NT nur 3, 12 und Lk. 2, 33; 4, 22; 9, 43; 20, 26 [7].

ατενίζειν 3, 12; Lk. 4, 20; 22, 56; Apg. 10 ×; 2. Kor. 3, 7. 13 [8].

οἱ ἄρχοντες für die jüdische Obrigkeit 3, 17; 13, 27; 4, 5. 8. 26; Lk. 14, 1; 23, 13. 35; 24, 20 [9].

---

[1] a.a.O. S. 56; 66.

[2] a.a.O. S. 252.

[3] a.a.O. S. 179.

[4] C. F. EVANS, a.a.O. S. 37-38, untersuchte besonders das Vokabular von Apg. 10, 34-43.

[5] Vgl. über die linguistischen Unterschiede zwischen Lk. und Apg.: J. C. HAWKINS, *Horae synopticae, Contributions to the study of the synoptic problem*, Oxford 1909², S. 177-182.

[6] Vgl. HAWKINS, a.a.O. S. 175 (35).

[7] Vgl. HAWKINS, a.a.O. S. 19 (65) und 41; W. BAUER, *Wörterbuch*, 1952⁴, S. 639.

[8] Vgl. HAWKINS, a.a.O. S. 177; R. MORGENTHALER, *Statistik*, S. 182.

[9] Vgl. HAWKINS, a.a.O. S. 16 (13) und 36; L. CERFAUX, *La première communauté chrétienne à Jérusalem*, Recueil II S. 133.

καθεξῆς 3, 24; 11, 4; 18, 23; Lk. 1, 3; 8, 1 [1].

λαός 4, 9; 10, 41; kommt insgesamt 140 × vor, in der Apg. 48 × und bei Lk. 36 ×. [2]

χρίειν 4, 27; 10, 38; Lk. 4, 18 [3].

καθ' ὅλης τῆς . . . . . . 10, 37; sonst nur noch 9, 42. 31; Lk. 4, 14; 23, 5.

πνεῦμα — δύναμις 10, 38; vgl. 1, 8; 6, 8; Lk. 7 × ; Rm. 1, 4.

ἰᾶσθαι 10, 38; Mt. 1 × ; Joh. 2 × ; Lk. 8 × ; Apg. 4 × [4].

μάρτυρες πάντων . . . 10, 39; vgl. Lk. 24, 48; Apg. 5, 32.

χώρα 10, 39; Mt. 3 × ; Mk. 4 × ; Lk. 9 × ; Apg. 8 × ; Joh. 3 × ; Jak. 1 × [5].

ἀναιρεῖν, töten 10, 39; Mt. 1 × ; Lk. 2 × ; Apg. 17 × ; Paulus 2 × [6].

πρὸ προσώπου . . . 13, 24; Mt. 1 × ; Mk. 1 × ; Lk. 3 × und Lk. 1, 76 l. v.

τελεῖν τὰ γεγραμμένα 13, 29; vgl. Lk. 18, 31; 22, 37; vielleicht auch Lk. 2, 39; nur Lk. verwendet τελεῖν für die Erfüllung einer Prophetie.

καθαιρεῖν 13, 29; Mk. 2 × ; Lk. 3 × ; Paulus 1 × [7].

νόμος Μωϋσέως 13, 38; vgl. Lk. 2, 22; 24, 44; Apg. 15, 5; 28, 23; 1. Kor. 9, 9; Hebr. 10, 28. Die beiden Texte des Corpus Paulinum sind kaum von Gewicht, wenn man bedenkt, wie häufig hier vom Gesetz gesprochen wird.

ἐπέρχεσθαι 13, 40; Lk. 3 × ; Apg. 4 × ; Paulus 1 × ; Jak. 1 ×. [8]

b. Übereinstimmungen mit dem Corpus Paulinum [9]

ἀποδεικνύναι 2, 22; sonst nur noch 25, 7; 1. Kor. 4, 9; 2. Thess. 2, 4.

ἄχρι 2, 29; Lk. 4 × ; Apg. 15 × ; Paulus 17 × ; Apk. 11 × [10].

ἐπαγγελία 2, 33; Lk. 24, 49; 2. Petri 2 × ; 1. Joh. 1 × ; Apg. 8 × ; Paulus 26 × ; Hebr. 14 × [11].

---

[1] Vgl. HAWKINS, a.a.O. S. 175 (33).
[2] Vgl. HAWKINS, a.a.O. S. 20 (85); L. CERFAUX, ebd.; H. STRATHMANN, ThWNT IV s.v. λαός S. 49; MORGENTHALER, a.a.O. S. 181.
[3] Vgl. L. CERFAUX, ebd.
[4] Vgl. HAWKINS, a.a.O. S. 19 (68).
[5] Vgl. MORGENTHALER, a.a.O. S. 156.
[6] Vgl. CERFAUX, ebd.; MORGENTHALER, a.a.O. S. 182.
[7] Vgl. MORGENTHALER, a.a.O. S. 108.
[8] a.a.O. S. 98.
[9] Vgl. über die sprachliche Verwandtschaft zwischen dem Corpus Paulinum und Lukas: HAWKINS, a.a.O. S. 189-93.
[10] Vgl. HAWKINS, a.a.O. S. 16 (16); W. BAUER, a.a.O. S. 234-35; MORGENTHALER, a.a.O. S. 81.
[11] Vgl. MORGENTHALER, a.a.O. S. 97.

προκαταγγέλλειν 3, 18; 7, 52; προεπαγγέλλειν Rm. 1, 2; 2. Kor. 9, 5;
καταγγέλειν nur in der Apg. (11 ×) u. bei Paulus (7 ×)[1].
καιροί 3, 20; Mt. 1 × ; Lk. 1 × ; Apg. 1, 7; 14, 17; 17, 26; Gal. 4, 10;
    1. Thess. 5, 1; 1. Tim. 2, 6; 4, 1; 6, 15; 2. Tim. 3, 1; Tit. 1, 3.
ἀνακρίνειν 4, 9; nur in Lk. 23, 14; Apg. 12, 19; 17, 11; 24, 8; 28, 18
    und 1. Kor. 2, 14. 15; 4, 3. 4; 9, 3; 10, 25. 27; 14, 24 [2].
παριστάνειν 4, 10; Mt. 1 × ; Lk. 1 × ; Apg. 5 × ; Paulus 10 × ;
    (παριστάναι: Mk. 5 × ; Lk. 2 × ; Joh. 2 × ; Apg. 8 × ; Paulus
    3 ×).
μάρτυς 5, 32; Mt. 2 × ; Mk. 1 × ; Lk. 2 × ; Apg. 1, 8. 22; 3, 15;
    5, 32; 6, 13; 7, 58; 10, 39. 41; 13, 31; 22, 15. 20; Paulus 11 × ;
    1. Petri 1 × ; Apk. 5 × .
ἐμφανῆ γενέσθαι 10, 40; vgl. Rm. 10, 20; in der LXX nur 2 ×.
ἀγνοεῖν 13, 27; Mk. 1 × ; Lk. 9, 45; Apg. 17, 23; Pls. 15 × ; 2. Petri
    1 × .
Es liessen sich vielleicht noch hinzufügen:
εὐσέβεια 3, 12; in den Pastoralbriefen kommt es 10 × vor, in
    2. Petri 3 × .
ἀρχηγός 3, 15; 5, 31; Hebr. 2, 10; 12, 2 (stets als christologischer
    Titel).
στερεοῦν 3, 16; 3, 7; 16, 5; vgl. στερεός 2. Tim. 2, 19; Hebr. 5, 12;
    1. Petri 5, 9; στερέωμα Kol. 2, 5.
δρόμος 13, 25; 20, 24; 2. Tim. 4, 7.
ὑπονοεῖν 13, 25; 25, 18; 27, 27; ὑπόνοια 1. Tim. 6, 4.

c. *Wörter die (nahezu) ausschliesslich bei Lukas und Paulus
vorkommen*

τὸ εἰρημένον 2, 16; Lk. 2, 24; Apg. 13, 40; Rm. 4, 18.
ἄνομος 2, 23; Lk. 22, 37 (Zitat Jes. 53, 12); 1. Kor. 9, 21; 2. Thess.
    2, 8; 1. Tim. 1, 9; 2. Petri 2, 8; LXX passim.
κατὰ πρόσωπον 3, 13; Lk. 2, 31 (Zitat Jes. 52, 10); Apg. 16, 9 l.v.;
    25, 16; 2. Kor. 10, 1. 7; Gal. 2, 11.
χαρίζεσθαι 3, 14; Lk. 7, 21. 42; Apg. 25, 11. 16; 27, 24; Paulus
    15 × [3].
πράσσειν 3, 17; Lk. 6 × ; Joh. 2 × ; Apg. 13 × ; Paulus 18 × [4].

---

[1] Vgl. a.a.O. S. 109.
[2] Vgl. HAWKINS, a.a.O. S. 190 (6).
[3] Vgl. HAWKINS, a.a.O. S. 191 (101).
[4] Vgl. HAWKINS, a.a.O. S. 21 (116), ein Lukanismus; MORGENTHALER,
a.a.O. S. 135.

εὐεργεσία 4, 9; 1. Tim. 6, 2; εὐεργέτης Lk. 22, 25; εὐεργετεῖν Apg. 10, 38.

σωτηρία 4, 12; Lk. 4 ×; Joh. 1 ×; Apg. 6 ×; Paulus 25 ×; Petr. 5 ×; Jud. 1 ×; Apk. 3 × [1].

μετάνοια 5, 31; die Synoptiker haben dieses Wort lediglich in den Täufergeschichten. Nur Lk. gebraucht es in Verbindung mit Jesus: 5, 32; 15, 7; 24, 47; Apg. 11, 18; 20, 21; 26, 20; Paulus 7 ×; 2. Petri 3, 9.

δεκτός 10, 35; Lk. 4, 19. 24; 2. Kor. 6, 2; Phil. 4, 18 [2].

διέρχεσθαι 10, 38; Mt. 1 ×; Mk. 2 ×; Lk. 10 ×; Joh. 2 ×; Apg. 21 ×; Paulus 6 × [3].

συνεσθίειν 10, 41; 11, 3; Lk. 15, 2; 1. Kor. 5, 11; Gal. 2, 12 [4].

παραγγέλλειν 10, 42; Mk. 2 ×; Mt. 2 ×; Lk. 4 ×; Apg. 10 ×; Paulus 12 × [5].

μεθιστάναι 13, 22; Lk. 16, 4; Apg. 19, 26; 1. Kor. 13, 2; Kol. 1, 13 [6].

ἐπί c. acc., zur Zeitangabe: 13, 31; Mt. 1 ×; Lk. 2 ×; Apg. 12 × (davon 11 in den Kap. 16-24); Paulus 4 ×; 2. Petr. 1 ×.

ὤφθη 13, 31; von Jesus nur: Lk. 24, 34; Apg. 9, 17 (26, 16: ὤφθην σοι); 1. Kor. 15, 5-8; 1. Tim. 3, 16;

εὐαγγελίζεσθαι (med.) 13, 32; Lk. 8 ×; Apg. 15 ×; Paulus passim; 1. Petr. 1, 12 [7].

d. Seltene, in der klassischen griechischen Sprache aber gebräuchliche, Wörter.

ὑπολαμβάνειν 2, 15 = meinen: nur Lk. 7, 43; im klassischen Griechisch und in der LXX gebräuchlich [8].

προσπηγνύναι 2, 23. Hapax im AT und NT; wohl im klassischen Griechisch und bei Philo [9].

ἔκδοτος 2, 23. Hapax im NT; nicht in der LXX; 1 × Theodotion (Bel et Draco 22); 2 × Symmachus (Jes. 46, 1; Jer. 44 (51), 30); wohl im klassischen Griechisch und bei Josephus [10].

---

[1] Vgl. HAWKINS, a.a.O. S. 22 (129), ein Lukanismus; MORGENTHALER, a.a.O. S. 147.
[2] Vgl. HAWKINS, a.a.O. S. 191 (24).
[3] Vgl. a.a.O. S. 17 (30), ein Lukanismus; MORGENTHALER, a.a.O. S. 89.
[4] Vgl. HAWKINS, a.a.O. S. 191 (87).
[5] Nach CERFAUX, ebd., ein Lukanismus; vgl. MORGENTHALER, a.a.O. S. 128.
[6] Vgl. HAWKINS, a.a.O. S. 191 (59).
[7] Vgl. a.a.O. S. 19 (61), ein Lukanismus.
[8] Vgl. W. BAUER, a.a.O. S. 1535.
[9] Vgl. a.a.O. S. 1307.
[10] Vgl. a.a.O. S. 432.

ἀποκατάστασις 3, 21. Hapax im NT; nicht in der LXX; wohl im klassischen Griechisch bei Philo und Josephus [1].

ὁλοκληρία 3, 16. Hapax im NT; 1 × in der LXX (Jes. 1, 6); wohl im klassischen Griechisch [2].

(ὁλόκληρος 1. Thess. 5, 23; Jak. 1, 4; LXX 10 ×).

ἀνάψυξις 3, 20. Hapax im NT; 1 × in der LXX (Ex. 8, 11); wohl im klassischen Griechisch und bei Philo [3].

πειθαρχεῖν 5, 29. 32. Vgl. Tit. 3, 1; LXX 3 × ; wohl im klassischen Griechisch [4].

διαχειρίζεσται 5,30; 26,21; nicht in der LXX; wohl im klassischen Griechisch [5].

προχειροτονεῖν 10, 41. Hapax im NT; nicht in der LXX; wohl im klassischen Griechisch [6]. χειροτονεῖν nicht in der LXX; wohl Apg. 14, 23; 2. Kor. 8, 19; im klassischen Griechisch, bei Philo, Josephus und den Apostolischen Vätern [7].

συμπίνειν 10, 41; Hapax im NT; LXX 1 × (Esther 7, 1); Symm. Ri. 5, 11; wohl im klassischen Griechisch [8].

προκηρύσσειν 13, 24; Hapax im NT; nicht in der LXX; wohl im klassischen Griechisch, bei Philo und Josephus [9].

ἐκπληροῦν 13, 33; Hapax im NT; wohl im klassischen Griechisch [10].

e. Wenig gebrauchte Ausdrücke, die in der Apostelgeschichte sowohl in den Reden als auch ansonsten vorkommen.

γνωστὸν εἶναι 2, 14; in der LXX gebräuchlich. In der Bedeutung 'bekannt sein' im NT nur in der Apg., an den verschiedensten Stellen: 1, 19; 2, 14; 4, 10. 16; 9, 42; 13, 38; 15, 18; 19, 17; 28, 22. 28 [11].

ἀναιρεῖν (töten) 2, 23; 10, 39; 13, 28; aber auch: 5, 33. 36; 7, 28; 9, 23; 12, 2; 16, 27; 22, 20; 23, 15; 25, 3; 26, 10 [12].

ἀνιστάναι 2, 24. 32; 3, 26; 13, 33. 34; 17, 31. Kommt transitiv sonst

---

[1] Vgl. a.a.O. S. 168; CERFAUX, a.a.O. S. 128.
[2] Vgl. BAUER, a.a.O. S. 1024.
[3] Vgl. a.a.O. S. 116.
[4] Vgl. a.a.O. S. 1163; CERFAUX, a.a.O. S. 129.
[5] Vgl. BAUER, a.a.O. S. 346; CERFAUX, ebd.
[6] Vgl. BAUER, a.a.O. S. 1319.
[7] Vgl. a.a.O. S. 1599.
[8] Vgl. a.a.O. S. 1417.
[9] Vgl. a.a.O. S. 1288.
[10] a.a.O. S. 441.
[11] Vgl. L. CERFAUX, a.a.O. S. 135.
[12] Vgl. S. 36.

nur noch vor: Mt. 22, 24 (Zitat); Joh. 6, 39. 40. 44. 54; und
Apg. 3, 22; 7, 37; 9, 41. Intransitiv öfters.

μετὰ παρρησίας 2, 29; sonst nur noch Apg. 4, 29. 31; 28, 31. Παρρησία
hat ähnliche Bedeutung wie bei Paulus [1].

προορᾶν 2, 31; 2, 25; 21, 29; Gal. 3, 8.

ἀτενίζειν 3, 12; sonst noch: Apg., 1, 10; 3, 4; 6, 15; 7, 55; 10, 4;
11, 6; 13, 9; 14, 9; 23, 1. [2]

μετὰ τὸ c. inf. aor., Subjekt im Akk.: 10, 41; Mt. 26, 32; Mk. 1, 14;
14, 28; Apg. 1, 3; 7, 4; 15, 13; 19, 21; 20, 1. [3]

ὁρίζειν 10, 42; Lk. 22, 22; Apg. 2, 23; 11, 29; 17, 26; 17, 31.

Überblickt man die Angaben dieses Vokabulars, so ist das Ergebnis eindeutig. Gewiss sind nicht alle Wörter von gleich starker
Beweiskraft; manche Ausdrücke unter e. liessen sich gegenteilig
auslegen (Lukas unter Einfluss der Urverkündigung). Aber das
Gesamt unserer Befunde beweist klar, dass die in der Apg. 1-13
wiedergegebenen Reden unverkennbar den Stempel des Lukas
tragen [4]. Ihre historische Authentizität büsst dadurch viel an
Wahrscheinlichkeit ein, wie auch gleichzeitig die Hypothese,
Paulus habe die Worte aus Ps. 2,7 als erster Jesu zugelegt und ihn
als erster ,,Sohn Gottes'' genannt [5]. Schärfere Umrisse gewinnt
ebenfalls die Frage, ob uns Apg. 1-13 denn überhaupt zuverlässige
Nachrichten über die tatsächliche älteste Gemeindepredigt vermittelt. Verfügte Lukas bei der Abfassung der Reden über Quellen-
material, das er in ihnen verarbeitete, oder ging er mit der Freiheit
eines antiken Historikers zu Werke?

3. DAS KOMPOSITIONSSCHEMA

Dass die Reden von Lukas selbst stammen, begründet M.
DIBELIUS u.a. mit der Feststellung, dass man überall ein gleiches
Schema zurückfinden könne; dieses umfasse ,,Kerygma, Schrift-

---

[1] Vgl. H. SCHLIER, ThWNT V s.v. παρρησία S. 877-83.

[2] Vgl. S. 35.

[3] Vgl. W. BAUER, a.a.O. S. 924.

[4] Einige unpaulinische Ausdrücke bestätigen das für Pauli Rede in
Apg. 13: 13, 27 πληροῦν kommt zwar in den synoptischen Evangelien und
der Apostelgeschichte für die Erfüllung einer Prophetie vor, aber bei Paulus
nie. — 13, 29 ἔθηκαν εἰς μνημεῖον: Bei Paulus wird dieser Ausdruck nie
erwähnt, wohl hingegen in den synoptischen Evangelien und bei Johannes;
Paulus gebraucht θάπτειν, 1. Kor. 15, 4; Rm. 6, 4. Vgl. H. J. CADBURY,
The Beginnings V, S. 415. — 13, 38b-39 klingt dagegen echt Paulinisch.

[5] Vgl. M. DIBELIUS, a.a.O. S. 158.

beweis und Bussmahnung'' [1]. Denn ,,durch mehrfache Bearbeitung
des gleichen Schemas will Lukas den Lesern zeigen, was christliche
Predigt ist und sein soll. Es ist eine literarisch-theologische, keine
geschichtliche Aufgabe, die er . . . erfüllen will.'' [2] E. SCHWEITZER
ist der gleichen Meinung: ,,Offenkundig ist zunächst die *Einheit*
der Reden, vor allem in ihrer Gesamtstruktur, aber auch in einer
ganzen Reihe von Einzelheiten. Es dürfte deutlich sein, dass ein
und derselbe Verfasser sie gestaltet hat, indem er nur bei Einzel-
punkten Traditionen aufgenommen hat.'' [3]

Es scheint daher angebracht, dieses Schema etwas ausführlicher
zu erörtern [4], es mit dem aus 1.Kor. 15,3 ff. sich ergebenden Schema
zu vergleichen [5]: Pauli Zusammenfassung der παράδοσις, die er
selbst *empfangen* hat und auch in V. 11 als die *allgemeine* Überlieferung charakterisiert: εἴτε οὖν ἐγὼ εἴτε ἐκεῖνοι, οὕτως κηρύσσομεν
καὶ οὕτως ἐπιστεύσατε.

Wir unterscheiden in diesem Schema nachfolgende, feststehende
Angaben:

1. Ihr (d.h. die Juden) habt Jesus getötet,

2. so, wie die Schrift es prophezeit hat (konkrete Texte werden
dafür nicht angeführt).

3. Gott jedoch hat ihn wieder auferweckt,

4. und gab ihm eine neue Funktion (bzw. Namen) [6],

5. was sich aus der Schrift ergibt (dafür werden gewöhnlich
Texte zitiert).

---

[1] a.a.O. S. 97-98; vgl. *Formgeschichte* S. 15-16; J. SCHMITT, *Jésus ressuscité* S. 19-22.
[2] *Aufsätze* S. 98. U. WILCKENS, *Kerygma und Evangelium bei Lukas*,
ZNW 49 (1958), S. 223-37 analysiert die Rede Apg. 10, 34-43; nach seiner
Meinung handelt es sich hier nicht um das Kerygma, sondern um eine
Zusammenfassung der Lukanischen Katechese.
[3] *Zu den Reden der Apostelgeschichte*, ThZ 13 (1957), S. 10.
[4] Man findet eine sehr genaue Analyse bei E. SCHWEITZER, a.a.O. S. 1-7;
B. REICKE, *Glaube und Leben* S. 44-51 tat das gleiche für Apg. 2, 22-39;
für Apg. 13, 15-41 s. O. GLOMBITZA, *Akta XIII*. 15-41, *Analyse einer lukanischen Predigt für Juden*, NTS 5 (1959) S. 306-317.
[5] Vgl. für eine ausführliche Analyse E. LICHTENSTEIN, *Die älteste christliche Glaubensformel*, Zeitschrift für Kirchengeschichte, 4. F. I, 63 (1950/1951)
S. 1-74.
[6] In den kerygmatischen Reden der Apg. fehlt dieser Punkt nur in der
Rede des Petrus, 3, 12-26. Laut J. A. T. ROBINSON, *The most primitive
christology*, JThS 7 S. 181, vermittelt diese Rede uns ein getreues Bild der
primitivsten Christologie. Der Inhalt von 3, 20-21 gehört wohl in der Tat zu
den ältesten Zeugnissen. Ob deshalb aber auch die ganze Rede das ursprüng-
lichste Kerygma wiedergibt, hängt u.a. davon ab, wie man ihre historische
Authentizität beurteilt.

6. Dessen sind wir die Zeugen,
7. und rufen euch zur Bekehrung auf (bzw. die Schrift verkündigt, dass in ihm die Rettung ist).

1.	2.	3.	4.	5.	6.	7
2,22-23	2,23(?)	2,24	2,30	2,25-31, Ps. 16, 8-11; 132,11; 89,4 f. 2. Sam. 7, 12 f. 2. Chron. 6, 9 f.	2,32	2,36
2,36		2,32	2,33 2,36	2,34-35, Ps. 110, 1		2,38 2,40
3,13-15a	3,18	3,13 3,15b	3,20(?)	3,22-23[1] Dt. 18,15 Dt. 18,19 (Lev. 23,29)	3,15c	3,19 3,26
4,10	4,11(?)	4,10	4,11	4,11 Ps. 118,22	—	4,12
5,30	—	5,30-31	5,31	— —	5,32	5,31-32

7,51-53 (Stephanus konnte die Rede nicht vollenden).

1.	2.	3.	4.	5.	6.	7
10,39	—	10,40	10,42	10,43 (?) —	10,39.41	10,43
13,27-29	13,27b-29a	13,30	13,33	13,33 Ps. 2,7 13,35 Ps. 16,10	13,31	13,38-41

1. Kor.

1.	2.	3.	4.	5.	6.	7
15,3b	15,3c	15,4b	—	15,4c —	15,5-8	—

Diese Übersicht zeigt, dass Paulus' Wiedergabe vom Schema der παράδοσις sich kaum von der Lukanischen unterscheidet. Die Tatsache, dass der Bekehrungsaufruf (7) in 1. Kor. 15 fehlt, ist selbstverständlich: Paulus richtet sich mit seiner Botschaft nicht an Ungläubige, sondern will sie den Gläubigen (V. 11) noch einmal einschärfen. Wir verfügen also über zwei Quellen, die uns beide das gleiche Schema vermitteln. Direkte Abhängigkeit voneinander ist äusserst unwahrscheinlich, weil der erste Korintherbrief älter ist als die Apostelgeschichte. Ebensowenig kann man vermuten, Lukas habe das Schema 1. Kor. 15 entliehen, da die Ausarbeitung der Apg. 1-13 auf ein primitiveres Stadium als dasjenige von 1. Kor. 15,3-8 hinweist. In letzterer Perikope ist nämlich der 6.Punkt sehr stark ausgeprägt [2], während der vierte ganz fehlt.

---

[1] Dieser Text hängt nur dann mit der Auferstehung zusammen, wenn der Akzent auf dem ἀναστήσας liegt und damit die Wiederauferstehung gemeint ist.

[2] Auf jeden Fall scheint 6b sekundär zu sein; die ursprünglichen kerygmatischen Formulierungen enthielten diesen Punkt natürlich nicht.

Das hängt sehr wahrscheinlich mit der Tatsache zusammen, dass die anfänglich mit der Auferstehung in Zusammenhang gebrachten Titel später auch schon dem präexistenten Sohn Gottes zuerkannt wurden. In Bezug auf den 3. Punkt unsres Schemas bezeugen überdies sämtliche Reden der Apostelgeschichte, dass Gott Jesus vom Tode erweckt hat, während 1. Kor. 15,4 Gott überhaupt nicht erwähnt, von Jesus hingegen geschrieben steht: ἐγήγερται. Dieses Passiv kann zwar auf Gott hindeuten, weil man es des öfteren für eine Umschreibung Gottes gebraucht; aber es kann ebenso nur intransitiv gemeint sein, und dann „aufstehen" heissen[1]. Jedenfalls wird Gott nicht ausdrücklich genannt, sodass die Formulierung zumindest auf ein Übergangsstadium hinweist, in dem die Worte „Gott hat ihn aufgeweckt" in „Er ist auferweckt worden" verändert wurden, um später „Er ist auferstanden" zu lauten.

Da wir das gleiche Schema in zwei voneinander unabhängigen Quellen antreffen, liegt es auf der Hand, dass wir hier mit dem ursprünglichen Schema der παράδοσις zu tun haben[2] — was Paulus übrigens ausdrücklich bezeugt (1. Kor. 15,3.11).

4. DER SCHRIFTBEWEIS

Aus der Art und Weise, wie die Redner der Apg. 1-13 *Schrifttexte erläutern*, glaubt H. J. CADBURY ableiten zu können, dass Lukas die Reden selbst verfasst habe[3]. Mit Recht entnimmt er manchen Schriftbeweisen (Apg. 2,25-32; 8,30-35; 2,33-34; 13,35-37) folgende Argumentation: A. In der Schrift heisst es so. B. Die Worte betreffen entweder den, der spricht, oder einen andern. C. Man kann beweisen, dass sie nicht dem gelten, der redet. D. Sie betreffen somit einen andern, nämlich Jesus, weil sie gerade für ihn zutreffen. Dieser Schriftbeweis wird kein einziges Mal vollständig gegeben. Stets fehlt dem Text, so wie er uns jetzt bekannt ist, mindestens eines dieser vier Elemente, während sich jedoch in sämtlichen Texten alle vier Elemente gemeinsam zurückfinden lassen. CADBURY folgert hieraus, dass dieses Schema von Lukas stamme.

---

[1] Vgl. BAUER, a.a.O. S. 388; BLASS-DEBRUNNER, a.a.O. § 342, 3 (S. 212).

[2] Vgl. C. H. DODD, *The appearances of the risen Christ, An essay in form-criticism of the Gospels*; in Studies Lightfoot, S. 27. DODD sieht in den Auferstehungs-Berichte Mt. 28, 8-10. 16-20; Joh. 20, 19-21; Mk. 16, 14-15; Lk. 24, 36-49 echte „Paradigmata" (im Sinne von M. DIBELIUS) zum Nutzen des Predigers (vgl. a.a.O. S. 11-13, 15-18), der mit ihrer Hilfe die feststehenden Angaben der Paradosis weiter ausführen kann.

[3] *Beginnings* V, S. 407-09.

Seine Schlussfolgerung ist keineswegs zwingend. Man könnte sich abfragen, ob nicht gerade die Art der Beweisführung auf eine ältere Tradition hinweist. Setzt doch eine Berufung auf den Text der Schrift voraus, dass die Zuhörer mit ihm vertraut waren; sie konnte also lediglich jüdische Zuhörer beeindrucken. Ausserdem liegt in dieser Beweisführung ein Überraschungselement, das vorwiegend der unerwarteten, doch überzeugenden Alternative des Punktes B entspringt und seinen Höhepunkt dann in C und D erreicht. Dieses Überraschungselement bewährt sich nur dann, wenn die Zuhörer zwar die Schrift an sich kennen, nicht aber die christliche Auslegung der zitierten Texte. Denn die Beweisführung ist ja nur insofern überrumpelnd, als sie überrascht. Somit muss sie — falls man sie wirklich verwendet hat — auf die erste Periode der christlichen Verkündigung an die Juden zurückgehen. Es ist nicht wahrscheinlich, dass Lukas für die diesbezügliche Auslegung der Schrifttexte selbst die Verantwortung trägt [1]; man würde dann doch wohl zumindest an einer Stelle unmisskennbar auf die vollständige Begründung stossen. Gerade die Tatsache, dass wir überall nur Teile von ihr entdecken, spricht dafür, dass man sie tatsächlich nur zu früheren Zeiten angewandt hat. Auffallend ist überdies, dass diese Beweisführung nirgends, auch nicht bei Paulus; je wieder auftaucht. Das spricht ebenfalls dafür, dass ihr Sitz im Leben der ältesten Verkündiging für die Juden liegt. In diesem Fall kann allerdings auch diese Form der Beweisführung darauf hindeuten, dass Lukas mit überliefertem Material arbeitete.

Bisweilen führt man noch einen weiteren Beweis dafür an, dass die Schriftzitate und die Beweisführungen wahrscheinlich aus einem hellenistischen — also sekundären — Stadium der Tradition stammen, wonach die aramäische Verkündigung der Urkirche nicht ihr Ursprung sein kann. Man verfügt ja nicht nur über die Zitate in der LXX-Übersetzung, manche Argumente stützen sich sogar auf eine Variante der Übersetzung oder entleihen ihr die eigentliche Beweiskraft, wie im besonderen J. DUPONT hervorhob [2]. Fraglich ist nur, ob man diese Behauptung auch für die Beweistexte erhärten

---

[1] Vgl. E. SCHWEITZER, *Reden*, a.a.O. S. 7 und B. REICKE, *Glaube und Leben*, S. 40-41.

[2] *L'utilisation apologétique de l'Ancien Testament dans les discours des Actes*, EThLov 29 (1953), S. 317-18; vgl. E. HAENCHEN, *Apostelgeschichte*, S. 152.

kann, die in den kerygmatischen Reden von wesentlicher Bedeutung sind. Diese Texte müssen deshalb, soweit nötig, untersucht werden.

Apg. 2,34 zitiert Ps. 110,1; J. Dupont meint, so könne das Zitat nur im Griechischen gehandhabt werden, weil das doppelte κύριος im Hebräischen nicht zu seinem Recht komme [1]. Zweifellos hat sich Dupont hier gründlich geirrt. Wurden doch auch schon damals die Worte נאם יהוה לאדני wie נאם אדני לאדני gelesen, sodass dem doppelten κύριος das doppelte אדני völlig entspricht [2]. Für Ps. 110,1 macht es also überhaupt nichts aus, ob das Zitat auf griechisch vorgetragen wurde oder nicht.

Noch bei einem anderen Text bleibt es fraglich, ob er nicht ausschliesslich griechisch zitiert werden konnte: Dt. 18, 15, den Apg. 3,22 erwähnt. Das griechische ἀναστήσει hat nämlich eine doppelte Bedeutung [3]; hier könnte die Auferstehung gemeint sein, während es sich ursprünglich auf die Geburt oder den Beruf eines Propheten bezieht. Eben diese Doppelbedeutung ist hier wichtig: wird auch das hebräische קום so verstanden? Zwei Stellen im AT beweisen, dass קום „aus dem Tod auferstehen" heissen kann; die erste ist Hos. 6,2: יחינו מימים ביום השלישי יקמנו ונחיה לפניו. Der Parallelismus weist darauf hin, dass sich יקמנו hier auf die Erweckung der Toten bezieht. Zwar wird an dieser Stelle nicht wirklich, sondern nur bildlich von Toten gesprochen, aber das ändert nichts an dem Parallelismus [4]. Ausserdem bestätigt noch Jes. 26,19, dass קום für das Auferstehen von Toten angewandt werden kann: יחיו מתיך נבלתי יקומון.

Der in dieser Hinsicht schwierigste Text ist zweifelsohne Ps. 16,10, den Apg. 2,27 und vermutlich auch Apg. 13,36-37 anführen. Der Schwerpunkt der Argumentation liegt in den Worten οὐδὲ ... ἰδεῖν διαφθοράν, beruht also — zumindest nach der Auffassung von J. Dupont und E. Haenchen [5] — auf der LXX-Übersetzung. Haenchen sieht in letzterer eine Fehlübersetzung, weil sie שחת

---

[1] a.a.O.

[2] Nach G. Kuhn, ThWNT III s.v. θεός S. 93-94 war אדני auf jeden Fall beim Vorlesen in der Synagoge, wahrscheinlich auch beim privaten Lesen, üblich. השם kam erst 50 n. Chr. auf.

[3] Vgl. Dupont, a.a.O. S. 293.

[4] Hos. 6, 2 ist ein Text, der auch selbst als Testimonium gebraucht wurde. Vgl. J. Dupont, a.a.O. S. 300; *Ressuscité le troisième jour*, Bb 40 (1959), S. 742-761; J. Schmitt, *Jésus Ressuscité*, S. 168. 171-72; J. W. Doeve, *Jewish Hermeneutics*, S. 149. 160. 167.

[5] *Utilisation apologétique*, S. 310-11; *Apostelgeschichte*, S. 152.

(Grube) fälschlich vom Verbalstamm שחת (verderben) ableitet [1]. Inwieweit das zu Unrecht geschah, steht vorläufig noch zur Frage. Die LXX-Übertragung der Psalmen gibt für das Substantiv שחת verschiedene Versionen. 7,16 und 94,13 wird es mit βόθρος wiedergegeben, so wie man es auch 9,16; 30,10; 35,37 erwarten sollte; da jedoch steht, genau wie 55,24, das dieser Übersetzung allerdings mehr entspricht, διαφθορά. Ps. 49,10 hat καταφθορά für שחת, das hier wie 16,10 mit ראה verbunden ist. A. VACCARI meint, die LXX führe שחת in der Psalmenübertragung mehrmals und mit Recht auf den Stamm שחת zurück, und zwar 55,24; 16,10; 49,10 [2]; aber R. TOURNAY, P. BENOIT und J. DUPONT halten seine Argumente für nicht stichhaltig genug [3]. Die Meinung VACCARIS wurde jedoch von zwei ganz verschiedenen Seiten her bestätigt. Erstens hat J. W. DOEVE darauf hingewiesen, dass der Prophetentargum שחת dreimal mit חבלא übersetzt, nämlich Jes. 38,17; Ez. 28,8 und Jonas 2,7 [4]. Wäre dem Schriftzitat in der Rede Apg. 2,24 ff. ein Targum gefolgt, so hätte man seiner Ansicht nach darin auch שחת mit חבלא übersetzt, was Fäulnis, Verderb bedeutet [5]. Zweitens hat R. E. MURPHY nachgewiesen, dass die Qumranschriften שחת ebenso in der Bedeutung „Verderb" verwenden, nämlich 1QS 4, 11-14; 9,16. 22; 10,19; CD 6, 15; 13,14; 15,7-8 [6]. Somit ist kaum zu bezweifeln, dass man in der LXX nicht mit einer Fehlübersetzung, sondern mit einer üblichen Interpretation zu tun hat. Und das auf Ps. 16,10 fussende Argument setzt demnach die LXX-Übersetzung nicht notwendig voraus.

Diese drei Schriftargumente liefern somit noch keinen Beweis, dass sie zu ihrer Erhärtung die LXX-Übertragung unbedingt voraussetzen und ihr Sitz im Leben deshalb unmöglich innerhalb der aramäisch sprechenden Urgemeinde gesucht werden kann. Man kann statt dessen das Gegenteil behaupten, dass nämlich Apg. 2,24 λύσας τὰς ὠδῖνας τοῦ θανάτου — mag auch diese Verbindung an sich nicht unmöglich sein, wie Hiob 39, 3 bezeugt —

---

[1] a.a.O. S. 149 Anm. 3.

[2] *Antica e nuova interpretazione del Salmo* 16 (15), Biblica 14 (1933), S. 418-19.

[3] R. TOURNAY in RB LVI (1949), S. 493 Anm. 1; P. BENOIT, *La Septante est-elle inspirée?*, Festschrift Meinertz, Münster 1951, S. 43-44; J. DUPONT, a.a.O.

[4] a.a.O. S. 170 Anm. 2.

[5] ebd.

[6] *Šaḥat in the Qumran literature*, Bb 39 (1958) S. 61-66.

im Hebräischen weit eher zu ihrem Recht kommt. Man muss dann an Stelle von τὰς ὠδῖνας τοῦ θανάτου lesen: חבלי-מות (Ps. 116,3), d.h. die Fesseln oder Stricke des Todes, die Gott löste und die Jesus nicht festzuhalten vermochten [1].

5. Archaismen

Nebst dem allgemeinen Schema und der Form des Schrift-beweises machen es auch einige Archaismen wahrscheinlich, dass Lukas älteres Material zu Rate zog. Ganz besonders gilt dies für die Art und Weise, wie Jesu Leiden mit der Schrift in Zusammen-hang gebracht wird, sowie für die Christologie der Reden.

Alle Reden, ausser 10,37-43, berichten, dass sich Jesu Leiden und Tod in Übereinstimmung mit den Prophezeiungen der Schrift vollzogen. In den kürzeren Zusammenfassungen fehlt dieses Element (5, 30-31) oder wird nur implizite erwähnt (4, 11). Überdies begegnet man ihm noch 1. Kor. 15,3. Der allgemeine Hinweis darauf, Jesus sei in Übereinstimmung mit der Schrift gestorben, fehlt in der katechetischen Tradition jedoch so gut wie ganz. Wir finden ihn nur Mk. 14,21 // Mt. 26,24 (Lukas hat 22,22: κατὰ τὸ ὡρισμένον). Auch die drei Leidensprophezeiungen vermelden ihn nicht, und man sucht selbst in der Passionsgeschichte vergeblich danach. Hingegen wird bei konkreten Einzelheiten Nachdruck darauf gelegt, dass ein fest umrissener Schrifttext in Erfüllung gehe (Mk. 14, 27 // Mt. 26, 31; Mt. 26, 54; Mk. 14, 49 // Mt. 26, 56; Mt. 27, 9; Joh. 18, 9; 19, 24. 28. 36. 37). Man darf also annehmen, die Kate-chese habe den allgemeingehaltenen Hinweis des Kerygmas näher präzisiert und ausgearbeitet, weshalb er selber wegfallen konnte. Bei Lukas ist der Tatbestand ein anderer. Abgesehen vom eigent-lichen Passionsbericht stossen wir bei ihm auf zwei allgemein-gehaltene Hinweise, die weder Markus noch Matthäus vermelden: 18, 31 und 22, 37. Hingegen gibt es bei Lukas im Passionsbericht keinerlei Hinweis auf spezielle Texte. In den Auferstehungs-Berichten von Lukas 24, 26-27. 44-46 stossen wir wiederum auf zwei allgemeingehaltene Hinweise. Man könnte also die Ansicht vertreten, Lukas habe diese Texte hinzugefügt — was in der Tat wohl auch der Fall gewesen sein mag. Dass wir diesen Hinweis nicht nur bei Lukas sondern auch 1. Kor. 15, 3 antreffen, zeigt andererseits, dass Lukas hier auf eine ältere Überlieferung zurück-

---

[1] Vgl. J. W. Doeve, a.a.O.

griff, die in der katechetischen Verkündigung in den Hintergrund getreten war.

Auch in den Briefen kommt ein solch allgemeingehaltener Hinweis nicht mehr vor. Statt dessen wird mit Nachdruck auf den stellvertretenden Charakter vom Tode Jesu hingewiesen, sodass das Überliefertwerden sich zu einem Sich-selbst-Überliefern abwandelt (Röm. 5, 6-7; 8, 32; 2. Kor. 5, 14-15; Gal. 1, 4; 2, 20-21; Eph. 5, 25; Titus 2, 14; 1. Thess. 5, 10; 1. Tim. 2, 6; Hebr. 2, 9; 9, 14-15. 28; 10, 12; 1. Petri 1, 18-21; 3, 18). Je mehr man die Bedeutung von Jesu Tod erkennt, um so geringer bewertet man es anscheinend auch, dass die Schrift diesen Tod prophezeit hat. 1. Kor. 15, 3 ist die einzige Stelle, die beides kombiniert: Christus ist gestorben für unsere Sünden nach der Schrift. Aber diese Kombination kommt nur hier vor. Es liegt somit auf der Hand, hierin eine Übergangsformulierung zu sehen, in der das ursprünglich kerygmatische „Christus ist gestorben nach der Schrift" mit dem katechetischen „Christus ist für unsere Sünden gestorben" verbunden ist.

Mag auch eine andere Entwicklung nicht ausgeschlossen sein, die im folgenden charakterisierte ist auf Grund der Nachrichten doch äusserst wahrscheinlich: in der ältesten kerygmatischen Verkündigung behauptet man im allgemeinen, dass Jesu Leiden und Tod mit der Schrift übereinstimmen (zweifelsohne, weil diese Geschehnisse dadurch etwas von ihrer Anstössigkeit verloren). Die Katechese expliziert diese Übereinstimmung in der Passionsgeschichte, indem sie zeigt, wie ganz konkrete Schriftstellen in der Passion in Erfüllung gingen; dadurch fällt die Notwendigkeit einer allgemeingehaltenen Behauptung weg. Somit tritt diese bei Markus und Matthäus in den Hintergrund: sie enthalten nur einen einzigen allgemeingehaltenen Hinweis (Mk. 14, 21 // Mt. 26, 24). Lukas aber folgte dieser Entwicklung nicht. Die explizite Vermeldung von Schriftstellen, die ihre Erfüllung in Jesu Leiden und Tod finden, lässt er ausser acht. Aus eben diesem Grunde aber muss er auf älteste Nachrichten zurückgreifen: Jesus litt und starb, so, wie es die Schrift prophezeit hat (Lk. 18, 31; 22, 37; 24, 26-27. 44-46); wahrscheinlich war ihm dies auf Grund seiner mündlichen oder schriftlichen Quellen über die älteste Verkündigung bekannt. Gleichzeitig mit der eben skizzierten katechetischen Entwicklung, in der das „nach den Schriften" ausgearbeitet wird, sehen wir eine andere Entwicklung um sich greifen, die in der paulinischen

Literatur ihre Spuren zurückliess. So zeigt Deuterojesaja, dass hier das Schicksal des Herrn, und zwar dessen Kernpunkt, nämlich das stellvertretende Leiden, gemeint ist.

Trifft diese hypothetische Rekonstruktion zu, so ergibt sich daraus, dass in diesem Zusammenhang der allgemeingehaltene Hinweis auf die Schrift als ein archaisches Element betrachtet werden darf.

Manche Elemente der Christologie dieser Reden tragen deutlich archaische Züge. So lassen sich die Formulierungen von 2, 22 und 10, 38 c weder in der synoptischen Tradition noch in den Briefen zurückfinden, es sei denn wiederum bei Lukas, und zwar Lk. 24, 19. Lukas' letztes Kapitel zeigt also in mancher Hinsicht eine Verwandtschaft mit Lukas' Darstellung der kerygmatischen Tradition (vgl. auch Lk. 24, 20). Auch den in seiner Simplizität ungemein wirkungsvollen Gegensatz: ,,Die Juden haben ihn getötet, Gott aber hat ihn auferweckt'' (2, 23-24. 36; 3, 13. 15; 4, 10. 11; 5, 30; 10, 39-40; 13, 27-30) trifft man nur in diesen Reden an, obschon seine beiden Bestandteile einzeln noch häufiger vorkommen. Der Kernpunkt dieser Christologie ist Jesu Auferstehung vom Tode. Die von Jesu irdischem Leben etwas ausführlicher berichtenden Stellen bringen deutlich zum Ausdruck, dass man diesen Geschehnissen nur einen sehr relativen Wert zuschreibt (1, 22; 2, 22; 10, 38; vgl. Lk. 24, 19). Es ist in erster Linie der auferstandene Jesus, auf den sich das Interesse weitgehend konzentriert. Die theologische Auffassung wird fast ausschliesslich von Jesu Auferstehung bestimmt. Dass weitaus die Mehrzahl der angeführten Zeugnisse sich auf die Auferstehung bezieht, weist darauf hin (2, 25-31. 35-36; 3, 22-23; 4, 11; 13, 33-37). So werden auch fast alle christologischen Prädikate mit der Auferstehung in Verbindung gebracht, und zwar so, dass man sie mit seiner Erhöhung begründet (2, 36 Herr und Christus; 4, 11 Eckstein; 10, 42 Richter der Lebendigen und der Toten; 13, 33 Gottes Sohn; 5, 31 Führer und Erlöser). Das auffallende Kennzeichen dieser Christologie ist ihr Mangel an chronologischer Perspektive. Die vor der Auferstehung liegende Periode wird kaum beachtet, es sei denn in Form eines Rückblicks auf Jesu Leiden und Tod, die seine Auferstehung noch unterstreichen. Der präexistente Sohn Gottes hingegen wird überhaupt nicht berücksichtigt; man kann eher behaupten, manche Aussprüche liessen sich nur schwer mit dieser Auffassung in Einklang bringen (2, 22 und das hier viermal vorkommende παῖς). Auch die eschatologische Zukunftserwartung tritt kaum hervor. Das ist lediglich Apg. 3,

19-21 der Fall, wo dann Ausdrücke gebraucht werden, die stark an die jüdische Vorstellung erinnern, des Messias Kunft lasse sich durch Busse und Reue beschleunigen [1]. Diese einseitige Konzentration auf Jesu Auferstehung ist vermutlich auch der Grund für das Fehlen einer soteriologischen Interpretation seines Kreuzestodes. Der Gläubige wird durch Jesu Auferstehung gerettet (3, 26; 4, 12; 5, 31; 10, 42-43; 13, 23. 30-38).

Besonders bei diesen archaischen Elementen kann man M. DIBELIUS schwerlich zustimmen, wenn er meint, Lukas führe aus „was christliche Predigt ist und sein soll". [2] Bezeugen doch die synoptischen Evangelien und Paulus aufs deutlichste, dass zu Lukas' Zeit ganz anders gepredigt wurde.

6. DIE REDEN UND DIE URKIRCHLICHE TRADITION

Es lassen sich also in den Reden der Apostelgeschichte 1-13 Elemente aufzeigen, die sich widersprechende Folgerungen zeitigen müssten. Das Vokabular weist deutlich auf Lukas selbst hin und verbietet die Annahme, wir hätten es hier mit wörtlich der frühesten Verkündigung entliehenen Reden zu tun. Andrerseits verweisen Schema, Schriftbeweis und eine Anzahl Archaismen aber auf eine ältere Tradition, die bereits zu Lukas' Zeit der Vergangenheit angehörte. Man wird diesen verschiedenen Phänomenen nur dann gerecht, wenn man annimmt, Lukas selbst habe die Reden verfasst, allerdings nicht als völlig freie Kompositionen, sondern in starker Bindung an traditionelle Angaben. In diesem Zusammenhang ist natürlich die Frage, welche Überlieferungen Lukas benutzte, ungemein wichtig; denn dies gerade verschafft uns einen Blick auf das älteste Kerygma. Ihnen eignet demnach ein grosser Quellenwert, den auch CADBURY und DIBELIUS nicht verneinen. W. L. KNOX meint: „We have then considerable justification for believing that Luke has left us an accurate picture of the theology of the early Church in Palestine and not simply read back into it the developed system of the Pauline period." [3]; das stimmt, verlangt aber noch nähere Präzisierung. Aus obigem wird bereits deutlich, welche — für uns wichtigen — Elemente als altes Traditionsgut betrachtet werden sollen; es sind vornehmlich folgende:

---

[1] Vgl. BILLERBECK I, S. 599-601.
[2] s. S. 33 Anm. 4.
[3] *Acts*, S. 80; s. auch O. GLOMBITZA a.a.O. S. 316.

1. Das in den Reden aufgezeigte allgemeine Schema.
2. Die Testimonia, auf denen die Schriftargumente beruhen.
3. Die wichtigsten christologischen Titel.

Zu diesen Zeugnissen gehört auch Ps. 2, 7, den Lukas 13, 33 [1] Paulus in den Mund legt, und gleichzeitig der „Sohn Gottes"-Titel, den er 9, 20 ausdrücklich Paulus zuspricht. Es ist jedoch keineswegs ausgeschlossen, dass Lukas, der ja 13, 38 b-39 der diesbezüglichen Rede einen unverkennbar paulinischen Akzent gibt, Ps. 2, 7 und den „Sohn Gottes"-Namen absichtlich mit Paulus verbindet; diese Angaben gehörten dann nicht zum vorpaulinischen Material. Wir müssen deshalb in den folgenden Kapiteln untersuchen, inwieweit andere Umstände die Zugehörigkeit dieser beiden Elemente zur Tradition der palästinensischen Urgemeinde unterstützen.

---

[1] O. GLOMBITZA, a.a.O. S. 315, hält V. 33-37 für „die lukanische Wiedergabe eines tradierten Stoffes, der das grosse Gebiet einer vorchristlichen messianischen Ämterlehre einschloss", und bezeichnet diesen Abschnitt als eine „Auseinandersetzung über die Davidsohnschaft" (S. 316). Es handelt sich aber nicht um Jesus als Davidsohn und Herrn Davids, sondern um seine Auferweckung und Gottessohnschaft. s. S. 78-83. Der Ansicht GLOMBITZAS, „dass diese Sätze Muster für die Predigtweise um das Jahr 90 A.D. sind", widerspricht Röm. 1, 3-4, weil aus den hinzugefügten Paulinischen Interpretamenten hervorgeht, dass Auferstehung und Gottessohnschaft schon um das Jahr 60 nicht mehr unbedingt miteinander in Zusammenhang gebracht wurden. s. S. 71 f.

ZWEITES KAPITEL

SOHN GOTTES UND GOTTESKNECHT

1. Hinweise für deuterojesajanischen Einfluss auf das Kerygma. — 2. Bezeugen diese, dass schon die kerygmatische Verkündigung vorwiegend von Deuterojesaja beeinflusst wurde ? — 3. Deuterojesaja als Quelle kerygmatischer Testimonia. — 4. Der Sitz im Leben der Pais-Christologie.

1. Hinweise für deuterojesajanischen Einfluss auf das Kerygma

Kann man überhaupt annehmen, der „Sohn Gottes"-Titel sei in der ältesten Verkündigung der Urgemeinde beheimatet, in der Jesus doch gerade der Gottesknecht genannt wurde ? Stand nicht eben diese Verkündigung so stark unter dem Einfluss von Deuterojesaja, dass Psalm 2 auf sie kaum einwirken konnte ? Seit A. von Harnacks „Die Bezeichnung Jesu als ‚Knecht Gottes' und ihre Geschichte in der alten Kirche"[1] ist man allgemein der Auffassung, dass die Ebed-Jahweh-Gesänge des Deuterojesaja (deren nicht über das Leiden handelnde Stellen wahrscheinlich schon in der spätjüdischen Literatur messianisch interpretiert wurden[2]) nicht nur Aufbau und Formulierung der Katechese[3] und die

---

[1] Sitzungsbericht der Preussischen Akademie der Wissenschaften 1926, Berlin 1926, S. 212-38.

[2] Vgl. P. Humbert, Le Messie dans le Targum des Prophètes, RThPh 43 (1910), S. 420-47; 44 (1911) S. 5-46; K. F. Euler, Die Verkündigung vom leidenden Gottesknecht aus Jes. 53 in der griechischen Bibel, BWANT ser. IV, t. XIV, Stuttgart-Berlin 1934; P. Seidelin, Der 'Ebed Jahweh' und die Messiasgestalt im Jesajatargum, ZNW 35 (1936) S. 194-231; F. Jackson-K. Lake, Beginnings I, London 1942³, S. 386; W. Manson, Jesus the Messiah, London 1943, S. 168-171; H. Riesenfeld, Jésus Transfiguré, Appendice II, Le Messie souffrant dans le Judaïsme d'après les recherches récentes, S. 313-17; J. Jeremias, Zum Problem der Deutung von Is. 53 im palästinensischen Spätjudentum, Mélanges Goguel, S. 113-19; παῖς θεοῦ ThWNT V, S. 676-98; H. W. Wolff, Jesaju 53 im Urchristentum, 1950², S. 38-55; O. Cullmann, Jésus Serviteur de Dieu, Dieu Vivant 16 (1950), S. 17-34; Christologie S. 54-59; W. H. Brownlee, BASOR 132 (1953) S. 10-12; C. Maurer, Knecht Gottes, a.a.O. S. 54-59.

[3] Vgl. C. C. Torrey, The influence of Second Isaiah in the Gospels and Acts, JBL 48 (1929), S. 24-36; J. H. Ropes, The Influence of Second Isaiah on the Epistles, JBL 48 (1929) S. 37-39; J. Gewiess, Die urapostolische Heilsverkündigung, S. 38-57; J. Jeremias, Amnòs toû theoû, ZNW 34 (1935), S. 115-23; ἀμνός ThWNT I, S. 342-44; παῖς θεοῦ ThWNT V, S. 689-701; E. Lohmeyer, Gottesknecht und Davidssohn, Symbolae Biblicae Upsalienses 5,

Liturgie [1], sondern auch das älteste Kerygma [2] entscheidend beein-flussten. Gewiss lässt sich das nicht ganz leugnen. Apg. 8, 32 zitiert ausdrücklich Jes. 53, 7-8. Jesus wird an vier — vielleicht sogar fünf [3] — Stellen παῖς genannt (3, 13. 26; 4, 27. 30), eine Bezeichnung, die, mag sie auch noch öfters im AT vorkommen, ihre prägnanteste Bedeutung bei Deuterojesaja [4] erlangt hat (bes. 52, 13-53, 12). Auch liesse sich für den Ausdruck ἔχρισεν αὐτὸν ὁ θεὸς πνεύματι ἁγίῳ (10, 38, vgl. 4, 27) schwerlich ein anderer AT-Kontaktpunkt finden als Jes. 61, 1[5]. Überdies sieht die Mehrzahl der Exegeten [6]

Hafniae 1945, S. 37-64; M. BUBER, *Jesus und der Knecht*, Festschrift van der Leeuw, S. 71-78; O. CULLMANN, *Jésus Serviteur*, a.a.O.; H. W. WOLFF, Jes. 53, S. 55-99; C. H. DODD, *According to the scriptures*, London 1952, S. 88-96; V. TAYLOR, *The names*, S. 36-37; D. STANLEY, *The theme of the Servant of Yahweh in primitive christian soteriology and its transposition by St. Paul*, CBQ XVI (1954), S. 393-425; J. E. MÉNARD, *Pais Theou as messianic title in the book of Acts*, CBQ XIX (1957), S. 83-92.

[1] Vgl. W. BOUSSET, *Kyrios Christos*, S. 68-69; A. VON HARNACK, *Die Bezeichnung Jesu als Knecht Gottes*, E. LOHMEYER, *Gottesknecht*, S. 6; L. CERFAUX, *L'hymne au Christ serviteur de Dieu* (1946), Recueil II, S. 433-34; J. JEREMIAS, ThWNT V, S. 708; V. TAYLOR, *The Names*, S. 36.

[2] Vgl. C. C. TORREY, a.a.O. S. 33; L. CERFAUX, *La première communauté chrétienne à Jérusalem* (1939), Recueil II, S. 153; W. L. KNOX, *The Acts of the Apostles*, Cambridge 1948, S. 72-73; C. H. DODD, *The apostolic preaching and its developments*, London 1950, S. 25; J. JEREMIAS, ThWNT V, S. 706; H. W. WOLFF, a.a.O. S. 86-87; J. DUPONT, *Les problèmes du livre des Actes d'après les travaux récents*, ALBO II 17, Louvain 1950, S. 103-11; *L'utilisation apologétique de l'Ancien Testament dans les discours des Actes*, EThLov 29 (1953), S. 303-309; J. SCHMITT, *Les Sources et les thèmes de la naissante foi apostolique au Christ Sauveur*, Lumière et Vie 15 (1954), S. 34-37; H. W. BEYER, *Die Apostelgeschichte*, NTD 5, Göttingen 1951, S. 33; D. M. STANLEY, *The theme of the servant*, a.a.O. S. 387-93; M. BLACK, *Servant of the Lord and Son of Man*, Scottish Journal of Theology 6 (1953) S. 3-4; O. CULLMAN, *Christologie*, S. 72-74 will sogar παῖς auf Petrus selbst zurückführen. Er begründet seine Ansicht mit der Tatsache, dass Apg. 3-4 den Titel mit Petrus verbindet, während aus 1. Petr. 2, 21-24 hervorgeht, dass Petrus sich in der Tat auf deuterojesajanische Gedanken stützt und die Themata dieser Christologie bei ihm Anklang fanden. Und schliesslich, weil die Vorlage des Markus, in der MAURER solch einen grossen Einfluss von Deuterojesaja entdeckte, sehr wohl auf Petrus selbst zurückgehen kann.

[3] Wenn die Lesart der Apg. 4, 25 von L. CERFAUX, *La première communauté chrétienne*, Recueil II, S. 141 Anm. 2 in der Tat stimmt: ὁ διὰ στόματος τοῦ πατρὸς ἡμῶν Δαυὶδ διὰ πνεύματος ἁγίου περὶ παιδός σου εἰπών.

[4] Vgl. jedoch auch Sap. Sal. 2, 13.

[5] Vgl. E. LOHMEYER, *Gottesknecht*, S. 15; J. DUPONT, *Utilisation Apologétique*, a.a.O. S. 307; C. H. DODD, *According to the scriptures*, S. 53. 94; D. M. STANLEY, *The theme of the Servant*, S. 388-89; L. CERFAUX, Recueil II, S. 142; O. PROKSCH, s.v. ἅγιος, ThWNT I, S. 103; C. SMITS, *Oud-Testamentische citaten in het Nieuwe Testament* II, Collectanea Franciscana Neerlandica VIII-2, Buscoduci 1955, S. 206.

[6] Die Mehrzahl der bisher zitierten Forscher.

in dem ständig wiederkehrenden Doppelschema: Schmähung, Verfolgung, Leiden und Tod — Auferstehung und Erhöhung [1] deuterojesajanischen Einfluss. Das Gleiche gilt für eine Anzahl Wörter und Ausdrücke (z.B. παραδιδόναι [2], δίκαιος [3], δοξάζειν [4], εὐαγγελίζειν εἰρήνην [5], ἴασις [6], ἅγιος [7]) und einige andere Details, für die man auf Deuterojesaja hinweist [8].

Dieser grosse Einfluss beruht dann laut Voraussetzung auf einem Schriftbeweis, in dem nachgewiesen wird, dass Jesus als deuterojesajanischer παῖς θεοῦ leiden und sterben *musste*, wodurch das Kreuz seine Anstössigkeit verliert [9]. Der Sitz im Leben dieses Schriftbeweises wäre dann die kerygmatische Verkündigung. Deshalb hält man den ganzen Assoziationskomplex der παῖς θεοῦ - Vorstellung nicht selten für primitiv, und die anderen christologischen Titel für sekundäre Entwicklungen dieser primitiven Auffassung. Das gilt besonders für den ,,Sohn Gottes''-Titel: dieser sei eine hellenistische Interpretation für παῖς θεοῦ und danke seine Entstehung einer Umwelt, die für den AT-Hintergrund des παῖς θεοῦ keine Augen hatte und den Titel des erhöhten Herrn nicht für würdig erachtete [10].

---

[1] Vgl. J. DUPONT, *Utilisation apologétique*, a.a.O. S. 304. Man weist hier, speziell auf Jes. 52, 13-53, 12 hin; man vergleiche dazu, was E. STAUFFER, *Theologie*, S. 13 über ,,das antagonistische Verständnis des Christusweges'' schreibt.

[2] Jes. 53, 12; vgl. J. DUPONT, *Utilisation apologétique*, a.a.O. S. 304; J. E. MÉNARD, *Pais Theou*, S. 89.

[3] Jes. 53, 11; vgl. C. C. TORREY, *The influence of Second Isaiah*, a.a.O. S. 29; L. CERFAUX, Recueil II, S. 141; J. SCHMITT, *Jésus Ressuscité*, S. 186-87; W. L. KNOX, *Acts*, S. 83; J. JEREMIAS, ThWNT V, S. 705; J. DUPONT, *Utilisation apologétique*, a.a.O. S. 304; D. M. STANLEY, *The theme of the Servant*, a.a.O. S. 387-88; M. BLACK, *Servant*, a.a.O. S. 10.

[4] Jes. 52, 13; F. JACKSON-K. LAKE, *Beginnings* I S. 391; J. DUPONT, ebd.; J. SCHMITT, Lumière et Vie 9, S. 34; J. E. MÉNARD, *Pais Theou*, a.a.O. S. 89.

[5] Jes. 52, 7, s. Apg. 10, 36; vgl. D. M. STANLEY, *The theme of the servant*, a.a.O. S. 388-89.

[6] Jes. 53, 5, s. Apg. 4, 30; vgl. L. CERFAUX, Recueil II, S. 433 Anm. 3.

[7] J. SCHMITT, Lumière et Vie 9, S. 36; D. M. STANLEY, a.a.O. S. 387-88.

[8] E. LOHMEYER, *Gottesknecht*, S. 17 sieht in der von Petrus Apg. 3, 17 erwähnten Unwissenheit einen Hinweis auf Jes. 53. J. DUPONT, *Utilisation apologétique*, a.a.O. S. 305 meint, dass ἐξουθενηθείς in Apg. 4, 11 an Stelle von ἀπεδοκίμασεν (Ps. 118, 22) hier ebenso wie Mk. 9, 12 unter Einfluss von Deuterojesaja gebraucht sei. Wahrscheinlicher ist, dass diese Wortwahl auf Ps. 21, 25 (vgl. C. H. DODD, *According to the scriptures*, a.a.O. S. 97-98) oder auf Ps. 68, 34 beruht (beide Texte nach der LXX zitiert).

[9] So J. JEREMIAS, ThWNT V, S. 706-7 (1. Kor. 15, 3 würde das u.a. bezeugen); C. MAURER, *Knecht Gottes*, a.a.O. S. 26; D. M. STANLEY, *The Theme of the servant*, a.a.O. S. 410.

[10] So z.B. J. JEREMIAS, a.a.O. S. 698 ff.; C. MAURER, a.a.O.

2. Wurde die kerygmatische Verkündigung vorwiegend von Deuterojesaja beeinflusst?

Diese Auffassung rief viel Kritik hervor. Namentlich H. J. Cadbury [1] und J. Gewiess [2] fanden die angeführten Belege wenig überzeugend, indes auch C. Smits [3] den vermeintlichen Einfluss von Deuterojesaja auf das Kerygma recht skeptisch beurteilt. C. T. Craig [4], Ch. Masson [5] und W. G. Kümmel [6] halten es sogar für wahrscheinlich, dass der παῖς θεοῦ -Titel der ältesten Verkündigung unbekannt war und Jesus erst später zugelegt wurde; eine Ansicht, die begreiflicherweise wenig Anklang fand [7]. Auf jeden Fall ergibt sich aus alledem die Tatsache, dass die Diskussion über dieses Thema noch keineswegs abgeschlossen ist und eine genauere Untersuchung von Wert bleibt. An erster Stelle soll die Frage behandelt werden, ob das allgemeine Schema, wie es am deutlichsten im Gegensatz von Tod und Auferstehung zum Ausdruck kommt, wirklich auf Deuterojesaja hinweist. Dem folge der Versuch, die Übereinstimmungen zwischen dem Vokabular der kerygmatischen Verkündigung und dem des Deuterojesaja kritisch gegeneinander abzuwägen.

Man muss im Auge behalten, dass das die kerygmatische Verkündigung beherrschende [8] und in einer Anzahl primitiver Glaubensbekenntnisse wiederkehrende [9] Doppelschema auch noch an

---

[1] *The titles of Jesus in Acts, Beginnings*, V, S. 354-75, bes. S. 364-70. W. L. Knox, *Acts*, S. 79 Anm. 2 lehnt Cadburys Meinung ab: ,,The treatment of the subject . . . strikes me as unduly sceptical and to rest on a failure to recognise the extent to which the prophecy of Is. liii underlies the N.T.'' Auch Jackson und Lake äussern sich recht skeptisch, *Beginnings* I, S. 390-91.

[2] *Die urapostolische Heilsverkündigung*, S. 50-57.

[3] *Oud-Testamentische citaten* II, S. 207.

[4] *The identification of Jesus with the suffering servant*, JR 24 (1944), S. 240-45.

[5] *Serviteur de Dieu et Fils de David*, RThPh n.s. 34 (1946), S. 175-80.

[6] *Das Urchristentum*, ThR 18 (1950), S. 4.

[7] U.a. J. Dupont, *Les problèmes du livre des Actes*, S. 109-11.

[8] Apg. 2, 22-24. 32. 36; 3, 13. 14-15; 4, 10; 5, 30-31; 10, 39b-40a; 13, 27-30. Vgl. für das Doppelschema u.a. E. Stauffer, *Theologie*, a.a.O. S. 222-23.

[9] Vgl. O. Cullmann, *Les premières confessions de foi chrétiennes*, Cahiers. de la RHPhR 30, Paris 1943; J. Dupont, *Jésus messie et seigneur dans la foi des premiers chrétiens*, La Vie Spirituelle 83 (1950) S. 405-408. Folgende Stellen sind für uns von Bedeutung: 1. Thess. 4, 14; 1. Kor. 15, 3-4; 1. Petri 3, 18; Ign. ad Trall. 9. Auch die Hymne in Phil. 2, 6-11 ist nach diesem Schema aufgebaut; vgl. L. Cerfaux, *L'hymne au Christ Serviteur de Dieu* (1946), Recueil II, S. 425-37.

zahlreichen anderen Stellen, sogar ausserhalb des ATs [1], auftaucht. Im AT kommt es in Verbindung mit dem Schicksal des Volkes oder eines einzelnen frommen Menschen des öfteren vor [2]: z.B. in den Josephs-Erzählungen, Gen. 37-50, die auch in anderer Hinsicht auffallende Ähnlichkeit mit den kerygmatischen Formulierungen der Apg. haben [3], bei Hiob, an verschiedenen Stellen der prophetischen und apokalyptischen Literatur, u.a. Jes. 6-9 [4], Jer. 15, 10-21; 20, 7-13; Hos. 5, 8-6, 3 (bes. 6, 1 [5]); Daniel 3; 6; Susanna; Bel et Draco 28-42; Ps. 22 [6]; 31 [7]; 34 [8]; 41 [9]; 42-43 [10]; 69 [11]; 118, 22-23; 80 [12], und schliesslich Sap. Sal. 2, 10-4, 20 [13]. Ist es nicht zugleich auch das Schema von Israels Geschichte: dass auf Unterdrückung Erlösung, auf Schmach Ehre, auf Untergang Wiederbelebung folgt? Deshalb lässt sich dieses Schema nicht nur an Hand bestimmter konkreter Texte nachweisen: es ist überdies aufs engste mit der Geschichte des Gottesvolkes verbunden. C. H. Dodds Bemerkungen zu den von ihm zitierten Jesaja- und Psalmentexten gelten also auch für dieses Schema: wir finden stets einen parallelen Verlauf; der ,Held' erleidet Unglück oder wird zuschanden, aber Gottes Gnade befreit und erhöht ihn. [14]

---

[1] Vgl. L. BIELER, ΘΕΙΟΣ 'ΑΝΗΡ, das Bild des 'göttlichen Menschen' in Spätantike und Frühchristentum I, Wien 1935, S. 48.

[2] Die Kombination παῖς θεοῦ ist in diesem Zusammenhang jedoch recht selten: Hiob 1, 8; 4, 18; Sap. Sal. 2, 13.

[3] s. E. STAUFFER, Theologie, S. 222 u. bes. Beilage IV: Josephtraditionen und Petrusformeln, S. 317-19. In Stauffers Übersicht muss S. 319 ὕψωσεν in Apg. 5, 31 unterstrichen werden. Man könnte wohl auch Apg. 3, 20. 26; 10, 36 in Stauffers Liste aufnehmen, mit Unterstreichung der verschiedenen Formen von ἀποστέλλειν; diese müssen dann auch in Gen. 45, 5; Ps. 104, 17; Jub. 43, 18 unterstrichen werden. J. DUPONT hingegen hält Stauffers Übersicht für allzu ausführlich, Les Problèmes du Livre des Actes, S. 106-107, Utilisation apologétique, a.a.O. S. 296 Anm. 11, und weist selbst auf viel wenigere Übereinstimmungen hin, a.a.O. S. 326.

[4] Vgl. C. H. DODD, According to the scriptures, S. 87; s. für andere Stellen gleichen Aufbaus bei Deuterojesaja (42, 1-44, 5 u. 49-51) a.a.O. S. 89-92.

[5] Bei Hosea ist die Situation nicht die gleiche: Jahweh selbst erhöht und erniedrigt hier.

[6] Vgl. C. H. DODD, a.a.O. S. 97-98.

[7] a.a.O. S. 98.   [8] a.a.O. S. 99.

[9] a.a.O. S. 100.   [10] a.a.O. S. 100-101.

[11] a.a.O. S. 97 u. S. 57-59.   [12] a.a.O. S. 101.

[13] Für die merkwürdige Verwandtschaft zwischen den ersten Kapiteln der Sap. Sal. und Deuterojesaja s. C. MAURER, Knecht Gottes, S. 24-25; vgl. G. DALMAN, Worte, S. 228.

[14] According to the scriptures, S. 102. H. RIESENFELD, Jésus transfiguré, S. 81-96 glaubt, es handle sich hier um ein altes Königsmotiv. Der König habe am Neujahrsfest eine Art Kultpassion über sich ergehen lassen; Spuren

Auffallend ist in diesem Zusammenhang, dass das Schema in den Reden der Apg. nicht nur auf Jesus, sondern auch auf Moses (7, 35) angewandt wird; und zwar in Formulierungen, die stark an diejenigen der kerygmatischen Verkündigung von Jesus erinnern. Das könnte darauf hinweisen, dass man ganz allgemein dazu neigte, in diesem Schema zu denken und zu reden, auch wenn — wie etwa im Fall Moses — keine unmittelbare Veranlassung dazu war.

Das antithetische Doppelschema des Kerygmas weist also keineswegs nur auf Deuterojesaja, sondern auf einen ganzen Komplex einander verwandter Stellen hin, die sich alle in ihrem Aufbau auf besagten Gegensatz gründen. Gewiss gehört auch Jes. 52, 13-53, 12 zu diesem Komplex — um jedoch von einem direkten Einfluss des Deuterojesaja zu sprechen, bedarf es freilich anderer Nachweise.

Diese glaubt man in den Übereinstimmungen der Vokabulare finden zu können. Aber auch hier muss man häufig einen ähnlichen Vorbehalt machen. So ist z.B. παραδιδόναι ein gewöhnliches Wort [1], das oft und auffallend häufig in anderen, nach dem gleichen Schema aufgebauten, Texten vorkommt. Für die Josephtradition verweist E. STAUFFER [2] auf Gn. 45, 4, Aeth. Hen. 89, 13 und Jos. Antiqu. 2, 20. Man begegnet ihm zudem noch in Hiob 2, 6 [3]; Da. 3, 32. 34. 95; Bel et Draco (Th) 29-30; Ps. 40, 3; 117, 18. Ähnlich finden wir auch δίκαιος in der Josephtradition (Sap. 10, 13), in Hiob 1, 1; Jer. 20, 12; Susanna 3. 9. 53; Ps. 30, 19; 33, 16. 18. 20; 36, 12-39; 68, 29; 117, 15. 20; Sap. Sal. 2, 10. 12. 16. 18; 3, 10; 4, 7. 16 [4]. Δοξάζειν ist ebenfalls ein übliches Wort, obschon es merkwürdigerweise kaum in einem verwandten Text vorkommt. Nur einmal wird in der Josephtradition, Sap. 10, 14, von ἔδωκεν αὐτῷ δόξαν αἰώνιον gesprochen; ansonsten steht es nur 4. Makk. 18, 13, wo es von Daniel heisst: ἐδόξασεν δὲ καὶ τὸν ἐν λάκκῳ λεόντων Δανιηλ [5]. Deshalb enthält Apg. 3, 13 wahrscheinlich eine Anspielung auf

---

davon könne man in einigen Psalmen entdecken, die bei diesem Anlass gesungen wurden und das Fest selbst überlebten. Später seien diese Psalmen dann teilweise messianisch interpretiert worden.

[1] Vgl. F. JACKSON-K. LAKE, *Beginnings* I, S. 306.

[2] *Theologie*, a.a.O. S. 317-19.

[3] Folgende Hinweise nach der LXX.

[4] Vgl. G. SCHRENK, s.v. δίκαιος, ThWNT II, S. 190-91.

[5] Man darf in diesem Zusammenhang vielleicht auch auf Mi. 4, 1 hinweisen; die ersten fünf Kapitel von Mi. sind gleichfalls nach diesem Schema aufgebaut. Ebenso wie in Jes. 52, 13 steht in Mi. 4, 1 der Niphal von נשא, der auch 2. Esr. 8, 36 mit δοξάζειν übersetzt wird. Die LXX-Übertragung von Mi. 4, 1 hat hier μετεωρίζειν.

Jes. 52, 13 [1]. Auch die Konstruktion εὐαγγελίζειν εἰρήνην (Apg. 10, 36) weist wohl auf Jes. 52, 7 hin, da sie sonst im AT nicht vorkommt. Man kann sich jedoch abfragen, ob das letzte Zitat ein kerygmatisches Testimonium ist. Die Worte werden weniger christologisch interpretiert als in Eph. 2, 17, da hier ja in erster Linie von der Allgemeinheit des Heils gesprochen wird. Somit muss man mit der Möglichkeit rechnen, dass Lukas — der diese Idee, vielleicht unter Einfluss von Paulus [2], sicher akzentuieren will — für dieses Zitat verantwortlich ist [3]. L. CERFAUX' Hinweis betr. ἴασις auf Jes. 53, 5 ist wenig befriedigend und kein Beweis für deuterojesajanischen Einfluss. Das gleiche gilt für ἅγιος: ein gewöhnliches Wort, das im AT — wenn auch in anderm Zusammenhang — oft gebraucht wird und gewiss nicht so bezeichnend ist für Jesaja wie STANLEY annimmt [4]. Die Übereinstimmungen mit dem Vokabular von Deuterojesaja sind also insgesamt weit weniger eklatant als man gemeinhin vermutet.

---

[1] F. JACKSON-K. LAKE, *Beginnings* I, S. 391 glaubt sogar hier nicht an einen nachweisbaren Einfluss von Deuterojesaja. Genauso wie J. GEWIESS, *Die urapostolische Heilsverkündigung*, S. 56, der den Gebrauch von δοξάζειν ganz aus der Situation heraus erklären möchte.

[2] Der sich selbst als παῖς θεοῦ betrachtet; vgl. L. CERFAUX, *Saint Paul et le „serviteur de Dieu" d'Isaie* (1951), Recueil II, S. 439-54; D.M. STANLEY, *The theme of the servant*, a.a.O. S. 415-18.

[3] Es lassen sich genug Gründe dafür anführen, dass Lukas selbst stark von Deuterojesaja beeinflusst wurde. In der Apg. sind nur wenige der Zitate aus Deuterojesaja christologisch; die meisten sind es nicht:

Jes. 41, 10	: Apg. 18, 10;	Jes. 42, 5	: Apg. 17, 24-25;
Jes. 42, 7. 16	: Apg. 26, 18;	Jes. 43,5	: Apg. 18, 10;
Jes. 44, 28	: Apg. 13, 22;	Jes. 45, 21	: Apg. 15, 18;
Jes. 57, 19	: Apg. 2, 39;	Jes. 58, 6	: Apg. 8, 23;
Jes. 63, 10	: Apg. 7, 51;	Jes. 66, 1-2	: Apg. 7, 49-50.

Christologisch verarbeitet findet man — ausser der Anspielung in Apg. 3, 13 — lediglich:

Jes. 53, 7-8: Apg. 8, 32-33; Jes. 55, 3: Apg. 13,34;
Jes. 61, 1   : Apg. 10, 38.

Doch haben die letzten beiden Zitate keinen direkten Zusammenhang mit Jesu Tod und Verklärung, es sei denn man wolle das letzte in Zusammenhang bringen mit Jesu Salbung mit dem Heiligen Geist und mit Kraft bei der Auferstehung (vgl. Rm. 1, 3-4; 1. Tim. 3, 16). Es ist nicht unwahrscheinlich, dass der Ursprung des Zitates von Jes. 61, 1 in einer ähnlichen Situation zu suchen ist. Lukas aber verwendet es Apg. 10, 38 in einem anderen Sinne. Diese Übersicht zeigt also, dass Lukas sehr wohl unter Deuterojesajas Einfluss gestanden haben kann; um so mehr, als er ja auch in seinem Evangelium Jesajatexte gerne verarbeitet und dem Sprachgebrauch Jesajas folgt; das ist besonders dann der Fall, wenn er die Allgemeinheit des Heils betonen will. Vgl. Lk. 1, 54. 79; 2, 30-32; 4, 18-19; 21, 35.

[4] a.a.O. S. 387-88.

In Apg. 3, 13 und 8, 32-33 zeigt es sich, dass Deuterojesaja nicht ohne Einfluss auf die Formulierungen des Kerygmas war; aber von einem entscheidenden Einfluss kann gewiss nicht die Rede sein. Folgende zwei Punkte sind hierzu beachtenswert:

1) Schon J. DUPONT wies darauf hin, dass die in der Apg. aus Deuterojesaja angeführten Texte sich in der Hauptsache auf die Allgemeinheit des Heils beziehen [1], indes der christologische Beweis vornehmlich auf Psalmstellen fusst [2]. Eben diese Betonung des allgemeinen Heils ist sicher kein Element des ältesten Kerygmas, sondern typisches Kennzeichen für Lukas, der auch in seinem Evangelium stark beeinflusst wird von Jesaja [3]. Man muss also in Erwägung ziehen, dass die in der lukanischen Wiedergabe des Kerygmas vorhandenen Anspielungen auf Deuterojesaja womöglich von Lukas herrühren.

2) Sehr wichtig ist weiterhin, dass die kerygmatischen Formulierungen nirgends auf den stellvertretenden Charakter von Jesu Leiden und Tod hinweisen. [4] Eben darin aber unterscheidet sich der deuterojesajanische Gebrauch des antithetischen Schemas wesentlich von allen anderen Texten des AT die es zur Anwendung bringen [5]. Auch die Stellen der Apg. 1-13, die von Genesung, Erlösung und Vergebung sprechen, bringen diese nicht mit Jesu Leiden und Tod in Verbindung (3, 16; 4, 12; 10, 43; 13, 38) [6]. Nur ein einziger der von uns erwähnten Texte spricht vom stellvertretenden Leiden Jesu: 1. Kor. 15, 3-4 [7]. Vergleicht man diese Stelle jedoch mit dem 1. Thess. 4, 14 verarbeiteten Glaubensbekenntnis und mit den kerygmatischen Formulierungen der Apg. 1-13, so drängt sich einem die Vermutung auf, dass diese Zusammenfassung des Kerygmas bereits Spuren eines sekundären Stadiums

---

[1] *Utilisation apologétique*, a.a.O. S. 323.

[2] ebd., Anm. 163.

[3] S. 58, Anm. 3.

[4] Vgl. C. H. DODD, *Apostolic Preaching*, S. 48; E. SCHWEITZER, *Die Urchristenheit als ökumenische Gemeinschaft*, Evangelische Theologie 10 (1950/51), S. 274-77; anders: H. W. BEYER, *Apostelgeschichte*, S. 33; J. E. MÉNARD, *Pais Theou*, a.a.O. S. 91: G. SEVENSTER, *De Christologie van het Nieuwe Testament*, Assen 1948², S. 307-308.

[5] Vgl. O. CULLMANN, *Christologie*, S. 54.

[6] Das bedeutet natürlich keineswegs, dass das Urkerygma etwa nicht soteriologisch gewesen sei; s. W. H. P. HATCH, *The primitive christian message*, JBL 58 (1939), S. 10-13 u. J. GEWIESS, *Die urapostolische Heilsverkündigung*, S. 70-71.

[7] Vgl. E. STAUFFER, *Theologie*, S. 223; E. LOHMEYER, *Gottesknecht*, S. 39; J. JEREMIAS, ThWNT V, S. 703; J. GEWIESS, a.a.O. S. 79-81.

der Tradition aufweist [1]. Trifft das zu, dann fehlt in den ältesten kerygmatischen Formulierungen vollends, was gerade für Deuterojesaja am bezeichnendsten ist: nämlich das stellvertretende Leiden des Gottesknechtes.

3. DEUTEROJESAJA ALS QUELLE KERYGMATISCHER TESTIMONIA.

Die letzten Bemerkungen führen uns zu der Frage, ob schon die frühste kerygmatische Verkündigung Deuterojesaja christologische

---

[1] E. STAUFFER, ebd., nimmt aus anderen Gründen an, dass dieser Satzteil sekundär ist. L. CERFAUX, *Le Christ dans la théologie de St. Paul*, 21-26, suggeriert, dass die Worte zwar sekundär aber vor-paulinisch seien. Vgl. J. JEREMIAS, *Die Abendmahlsworte Jesu*, Göttingen 1960³, S. 95 ff. Aber selbst dann, wenn die Worte ὑπὲρ τῶν ἁμαρτιῶν ἡμῶν ein Teil der ursprünglichen Formulierung sind, bleibt die Frage offen, inwieweit sie bereits die soteriologische Bedeutung besassen die Paulus ihnen zweifelsohne beimisst. Ὑπὲρ ἁμαρτιῶν kommt im NT des öfteren an Stellen vor, die ihre Terminologie dem Opferkult entlehnen: Hebr. 5,1; 7, 27; 10, 12. An anderen Orten trifft man das gleichwertige περὶ ἁμαρτιῶν an: Hebr. 5, 3; 1. Joh. 2, 2; 4, 10. Wahrscheinlich hängt das mit dem alttestamentlichen περὶ ἁμαρτίας (immer im Singular) zusammen, das an einigen Stellen durch ὑπὲρ ἁμαρτίας (ebenfalls stets im Singular) ersetzt wird: 1. Esr. 7, 8; 2. Esr. 6, 17; Hiob 1, 5; Mi. 6, 7; Ez. 40, 39; 43, 21. 22. 25; 44, 29; 45, 17. 22. 25; 46, 20; 2. Makk. 12, 43. Während ὑπὲρ ἡμῶν bei Paulus häufig vorkommt, findet man ὑπὲρ τῶν ἁμαρτιῶν ἡμῶν ausser in 1. Kor. 15, 3 nur noch in Gal. 1, 4; (1. Petr. 3, 18 περί u. Röm. 6, 10, wo der Dativ steht, tragen mit dieser Stelle verwandte Züge). Ἀποθνῇσκειν ὑπὲρ τῶν ἁμαρτιῶν αὐτοῦ bedeutet in der LXX: wegen seiner Sünden sterben, um seiner Sünden willen, vielleicht auch: an seinen Sünden. Es kommt lediglich 1. Kön. 16, 19 vor. Im TM steht ב, das an anderen Stellen mit διά (Num. 27, 3), durch den Dativ (Dt. 24, 16; Jos. 22, 20; 2. Chron. 25, 4) oder mit ἐν (2. Kön. 14, 6; Jer. 38, 30; Ez. 3, 20) übersetzt wird. Den aufschlussreichsten Text für die stellvertretende Bedeutung von ὑπέρ ist Dt. 24, 16: hier heisst es, die Söhne sollen nicht für (על, LXX: ὑπέρ) ihre Voreltern, und diese nicht für (על, LXX: ὑπέρ) ihre Söhne sterben, sondern ein jeglicher soll für seine, oder an seinen Sünden (ב, LXX: Dativ) sterben. Im AT ist die Sünde häufig die Ursache des Todes; vgl. z.B. neben Gen. 2, 17-18 auch Ex. 28, 43; Lev. 22, 9; Num. 18, 32; 1. Sam. 12, 19. Dass man zur Strafe für die Sünden anderer sterben kann, lehnt Dt. 24, 16 ganz entschieden ab. Dieses Thema finden wir wieder in 2. Kön. 14, 6; 2. Chron. 25, 4 und auch die Propheten weisen darauf hin (Jer. 31, 30; Ez. 3, 20). Nur der Ebed Jahweh stirbt für die Sünden anderer: Jes. 53, 8-10.

Bei diesem Hintergrund verlangen die Worte ὑπὲρ τῶν ἁμαρτιῶν ἡμῶν für ihre mögliche vorpaulinische Interpretation keineswegs einen soteriologischen Inhalt. So wie jeder Mensch wegen seiner eigenen Sünden sterben muss, stirbt Jesus wegen unsrer Sünden, weil wir gesündigt haben. Der soteriologische Aspekt kommt damit noch nicht deutlich zum Ausdruck, mag auch Paulus sie ohne Zweifel soteriologisch interpretiert haben. Vgl. für den primitiven Charakter von 1. Kor. 15, 3d u.a. J. GEWIESS, *Die urapostolische Heilsverkündigung*, S. 79-81 u. W. G. KÜMMEL, STh 3 (1951), S. 192.

Beweisstellen entliehen hat. Betrachtet man die gesamten Zitate
aus dem AT, so fällt einem dabei auf, dass die Testimonia, die
christologisch sind und in den kerygmatischen Stellen Aufnahme
fanden, sich auf Jesu Auferstehung und Erhöhung beziehen, nicht
aber auf sein Leiden und seinen Tod:

Apg. 2, 25-28: Ps. 16, 8-11	Apg. 2, 30: Ps. 132, 11 usw.
Apg. 2, 34-35: Ps. 110, 1	Apg. 3, 22: Deut. 18, 15. 19 [1]
Apg. 4, 11 : Ps. 118, 22	Apg. 13, 33: Ps. 2, 7
Apg. 13, 34 : Jes. 55, 3	Apg. 13, 35: Ps. 16, 10.

Ist die Apg. 3, 13 angeführte Jesajasstelle (52, 13) ebenfalls ein
Testimonium explicitum? Das scheint nicht ausgeschlossen. In
einer Hinsicht jedoch unterscheidet sich dieses Testimonium von
allen anderen, die sich, sofern man sie nicht unmittelbar auf die
Auferstehung selbst anwendet, stets auf das beziehen, was Jesus
dank seiner Auferstehung wird oder erhält: 2, 34-35; 4, 11; 13, 33.
Auch die ihm deshalb zugelegten Titel werden (mit oder ohne
Bezugnahme auf Schriftzitate) in diesem Zusammenhang erwähnt.
Aber Apg. 3, 13 liegt der Fall anders. Wenn es hier heisst: ,,ὁ θεὸς ...
ἐδόξασεν τὸν παῖδα αὐτοῦ Ἰησοῦν'', dann besagt das nicht, dass
Jesus — wie sonst etwa als Herr, Christus, Richter oder Gottes
Sohn — hier als Gottesknecht eingesetzt wird; Jesus wird an dieser
Stelle erhöht, während er bereits der Gottesknecht ist. Das gleiche
gilt für 3, 26 [2]. Der Titel παῖς θεοῦ darf also niemals mit den anderen
christologischen Titeln, die diese Reden Jesu zulegen, gleichgestellt
werden. Vielleicht deutet aber παῖς dann auf den leidenden und
sterbenden Jesus hin? 3, 26 bezeugt das nicht; hingegen wäre es in
4, 27 möglich. Doch meint 4, 30 ganz offensichtlich den erhöhten
Jesus, der Zeichen und Wunder in der Kirche vollbringt. Auch die
Formulierungen über Jesu Tod (3, 13) erinnern nur wenig an Jes. 52,
13-53, 12. Zwar wird παραδιδόναι gebraucht, ein Wort das auch
Jes. 53, 6. 12. vorkommt; aber der 6. Vers von Deuterojesaja gibt
zu erkennen, dass Jahweh selbst seinen Diener ausliefert, während
an beiden Stellen deutlich von den Sünden gesprochen wird, die
seine Auslieferung zur Folge haben. Apg. 3, 13 sind es hingegen
die Israeliten, die Jesus überantworten. Da Jes. 52, 13 auch nicht
wörtlich zitiert wird, liegt es auf der Hand, in dieser Formulierung

---

[1] Vgl. J. DUPONT, *Utilisation apologétique*, a.a.O. S. 293.
[2] Das ,,Auferwecken'' des Gottesknechtes hat hier wahrscheinlich nichts
mit der Auferstehung zu tun; das ergibt sich aus dem Aorist u. 26 b. Vgl.
auch E. JACQUIER, *Actes*, S. 117; H. H. WENDT, *Apostelgeschichte*, S. 115.

eine Reminiszenz und kein Testimonium im Sinne der anderen
Schriftzitate zu sehen. Hält man sie trotzdem für ein solches
Testimonium, dann bezieht es sich jedenfalls nicht auf Jesu Tod
sondern auf seine Erhöhung. [1]

Werden überhaupt konkrete Schriftzitate als Beweis dafür
angeführt, dass sich Jesu Leiden und Tod in Übereinstimmung mit
der Schrift vollzog? Etwa Jes. 53, 7-8 (Apg. 8, 32-33)? Hier handelt
es sich aber offensichtlich nicht um einen normalen kerygmatischen
Kontext, wie man ihn sonst in den Reden antrifft. — Die Stellen
5, 30 und 10, 40 schildern Jesu Tod mit Worten, die man Deut. 21,
22-23 entnahm: κρεμάζειν ἐπὶ ξύλου; nichts jedoch weist darauf
hin, dass man diese Worte für eine Prophetie hielt, die in der
Kreuzigung zu ihrer Erfüllung kam. Dabei handelt es sich hier
überdies noch um einen kasuistischen — deshalb auch konditional
gehaltenen — Gesetzestext, der zu einem solchen Gebrauch kaum
geeignet gewesen wäre. — Alle anderen christologischen Testimonia
der Apg. 1-13 nehmen auf den anabatischen Teil des antithetischen
Doppelschemas Bezug: nämlich Jesu Erhöhung.

Wir sagten bereits, dass die kerygmatischen Zusammenfassungen
mit keinem konkreten Text darauf hinweisen, dass Jesus leiden
und sterben musste. [2] Nur ganz allgemein wird auf τῇ ὡρισμένῃ βουλῇ
καὶ προγνώσει τοῦ θεοῦ (2, 23), οἱ προφῆται (13, 27), πάντες οἱ προφῆται
(3, 18; 10, 43) und πάντα τὰ . . . γεγραμμένα (13, 29) hingewiesen,
oder man stellt fest, dass sich der Tod von Jesus κατὰ τὰς γραφάς
(1. Kor. 15, 3) vollzog. Diese unbestimmten Andeutungen werden im
Rahmen der kerygmatischen Verkündigung nirgends genauer
erläutert. Allerdings gibt es ausserhalb der kerygmatischen Zusammenfassungen zwei konkrete Texte. Neben Jes. 53, 7-8, in
Apg. 8, 32-33 ohne Erläuterung zitiert (es heisst hier nur, dieser
Text habe Philippus veranlasst, von Jesu zu predigen), wird
Ps. 2, 1-2 im Gebet der Gemeinde zitiert (4, 25-26). Diese Worte
werden ausdrücklich David zugeschrieben und auf Jesu Leiden
bezogen (V. 27), während Vers 28 ὅσα ἡ χείρ σου καὶ ἡ βουλὴ
προώρισεν γενέσθαι deutlich wieder die vage kerygmatische
Formulierung aufweist; dadurch bekommt man den Eindruck,

---

[1] Dass Jesus auch noch als erhöhter Herr der παῖς θεοῦ ist, bezeugt das
Gebet der Gemeinde, Apg. 4, 24-30; hier wird Jesu Fürsprache mit der
liturgischen Formulierung διὰ τοῦ ὀνόματος τοῦ ἁγίου παιδός σου Ἰησοῦ (4, 30)
angerufen. Vgl. darüber A. von HARNACK, Die Bezeichnung Jesu als 'Knecht
Gottes', a.a.O.

[2] s. S. 47-49.

Gottes Ratschluss gelange im Ps. 2, 1-2 zur Sprache. Man darf
also annehmen, dass Ps. 2, 1-2 für ein Testimonium über Jesu
Leiden und Tod gehalten wurde. Aber es ist kein Anlass gegeben
zur Vermutung, dieses oder ein anderes Testimonium habe in der
kerygmatischen Verkündigung selbst seinen Platz gehabt. Eher
weist das uns zur Verfügung stehende Material darauf hin, dass
man sich hier mit allgemeinen Hinweisen begnügte.

Man kann jedenfalls nachweisen, dass die katabatischen Testimonien aus der Zeit der kerygmatischen Verkündigung keineswegs
nur auf Deuterojesaja beruhten. Es ist sogar zweifelhaft, ob die
älteste Verkündigung überhaupt je im deuterojesajanischen Text
nach Testimonien gesucht hat. Sollte man in diesem Fall doch
erwarten, dass schon Jes. 52, 13-53, 12 das Problem von Jesu
Leiden und Tod geklärt hätte. Dass diese Lösung noch nicht
gefunden wurde ergibt sich daraus, dass es keinerlei Hinweise auf
den stellvertretenden Charakter vom Tode Jesu gibt.

4. Der Sitz im Leben der Pais-Christologie

Den Sitz im Leben einer ausgearbeiteten, von Deuterojesaja
inspirierten, Pais-Christologie muss man somit in einem folgenden
Traditionsstadium suchen. Auffallend ist nämlich, dass gerade die
Bücher des NT, die zwar kein späteres, jedoch ein entwickelteres Sta-
dium darstellen [1], aufs nachdrücklichste das stellvertretende Leiden
betonen. Das ist nicht nur bei einer Anzahl synoptischer Logien der
Fall (Mk. 10, 45 par u. 14, 24 par.) [2], sondern ebenso bei Paulus [3].
In der Anwendung von vier, z.T. Deuterojesaja entliehenen,
Präpositionen gelangt dies u.a. zum Ausdruck: περί [4], διά [5], ὑπέρ [6]

---

[1] Ein weiterentwickeltes Stadium muss keineswegs auch jünger sein. So
kann etwa die Entwicklung innerhalb des einen Milieus schneller ablaufen
als in einem anderen. Man denke z.B. an die paulinische und die synoptische
Katechese. Andrerseits aber bleibt auch neben der katechetischen Verkündigung die kerygmatische bestehen (wenn auch für andere Zuhörer), und
zwar, wie man vermuten darf, eben mit den typischen Formulierungen, die
stets für das Kerygma kennzeichnend waren.
[2] Vgl. J. Jeremias, ThWNT V, S. 709-13; W. Manson, *Jesus the Messiah*,
London 1943, S. 110-13; M. Buber, *Jesus und der Knecht*, a.a.O. S. 71-75;
O. Cullmann, *Jésus Serviteur de Dieu*, a.a.O. S. 25-29.
[3] s. S. 48.
[4] Jes. 53, 4; vgl. Mt. 26, 28; 1. Thess. 5, 10; 1. Kor. 1, 13 l.v.; Röm. 8, 3;
1. Petr. 3, 18; 1. Joh. 2, 2; 4, 10.
[5] Jes. 53, 5. 12; 1. Kor. 8, 11; Röm. 4, 25.
[6] Mk. 14, 24; Lk. 22, 19-20; Joh. 6, 51; 1. Thess. 5, 10 l.v.; 1. Kor. 1, 13;

und ἀντί[1]. Mit einer einzigen Ausnahme fehlen sie in allen ältesten kerygmatischen Formulierungen: nur 1. Kor. 15, 3 kommt ὑπὲρ τῶν ἁμαρτιῶν ἡμῶν vor, was aber vermutlich sekundär ist [2].

Untersucht man die Bedeutung der Gottesknechtprophetien in dem Stadium, wo ihr Einfluss klar zutage tritt, so findet man in ihnen vornehmlich den Sinn von Jesu Leiden und Tod ausgedrückt. Jesu Sterben wird als stellvertretender Tod „für unsre Sünden" interpretiert. Das ist wahrscheinlich eine theologische Reflektion, die ihren Sitz im Leben in einem sekundären Stadium der Tradition, nämlich der Katechese, hat [3]. Die Katechese entspricht einer zweifachen Notwendigkeit der Gemeinde: einerseits will man mehr über die konkreten Tatsachen von Jesu Leben und Tod erfahren, andererseits aber auch deren Sinn erkennen. Besonders im Hinblick auf letzteres werden die Schriften nach Zeugnissen über den Herrn untersucht [4]. Der Einfluss des ATs auf die Wiedergabe der Katechese, die die synoptische Tradition bewahrt hat, ist darum ein so gewaltiger. Man suchte dabei weniger nach echten Beweisstellen mit einer apologetischen Funktion, als nach Schriftstellen, die der Gemeinde eine tiefere Einsicht in den Sinn des Geschehens vermitteln sollten. Besonders der Passionsbericht zeigt unverkennbare Spuren einer solchen Schriftforschung; C. MAURER wies nach, inwieweit Markus bei seiner Wiedergabe der Passionstradition auf Deuterojesaja zurückgriff [5]. Die knappen Andeutungen der kerygmatischen Verkündigung wurden in der Katechese zum Nutzen der Gemeinde weiter ausgearbeitet und vertieft. Die theologische Besinnung beruht dabei weitgehend auf der Schrift; für den Passionsbericht bedeutet das: auf den Psalmen und Deuterojesaja.

Deshalb ist Deuterojesajas Einfluss zur Zeit des katechetischen

---

11, 24; 15, 3; 2. Kor. 5, 21; Röm. 8, 32; Gal. 1, 4; 2, 20; Eph. 5, 2. 25; Gal. 3, 13; 1. Tim. 2, 6; Tit. 2, 14; Hebr. 5, 1; 6, 20; 7, 27; 9, 7; 1. Petr. 2, 21; 1. Joh. 3, 16. s. S. 60 Anm. 1.

[1] Jes. 53, 12; Mk. 10, 45; Mt. 20, 28.

[2] s. S. 48 u. 59-60.

[3] Auch J F, MÉNARD, *Pais Theou*, a.a.O. S. 92 verlegt diese theologische Reflektion in ein sekundäres Traditionsstadium. Er glaubt jedoch, dieses sekundäre Stadium in den Reden der Apg. anzutieffen. Das älteste Stadium wiederspiegelt sich für ihn in den frühesten Lagen der synoptischen Tradition, in denen seiner Meinung nach wohl die Rede vom sterbenden und leidenden Propheten ist (a.a.O. S. 84-88), jedoch nicht vom leidenden und sterbenden Messias, den man auf Grund der Quellen der Apg. mit dem Gottesknecht aus Deuterojesaja identifizieren muss.

[4] Vgl. dazu J. W. DOEVE, *Jewish hermeneutics*, S. 177-205.

[5] *Knecht Gottes*, a.a.O.

Stadiums der Tradition ein viel grösserer als zur Zeit der kerygmatischen Verkündigung. Die historische Entwicklung darf man
sich vielleicht folgendermassen vorstellen: Jesus selbst begriff
seine Sendung im Lichte des Deuterojesaja und brachte das auch
zum Ausdruck [1]. Diese Überzeugung ging der Tradition niemals
ganz verloren. Von Anfang an sah man in Jesus den Gottesknecht [2],
aber die eigentliche Bedeutung davon — Jesu stellvertretender
Tod — wurde ursprünglich nicht erkannt. Die Überzeugung, dass
Jesus ,,für unsere Sünden" gestorben sei, tritt erst in der katechetischen Verkündigung zutage, die sowohl von den Tatsachen
als auch von der Schriftforschung ausgeht. Auf Grund dieser
Überzeugung erfolgt eine Neuinterpretation der tatsächlichen
Gegebenheiten, die aufs engste mit Jesu eigenen Auffassungen
verbunden ist.

Man nannte Jesus also schon in frühester Zeit Gottesknecht;
ursprünglich wurde aber noch nicht der gesamte damit verbundene
Assoziationskomplex auf ihn übertragen. Dies geschah erst zur
Zeit der Katechese, wo man dem Namen ,,Gottesknecht" nicht
ohne Vorbehalt begegnete; deshalb kam er auch aus dem Gebrauch
und lebte nur noch in liturgischen Formeln fort. Ob — wie J. JERE-
MIAS [3] und C. MAURER [4] behaupten — ,,Gottessohn" an seine
Stelle trat und ob diese Bezeichnung damals zuerst innerhalb der
Gemeinde auftrat, soll im nächsten Kapitel erörtert werden.

---

[1] Mk. 14, 24; Mt. 26, 28; Lk. 22, 19-20; 1. Kor. 11, 24; Mk. 10, 45; Mt. 20,
28. Vgl. J. JEREMIAS, *Abendmahlsworte*, S. 211-23.

[2] Das Alter dieses Titels geht hervor aus dem auch bei den apostolischen
Vätern vorkommenden liturgischen Kontext, der ihn anführt; vgl. W. VON
HARNACK, *Die Bezeichnung Jesu als 'Knecht Gottes'*, a.a.O.; W. BOUSSET,
Kyrios Christos, S. 69; E. LOHMEYER, *Gottesknecht*, S. 26; R. BULTMANN,
Theologie, S. 54; J. JEREMIAS, ThWNT V, S. 706-707.

[3] a.a.O.

[4] a.a.O.

DRITTES KAPITEL

DIE GOTTESSOHNSCHAFT JESU UND PS. 2,7

1. Die Fragestellung. — 2. Hält Lukas den Titel ὁ υἱὸς τοῦ θεοῦ und den Gebrauch von Ps. 2, 7 für typisch P a u l i n i s c h?. — 3. Handelt es sich hier um L u k a n i s c h e T h e o l o g i e?. — 4. Ps. 2 und das Schema des Kerygmas.

1. DIE FRAGESTELLUNG

Die Hypothese, ὁ υἱὸς τοῦ θεοῦ sei erst in einem sekundären Traditionsstadium als christologischer Titel aufgekommen [1], darf man vornehmlich für das bisherige Unterbleiben einer systematischen Untersuchung des „Sohn Gottes"-Titels innerhalb der ältesten Tradition verantwortlich machen. Aber dies ist nicht die einzige Ursache; auch die sich davon distanzierenden Autoren umgingen die Mühen einer solchen Arbeit. J. SCHMITT will zwar einerseits den Eindruck erwecken, als ob Paulus als erster Ps. 2, 7 in dieser Verbindung benutzt habe [2], meint aber andererseits auch, dass dieser christologische Titel laut 1.Thess. 1, 10 um 50 n. Chr. den heidenchristlichen Kirchen bekannt gewesen und, wie Röm. 1, 3-4 bezeugt, sogar schon bevor man zu den Heiden hinauszog in den palästinensischen Gemeinden gebraucht worden sei [3]. Aber er lässt diesem Gebrauch eine recht lange Entwicklung vorausgehen [4]. V. TAYLOR hält die Verwurzelung dieser Terminologie in der ältesten Tradition für so evident[5], dass er die Tradition selbst kaum untersucht. W. G. KÜMMEL sieht den Titel eng mit Ps. 2, 7 verknüpft. Er schreibt: „In der Urgemeinde ... ist der Titel „Sohn Gottes" für den auferstandenen Jesus schon früh im messianischen Sinne im Gebrauch gewesen und vermutlich im Zusammenhang mit der Beziehung von Ps. 2, 7 auf Jesus aufgekommen." [6]

---

[1] So W. BOUSSET, *Kyrios Christos*, S. 68 ff.; 181 ff.; M. E. WINKEL, *Der Sohn*, S. 456 ff.; W. GRUNDMANN, *Die Gotteskindschaft*, S. 159 ff.; J. GEWIESS, *Die urapostolische Heilsverkündigung*, S. 1; J. DUPONT, „*Filius meus es tu*", RScRel 35, S. 525; C. MAURER, *Knecht Gottes*, ZThK 50, S. 1-38.

[2] *Jésus Ressuscité*, S. 212.

[3] a.a.O., S. 209.

[4] a.a.O., S. 209-212.

[5] *The Names*, S. 55.

[6] *Das Gleichnis von den bösen Weingärtnern* (Mark. 12, 1-9), Mélanges Goguel, S. 131; vgl. G. BORNKAMM, *Jesus von Nazareth*, S. 205.

Aber Versuche, die Vermutung an Hand einer systematischen Untersuchung des hierfür zuständigen Materials zu verifizieren, wurden kaum unternommen. Eine solche Untersuchung ist aber gerade für unser Thema sehr wichtig.

Da die zwei Phasen unserer Arbeit prinzipiell voneinander getrennt bleiben müssen, soll das synoptische Material hier ganz ausser Betracht bleiben. Lediglich drei Texte können somit als Ausgangspunkte herangezogen werden: 1.Thess. 1, 10; Röm. 1, 3-4; und Apg. 13, 33. Nur letzterer enthält explizite das Ps. 2, 7-Zitat, weshalb unsere Untersuchung am besten mit dieser Stelle einsetzt, unter Berücksichtigung von Apg. 9, 20. Hinsichtlich dieser beiden Texte müssen drei Möglichkeiten erwogen werden: 1) Lukas weist mit dem Titel ὁ υἱὸς τοῦ θεοῦ und dem Gebrauch von Ps. 2, 7 auf spezifisch paulinische Elemente der Verkündigung hin. 2) Lukas' eigene theologische Auffassungen fanden hier ihren Niederschlag. 3) Erst nach Ausschluss dieser beiden Möglichkeiten darf man das Testimonium und den Titel für Teilstücke der allgemeinen kerygmatischen Tradition halten. Der Verlauf unserer Untersuchung ist somit deutlich 'per modum exclusionis' abgegrenzt.

2. HÄLT LUKAS DEN TITEL ὁ υἱὸς τοῦ θεοῦ UND DEN GEBRAUCH VON Ps. 2, 7 FÜR TYPISCH PAULINISCH?

Dass Lukas 13, 33 keineswegs die Absicht hatte, den Gebrauch von Ps. 2, 7 als paulinisches Element zu betonen, ergibt sich nicht nur aus der Tatsache, dass der Kern der Beweisführung in keiner Weise paulinisch ist, sondern ebenso aus dem Umstand, dass Lukas den gleichen Kern auch an anderen Stellen der kerygmatischen Formulierungen in den Vordergrund rückt.

Das Zitat von Ps. 2, 7 in Apg. 13, 33 bildet einen aufs sorgfältigste vorbereiteten Höhepunkt. Wird doch dieser Psalm offensichtlich mit David in Zusammenhang gebracht; Hebr. 1, 5, wo Ps. 2, 7 und 2.Sam. 7, 14 als zwei parallele Testimonien angeführt werden, bestätigt das. Deshalb verarbeitet ja schon Apg. 13, 22 sich auf David beziehende Texte des ATs, nämlich 1. Sam. 13, 14 und Ps. 89, 21, wobei Apg. 13, 23 einen vorläufigen Höhepunkt darstellt. Deutlich handelt es sich hier um die Verheissung an David, 2. Sam. 7, 12-14, die in Jesu, dem aus Davids Saat Erweckten, ihre Erfüllung findet. Apg. 13, 32 ist wiederum von dieser Verheissung die Rede; auf den ersten Blick scheint das hier erwähnte Versprechen eher Abraham zu gelten. Aber alle späterhin zitierten Texte, Ps. 2, 7;

Jes. 55, 3; Ps. 16, 10 und 2. Sam. 7, 12 (ἐκοιμήθη und (πρὸς) τοὺς πατέρας αὐτοῦ weisen ebenso deutlich auf diesen Text hin wie auf die von Nestle angegebenen Worte aus 1. Kön. 2, 10), hängen mit David zusammen und rechtfertigen die Vermutung, dass auch an dieser Stelle — trotz des Ausdrucks πρὸς τοὺς πατέρας — hauptsächlich an die von David empfangene Verheissung gedacht wird. Gerade dies ist jedoch vollständig unpaulinisch! Zwar spricht Paulus des öfteren von Verheissung, meint damit aber stets die Verheissung an Abraham und niemals die an David [1].

Wenn diese Verheissung in der Tat im Mittelpunkt der Argumentation steht, kann man direkt auf einen verwandten Kontext hinweisen, wo die Verheissung an David ebenso den Kern der Beweisführung formt: die Worte Apg. 2, 30, die Lukas in Petri Mund legt. Mag hier auch die Verheissung nicht ausdrücklich genannt werden, man kann doch nicht bezweifeln, dass David auch in diesem Text als der Empfänger von Gottes Zusage gilt. Zwar wird Ps. 2, 7 nicht ausdrücklich zitiert; aber Apg. 13, 22-23. 33-37 und Hebr. 1, 5 zeigen, dass man diesen Text nicht isolieren darf. Er gehört nämlich zu einer Katene, die sich auf die Verheissung an David bezieht, die in Jesu ihre Erfüllung findet [2]. Einige zu diesem 'Traditionskomplex' gehörenden Texte klingen nun gerade durch diese Petrus-Rede (bes. V. 30-32) hindurch: nämlich 2. Sam. 7, 12-13; Ps. 132, 11-12; 89, 4-5; und 2. Chron. 6, 9-10 (ἐκ τῆς ὀσφύος σου kommt in den diesbezüglichen Texten nur hier vor[3]).

---

[1] s. Röm. 4; 9; 15, 8; Gal. 3-4. Ist diese Angabe vielleicht lukanisch? Lukas verknüpft des öfteren das Verheissungsthema mit der Aussendung des Geistes: Lk. 24, 49; Apg. 1, 4; 2, 33. Apg. 7, 17 meint die Verheissung an Abraham. Auf diese weist nur ein einziger Text in Lukas hin, nämlich 1, 32-33, ohne jedoch die Verheissung ausdrücklich zu nennen. Die ersten Kapitel des Lukas nehmen ausserdem eine Sonderstellung ein; man darf deshalb die in ihnen erörterten Themen nur dann als lukanische bezeichnen, wenn sie auch anderweitig in Lukas vorkommen.

[2] Vgl. über den ganzen Textkomplex R. PRESS, *Jahweh und sein Gesalbter; Zur Auslegung von Psalm 2*, ThZ 13 (1957), S. 321-34. Dass man den 2.Psalm, zumindest in Essenischen Kreisen, schon in vorchristlicher Zeit mit 2.Sam. 7 in Zusammenhang brachte, geht hervor aus 4Q Florilegium; der Text ist veröffentlicht von J. M. ALLEGRO, *Fragments of a Qumran scroll of eschatological midrāšîm*, JBL 77 (1958) S. 350-54, und Y. YADIN, *A midrash on 2 Sam. vii and Ps. i-ii (4Q Florilegium)*, Israel Exploration Journal 9 (1959) S. 96-98.

[3] Nestle führt 2. Chron. 6, 9 f. nicht in margine an. Auch J. W. DOEVE, *Jewish hermeneutics*; C. H. DODD, *According to the Scriptures*; und C. SMITS, *Oud-Testamentische citaten*, vermelden diese Stelle nicht. Die Variante κοιλίας ist eine Textangleichung an Ps. 132, 11 u. 2. Sam. 7, 12; sie beweist, dass schon einige Kopisten den Hinweis auf 2. Chron. 6, 9 f. nicht bemerkt haben.

Auch Ps. 16, 10 spielt hier abermals eine Rolle; deshalb gewinnt man den Eindruck, dass dieser Text ebenfalls zur Katene gehört (vgl. Apg. 2, 25. 29-31).

Dass Lukas den 2. Psalm nicht ausschliesslich mit Pauli Verkündigung in Zusammenhang bringt, beweist ausserdem noch Apg. 4, 24-30, das Gebet, das die Gemeinde anlässlich der Befreiung Petri aus seiner Gefangenschaft spricht [1]. Es beginnt nämlich mit einem wörtlichen Zitat von Ps. 2, 1-2. Man erwartet hier eine ekklesiologische Interpretation, weil in Petrus eigentlich die Gemeinde verfolgt wird. Das ist jedoch nicht der Fall; man muss daher konstatieren, dass das Gebet nicht restlos mit der Situation übereinstimmt, in der es ausgesprochen wird. Zu seiner Komposition gebrauchte Lukas anscheinend bestimmte Traditionselemente, denen auch Ps. 2, 1-2 angehörte, allerdings — und das ist hier von Belang — in einer christologischen Interpretation, die auf Grund des Inhaltes nicht klar auf der Hand liegt: denn die zwei Verse erwähnen eine Empörung der Völker und Unruhe unter den Nationen. Im χριστός (Apg. 4, 27) [2] des 2.Verses, vielleicht auch im κύριος (Apg. 2, 36), kann man allerdings die Veranlassung zu dieser Interpretation vermuten: im Psalm meinen sie zwei verschiedene Gestalten, nämlich Jahweh und seinen Gesalbten, die für den christlichen Leser wahrscheinlich eine und dieselbe waren (Apg. 2, 36!). Beide Psalmverse werden jetzt auf Jesu Leiden bezogen, wie Apg. 4, 27-28 durch Nennung von Herodes und Pilatus bezeugt. Da in diesem Kontext zweimal von παῖς die Rede ist und das Vokabular Archaismen aufweist, liegt der Ursprung dieser Anwendung ver-

---

[1] vgl. J. GEWIESS, a.a.O., S. 25-26, und J.A. T. ROBINSON, JThS 1956, S. 179. Letzterer sieht eine Komposition des Lukas in diesem Gebet, ,,though this prayer incorporates primitive phraseology''.

[2] Das mag in der Tat die Urgemeinde dazu veranlasst haben, den 2. Psalm auf Jesus zu beziehen und ihn ὁ υἱὸς τοῦ θεοῦ zu nennen. O. CULLMANNS Behauptung, Christologie S. 286, dass ,,durchaus kein ersichtlicher Grund für die Urgemeinde bestand, Jesus als Gottessohn zu bezeichnen'', kann deshalb nicht standhalten. Da seine Auffassung, ,,Sohn Gottes'' sei Jesu nicht erst von der kirchlichen Tradition zugelegt und in einem zweiten Stadium auf sein Leben zurückprojiziert worden, eben darauf beruht, verfällt damit auch seine ganze Argumentation.

Dass κύριος und χριστός in einer solchen Koordination nebeneinander vorkommen, ist ein Ausnahmefall, der nur noch 1. Sam. 26, 16 (wo aber Gott nicht erwähnt wird, sodass hier eine ganz andere Situation vorliegt) und Sir. 46, 19 vorkommt. Der gewöhnliche Ausdruck lautet χριστὸς κυρίου, in Ps. 2, 2 χριστὸς αὐτοῦ. Vielleicht liegt hier auch die Erklärung für das merkwürdige Phänomen Apg. 2, 36, wo κύριος und χριστός als Prädikate Jesu nebeneinander stehen.

mutlich in einem frühen Traditionsstadium [1]. Das bedeutet, dass
Ps. 2, 1-2 seine christologische Interpretation in einem frühen
Traditionsstadium erhalten hat. Möglicherweise gehörten diese
Verse zu den Beweisstellen für Jesu Leiden, wenn es solche überhaupt gegeben hat. Dass V. 7 aber nicht gleichzeitig auch christologisch interpretiert wurde, ist freilich undenkbar. Um so mehr, als
man Jesu Leiden und Tod nie als eine abgeschlossene Episode,
sondern immer nur als Vorspiel seiner Auferstehung und Erhöhung
sah. In diesem Zusammenhang soll erwähnt werden, dass Apg. 13,
27-30 nach J. W. DOEVE auf Ps. 2, 1-2 beruht [2]. Sein einziges
Argument ist ein Hinweis auf Apg. 4, 25-28. In der Tat weist
Apg. 13, 27-30 zweimal auf die Schrift hin und kann ἄρχοντες in
Vers 27 aus Ps. 2, 2 stammen [3]; der Contextus consequens bezieht
sich jedenfalls auf den 2. Psalm. Wenn DOEVES Auffassung zutrifft,
dann enthält die Rede der Apg. 13 also nicht nur einen Hinweis
auf Ps. 2, 7, sondern im gleichen Zusammenhang auch eine Anspielung auf Ps. 2, 1-2. Jedenfalls wird dabei deutlich, dass das
Zitat von Ps. 2, 1-2 in Apg. 4, 25-26 und die Hinweise auf den
Traditionskomplex der Verheissung an David in Apg. 2, 30 die
Möglichkeit ausschalten, Apg. 13, 33 als ein paulinisches Element
zu betrachten.

3. HANDELT ES SICH HIER UM LUKANISCHE THEOLOGIE?

Lässt sich auch behaupten, Lukas habe Apg. 9, 20 und 13, 33
keine typischen Eigentümlichkeiten der paulinischen Theologie
in den Vordergrund stellen wollen, so bedeutet das noch nicht,
dass er Elemente der allgemeinen Tradition darin verarbeitete.
Es wäre durchaus möglich, dass es sich hier um lukanische Theologie handelt. Aber man kann eben diese Möglichkeit ausschalten:
Lukas bevorzugt den Titel ὁ υἱὸς (τοῦ θεοῦ) keineswegs; er gebraucht ihn in seinem Evangelium nicht häufiger als Matthäus
oder Markus [4], und die Apostelgeschichte nennt ihn lediglich 9, 20
und 13, 33.
Ausserdem bezeugt ein anderer Text, dass der Titel ὁ υἱὸς

---

[1] vgl. A. JACQUIER, *Actes*, S. 137 ff.; J. SCHMITT, *Le Christ dans la foi et la
vie de la naissante église apostolique*, Lumière et Vie 9 (1953 avril), S. 27.
Besonders L. CERFAUX untersuchte das Vokabular, *La première communauté
chrétienne à Jérusalem* (1939), *Recueil* II, S. 125-56.
[2] *Jewish hermeneutics*, S. 173.
[3] vgl. L. CERFAUX, *Recueil* II, S. 143.
[4] s. die Übersicht bei V. TAYLOR, *The Person of Christ*, S. 147.

τοῦ θεοῦ und der Traditionskomplex des 2. Psalms in der ältesten Periode der christlichen Glaubensverkündigung eine wichtige Rolle spielten: wir meinen die berühmte Crux Interpretum Röm. 1, 3-4 [1]. Zahlreiche Autoren glauben hier an eine vorpaulinische Formulierung [2]. Folgt man E. STAUFFERS ,,Zwölf Kriterien formelhaften Glaubensgutes im NT'', so bestätigt sich das [3]. Paulus hat

---

[1] Dass die ersten Verse des Römerbriefes ein wahrhaftiges Crux Interpretum darstellen, zeigt besonders deutlich der Aufsatz von M.-E. BOISMARD, *Constitué Fils de Dieu*, RB 60 (1953), S. 5-17; er stellt das Problem klar heraus, versagt aber bei dessen Lösung. Seine Auffassung, Paulus habe υἱός in V. 3 im Sinne von ,,la filiation naturelle'', in V. 4 aber in messianischer Bedeutung verstanden, wirkt äusserst unwahrscheinlich, weil er den Text als ein homogenes Ganzes behandelt.

[2] Z.B. R. BULTMANN, *Theologie*, S. 28. 52-53; C. H. DODD, *Apostolic Preaching*, S. 14; *The Parables of the Kingdom*, London 1946[4], S. 54; N. A. DAHL, *Die Messianität Jesu bei Paulus*, Studia de Zwaan, S. 90; O. MICHEL, *Der Brief an die Römer*, Göttingen 1955, S. 30 f.; M.-A. CHEVALLIER, *L'esprit et le messie*, Paris 1958, S. 99-102.

[3] *Theologie*, S. 316. Eine Anzahl Kriterien sind so deutlich, dass man sie nicht näher erläutern muss. Es handelt sich hier um eine elementare Glaubenswahrheit (12), wir stossen auf einige Partizipien (11), eine Namensprädikation wird erwähnt (10), der Text ist auf drei Verse verteilt (9) und wird von einem deutlichen Rhythmus getragen (8). Auch in Bezug auf die Kriterien 6 und 7 (einfacher, durchsichtiger und stilistischer Aufbau) kann es kaum Zweifel geben. Der durchsichtige Aufbau entsteht hier vornehmlich durch die beiden Partizipien, die Vers a und b eröffnen, und findet seine Krönung in dem antithetischen Parallelismus: / τοῦ γενομένου / ἐκ σπέρματος Δαυὶδ // τοῦ ὁρισθέντος υἱοῦ θεοῦ / ἐξ ἀναστάσεως νεκρῶν /. Der parataktische Aufbau und die nicht argumentierende, aber reine thetische Formulierung trägt ebenfalls dazu bei. Auch das 5. Kriterium — Rückkehr der gleichen Formulierung mit nur geringen Variationen — weist gleichfalls auf eine feststehende Formulierung hin. Vgl. Apg. 13, 23; 2. Tim. 2, 8; Ign. ad Eph. 20, 2; Ign. ad Smyrn. 1, 1.
Man kann in Bezug auf die Kriterien 3 und 4 nicht das gleiche behaupten. Zwar sind die drei Genitive, mit denen die Stichoi in V. 3-4 beginnen, eine abweichende Formgebung, aber es ist keineswegs deutlich, dass sich die Syntax in auffallender Art und Weise vom Kontext unterscheidet. Wohl kann man beide Verse weglassen, ohne dem Aufbau des Proömiums zu schaden. Es wird ganz im Gegenteil nur einfacher in seiner Konstruktion. Die Verse 1-2-5 handeln dann nur über den Schreiber, Vers 6 führt zu den Angeredeten hinüber, denen auch Vers 7a gilt, indes Vers 7b den Eingang beschliesst. Dieses Proömium unterscheidet sich dann kaum noch von denen der anderen paulinischen Briefe.
Randstörungen (2) sind nicht zahlreich; die Verwendung von υἱός in Vers 3 u. 4 kann als solche bezeichnet werden.
Die Rahmenterminologie (1) hält STAUFFER für das sicherste Kennzeichen. Das Wort εὐαγγέλιον (V. 1), das in gleicher Bedeutung auch 2. Tim. 2, 8 erscheint, lässt vermuten, dass diese hier vorkommt. Die Formel ist hier die Zusammenfassung vom Evangelium des Paulus, und 2. Tim. 2, 8 ist das ebenfalls der Fall. Man findet noch deutlichere Rahmenterminologie in den Brie-

vermutlich diese ältere Formulierung nicht ohne weiteres übernommen, sondern überarbeitet. Κατὰ σάρκα und κατὰ πνεῦμα
ἁγιωσύνης mag Paulus selbst hinzugefügt haben; wahrscheinlich
auch ἐν δυνάμει, um der primitiven Formulierung, die in einem
späteren Stadium Anstoss erwecken und falsch verstanden werden
könnte, durch Nuancierung alles Anstössige zu nehmen oder doch
zu mildern[1]. Es ergibt sich dann folgender rhythmischer Text: τοῦ
γενομένου ἐκ σπέρματος Δαυίδ / τοῦ ὁρισθέντος υἱοῦ θεοῦ ἐξ ἀναστάσεως
νεκρῶν / Ἰησοῦ Χριστοῦ τοῦ κυρίου ἡμῶν[2]. An dem archaischen Charakter dieser Formulierung kann man unmöglich zweifeln. Er kommt
dadurch zum Ausdruck, dass Jesu Einsetzung als Sohn Gottes in
einen direkten (kausalen oder temporalen) Zusammenhang mit der
Auferstehung gebracht wird. Zu der Zeit, als Paulus diesen Brief
schrieb, hatte man dieses Stadium theologischen Denkens schon
längst überwunden. Deshalb spricht Paulus nirgends sonst in ähnlicher Weise über Jesu Gottessohnschaft. Er bringt sie niemals in einen
direkten Zusammenhang mit der Auferstehung. Diese Kombination
passt im Gegenteil hervorragend zur ältesten Christologie und fügt
sich vollkommen in das Schema der kerygmatischen Verkündigung,
das wir aus Apg. 1-13 kennen[3]. Ausserdem wies C. H. DODD darauf
hin, dass diese Formulierung vom Sprachgebrauch des Paulus abweicht[4]; er folgerte also mit Recht, dass man schwerlich annehmen
könne, Paulus habe diese Sätze selbst verfasst. Er empfing sie von
der Tradition als die Wiedergabe der Botschaft, die er selbst und
andere verkündeten[5]. Deshalb besitzen wir hier einen deutlichen

---

fen des Ignatius: Ign. ad Eph. 20, 2 steht im unmittelbaren Kontext ἐν μιᾷ
πίστει, und Ign. ad Smyrn. 1, 1 ἐν ἀκινήτῳ πίστει.

Man kann im Licht von STAUFFERS Kriterien kaum noch daran zweifeln,
dass Röm. 1, 3-4 eine ältere Formel vorliegt.

[1] R. MORGENTHALER, Statistik S. 194, zählt sowohl κατά als auch σάρξ und
πνεῦμα zu den paulinischen Vorzugsworten. Ἁγιωσύνη kommt nur bei Paulus
vor. R. BULTMANN, Theologie S. 52, lässt ἐν δυνάμει in seiner Rekonstruktion der ursprünglichen Formulierung stehen. Aber auch δύναμις findet sich
in MORGENTHALERS Zusammenstellung, a.a.O.; der 2. Stichos wird dadurch
unverhältnismässig lang, indes man die Hinzufügung leicht erklären kann.

[2] 2. Tim. 2, 8 steht die Formel genau in umgekehrter Reihenfolge. Der
Text wird in beiden Fällen als Paulus' Evangelium dargestellt. Wollen diese
Worte vielleicht zu verstehen geben, dass es sich bei beiden Stellen um spezi-
fisch paulinische Elemente handelt? Nein, denn 1. Kor. 15, 1-11 betont
Paulus selbst ja, dass auch er das Evangelium empfangen hat.

[3] Vgl. S. 41-42.

[4] Apostolic preaching S. 14.

[5] a.a.O. ,,I should find it hard to believe that this Christological formula

Beweis dafür, dass der christologische Titel ὁ υἱὸς τοῦ θεοῦ in der vorpaulinischen Periode der Verkündigung in Gebrauch war.

Ein direkter Hinweis auf Ps. 2, 7 fehlt Röm. 1, 3-4 vollständig; ein indirekter ist jedoch vorhanden: die Worte υἱός, ἀνάστασις, σπέρμα und der Name David stammen aus 2. Sam. 7, 12-14: ,,ἀναστήσω τὸ σπέρμα σου . . . ἐγὼ ἔσομαι αὐτῷ εἰς πατέρα, καὶ αὐτὸς ἔσται μοι εἰς υἱόν'', dem zentralen Text der Katene, zu der auch Ps. 2, 7 gehört. Man sieht also, dass hier die gleiche Ganzheit der Testimonien auftaucht, die auch Apg. 13 und Apg. 2, 30 ungemein wichtig war.

Die Schlussfolgerung liegt auf der Hand: Lukas hat den Titel ὁ υἱὸς τοῦ θεοῦ und die sich auf die Verheissung an David beziehen- den Texte einer älteren Tradition entliehen, die man auf Grund der Verknüpfung von Titel und Testimonien mit der Erhöhung sehr früh datieren muss.

Es ist deshalb anzunehmen, dass der Titel ὁ υἱὸς τοῦ θεοῦ Jesu schon in der ältesten Verkündigung zugelegt wurde. Dies würde dann gleichzeitig das Glaubensbekenntnis Apg. 8, 37 erklären. Es ist äusserst unwahrscheinlich, dass dieses Glaubensbekenntnis, wie O. CULLMANN [1] und J. SCHMITT [2] meinen, Authentizität hat. Aber das schliesst nicht aus, dass die Interpolation sich hier auf ein sehr altes Glaubensbekenntnis stützt. CULLMANN wies nach, dass das Glaubensbekenntnis der Taufliturgie schon bald trinitarisch

---

was coined by Paul himself. He accepts it as stating the common Gospel which he and others preached.''

[1] *Les traces d'une vieille formule baptismale dans le Nouveau Testament*, RHPhR 17 (1937), S. 424-34; übersetzt in ,,*Die Tauflehre des Neuen Testaments*'', AThANT 12, Zürich 1948, S. 65-73; *Les origines des premières confessions de foi*, RHPhR 21 (1941), S. 85-99; *Les premières confessions de foi chrétiennes*, Cahiers de la RHPhR 30, Paris 1943, S. 14, Anm. 26; *Christologie* S. 297.

[2] *Jésus Ressuscité* S. 71-74. Spätere Kopisten hätten ,,Sohn Gottes'' hier in dem späteren Sinn, den die Theologie dieser Bezeichnung gab, verstanden; sie strichen den ganzen Vers, weil sie ein derartiges Glaubensbekenntnis in einem solchen primitiven Traditionsstadium für unmöglich hielten! Vgl. CULLMANN, RHPhR 21, S. 86 Anm. 28; SCHMITT, a.a.O. S. 72. Nach CULLMANN, *Les premières confessions* S. 14-16, ist der Sitz im Leben des Glaubensbekenntnisses die Taufliturgie. Auch M. RIST, *Is Matt. XI, 25-30 a primitive baptismal hymn?*, JR 15 (1935) S. 63-77, behauptet, der Titel ὁ υἱὸς τοῦ θεοῦ sei in der Taufliturgie vorgekommen.

Vgl. über Apg. 8, 37 noch M. DIBELIUS, *Stilkritisches zur Apostelgeschichte* (1923), *Aufsätze* S. 21; F. JACKSON-K. LAKE, *Beginnings* III S. 83; H. J. CADBURY, *Beginnings* V S. 363; E. JACQUIER, *Actes* S. 276-77; H. H. WENDT, *Apostelgeschichte* S. 161; A. WIKENHAUSER, *Apostelgeschichte* S. 66; H. W. BEYER, *Apostelgeschichte* S. 58.

war¹ und behauptet mit Recht, dass das rein christologische Bekenntnis älter sei als das trinitarische². Es ist jedenfalls wahrscheinlich, dass „der Name", den Paulus verkündigen soll, (Apg. 9, 15), eine konkrete Formulierung war, vermutlich ὁ υἱὸς τοῦ θεοῦ, wie aus Apg. 9, 20 hervorgeht. Die Apostelgeschichte spricht an vielen Stellen von „dem Namen", und allgemein angenommen wird, dass damit die Person Jesu gemeint sei³. Doch Phil. 2, 9-10⁴ und Hebr. 1, 4-5 bezeugen, dass man dabei auch an eine konkrete Formulierung denken darf. Apg. 8, 12 heisst es, dass Philippus die Frohe Botschaft brachte περὶ τῆς βασιλείας τοῦ θεοῦ καὶ τοῦ ὀνόματος Ἰησοῦ Χριστοῦ. Was für ein Name ist das? Wenn es zutrifft, dass Phil. 2, 9-10 nicht den Titel κύριος, sondern den unaussprechlichen Namen von Jahweh selbst meint⁵, dann kann dieser kein Objekt der Verkündigung des Philippus gewesen sein. Hebr. 1, 4-5 ist der Name der Sohnesname; sollte dies auch Apg. 8, 12 der Fall sein, so würde dies zum Verständnis beitragen, warum der Interpolator der Apg. 8, 37 gerade dieses Bekenntnis einfügt.

¹ Die Tatsache, dass die Entwicklung vermutlich nicht geradlinig verlief und das Aufkommen des trinitarischen Bekenntnisses nicht etwa bedeutet, dass christologische Glaubensbekenntnisse nicht mehr entstehen konnten, schwächt seine Argumentation beträchtlich.

² Dass das Bekenntnis „Jesus ist der Sohn Gottes" seinen festen Platz im kirchlichen Leben besass, bestätigen 1.Joh. 4, 15 u. 2, 23, wo es sich um einen „Kommentar zu der alten liturgischen Bekenntnisformel" handelt; und Hebr. 4, 14, wo das „so lasset uns halten an dem Bekenntnis" in einem Atemzug mit „Jesum, den Sohn Gottes" genannt wird; O. CULMANN, *Christologie* S. 298, wies mit Recht darauf hin. Aber diese späten Texte vermögen keine Aufschlüsse über die Datierung dieses Glaubensbekenntnisses zu geben.

³ Vgl. über ὄνομα W. HEITMÜLLER, „*Im Namen Jesu", Eine sprach- und religionsgeschichtliche Untersuchung zum Neuen Testament, speziell zur altchristlichen Taufe,* FRLANT I 2, Göttingen 1903; H. BIETENHARD, Art. ὄνομα ThWNT V S. 241-83.

⁴ Vgl. u.a. CH. GUIGNEBERT, *Quelques remarques d'exégèse sur Philip.* 2, 6-11, in Actes du congrès international d'histoire des religions tenu à Paris en octobre 1923, Paris 1925 II S. 290-316; L. CERFAUX, *L'hymne au Christ-Serviteur de Dieu* (1946), *Recueil* II S. 427-37; *Le Christ dans la théologie de saint Paul,* Lectio Divina 6, Paris 1951, S. 283-98; B. W. HORAN, *The apostolic Kerygma in Phil.* 2, 6-9, ET LXII (1950-51) S. 60-61; J. DUPONT, *Jésus-Christ dans son abaissement et son exaltation d'après Phil.* 2, 6-11, RScRel XXXVII (1950) S. 500-514; T. ARVEDSON, *Phil* 2, 6 *und Mt.* 10, 39, Studia Theologica 5 (1951) S. 49-51; M. MEINERTZ, *Zum Verständnis des Christus-hymnus Phil.* 2, 5-11, Trier ThZ 61 (1952) S. 186-92.

⁵ So L. CERFAUX, *Recueil* II S. 430-32; *Le Christ* S. 297; J. DUPONT a.a.O. S. 513; E. L. ALLEN, *Representative Christology in the New Testament,* HThR 46 (1953) S. 166; über den Namen κύριος: u.a.O. CULLMANN, *Christus und die Zeit,* Zürich 1946, S. 165; H. BIETENHARD, a.a.O. S. 272.

Das Verkündigen, Jesus sei der Sohn Gottes (Apg. 9, 20), wird Apg. 9, 27-28 beschrieben als ein παρρησιάζεσθαι ἐν τῷ ὀνόματι Ἰησοῦ. Vielleicht muss man deshalb auch in anderen Texten einen konkreten Namen suchen. So sind z.B. Apg. 4, 17. 18; 5, 28. 40 deutlicher, wenn sie „*über* Jesu Namen reden" statt „*in* seinem Namen sprechen" meinen [1]. Auch die Texte, die von Verfolgungen um Jesu Namen willen sprechen [2], meinten vielleicht ursprünglich: Verfolgungen, wegen der Verkündigung des Namens Jesu. Ein Text wie Apg. 26, 9 wird dadurch verständlicher. [3].

4. Ps. 2 und das Schema des Kerygmas

Anzunehmen ist also, dass der 2. Psalm wahrscheinlich einige Details der kerygmatischen Verkündigung beeinflusst hat; das führt zu einer neuen Frage. Ps. 2, wie ihn die Verkündigung gebraucht, enthält nämlich genau das gleiche Schema, das auch die typische Form der kerygmatischen Zusammenfassungen geprägt hat [4]. So geht aus der Interpretation der beiden ersten Verse in Apg. 4, 27-28 hervor, dass man diese als ein Zeugnis für den katabatischen Teil von Jesu Lebensweg sah. Ps. 2, 7 hingegen wird als Zeugnis für Jesu Anabasis angeführt. Aber auch der Schriftbeweis und der Aufruf zur Busse, beides wesentliche Bestandteile des Kerygmas, lassen sich z.T. in Ps. 2 zurückfinden. Ist doch der 7. Vers von Ps. 2 ebenfalls ein Zitat, ein Orakelspruch, der vielleicht sogar eine Art Anführung des Gotteswortes aus 2 Sam. 7, 14 ist. Vers 10 ff. enthalten einen Aufruf zur Einkehr, der im Gesamt dieses Psalms recht fremdartig anmutet.

Diese Elemente findet man nur in einem einzigen Kontext des AT, der Sap. Sal., zurück; und zwar besonders 2, 10-24; 3, 1-9; 5, 1-5; 6, 1 ff., (vgl. auch 1, 1 ff.), hier allerdings weniger deutlich und vollständig als in Ps. 2. E. Huntress [5], C. Maurer [6] und M. J.

---

[1] W. Bauer, *Wörterbuch*, S. 1041, geht einer genaueren Erörterung durch folgende Übersetzung aus dem Wege: „reden unter Benutzung dieses Namens"; E. Haenchen, *Apostelgeschichte* S. 182, suggeriert eine ambivalente Bedeutung.

[2] Apg. 5, 41; 9, 16; 15, 26; 21, 13; vgl. auch 26, 9; Mt. 10, 22; 24, 9; Mk. 13, 13; Lk. 21, 12. 17; Joh. 15, 21.

[3] Auch W. Heitmüller, a.a.O., glaubt hier an eine konkrete Formulierung.

[4] s. S. 41-42.

[5] „*Son of God*" *in jewish writings prior to the christian era*, JBL LIV (1935), S. 122-23.

[6] *Knecht Gottes*, S. 24-26.

SUGGS [1] wiesen mit Recht auf die nahe Verwandtschaft dieser
ersten Kapitel der Sap. Sal. mit Deuterojesaja hin. Aber ebenso
auffallend ist ihre Berührung mit Ps. 2; z.B. die Mahnung an die
βασιλεῖς zur Bekehrung, (Sap. Sal. 1, 1; 6, 1; Ps. 2, 10). Sap. 2, 18
und 5, 5 hängen mit Ps. 2, 7 zusammen. Ebenso fallen manche
Eigentümlichkeiten des Vokabulars auf. Besonders das merkwürdige
ἐκγελάσεται, das sowohl Ps. 2, 4 als auch Sap. 4, 18 aufzeigen, beide
Male mit ὁ κύριος als Subjekt [2]. Der Ausdruck τὰ πέρατα τῆς γῆς
ist an und für sich nicht ungewöhnlich; aber auch er findet sich
auffallenderweise in Ps. 2, 8 und Sap. 6, 1. Das οἱ κρίνοντες τὴν γῆν
aus Ps. 2, 10 kehrt wieder in Sap. 1, 1; Sap. 5, 6: ,,ἐπλανήθημεν
ἀπὸ ὁδοῦ ἀληθείας, καὶ τὸ τῆς δικαιοσύνης φῶς οὐκ ἐπέλαμψεν ἡμῖν''
erinnert an Ps. 2, 12: ,,ἀπολεῖσθε ἐξ ὁδοῦ δικαίας''. Alle diese
Beispiele heben deutlich die Verwandtschaft der ersten Kapitel der
Sap. Sal. mit dem 2.Psalm hervor. Gerade die Tatsache, dass hier
παῖς und υἱός durcheinander gebraucht werden, ist nicht ohne
Belang für die Verwandtschaft mit Deuterojesaja. Sie bezeugt
nämlich, dass die παῖς-Tradition schon in einem vorchristlichen
Stadium mit der υἱός-Tradition verschmolz. W. BOUSSETS These,
παῖς und υἱός könnten Jesu nicht zugleich und in ein und demselben
Milieu zugelegt worden sein [3], ist damit unhaltbar geworden.
Fraglich ist auch, ob man das christologische Prädikat ὁ υἱὸς τοῦ
θεοῦ mit J. JEREMIAS und C. MAURER [4] für eine sekundäre Bildung
aus παῖς θεοῦ halten darf. Wichtiger in diesem Zusammenhang
ist die Tatsache, dass die ersten Kapitel der Sap. Sal. ebenfalls
die wesentlichsten Elemente vom Schema des 2. Psalms und des
Kerygmas enthalten: 2, 10-24 ist katabatisch; 3, 1-9; 5, 1-5 schildern
die Anabasis des misshandelten Frommen, und 6, 1 ff. (vgl. 1, 1 ff.)
enthalten einen Aufruf an die Könige der Welt; (ein Orakelspruch
Jahwehs fehlt; 2, 13 erwähnt wohl, dass der Fromme sich selbst
παῖς θεοῦ nennt, i.e. nach V. 18 υἱὸς θεοῦ, und V. 16 zeigt, dass er
Gott als seinen Vater bezeichnet).

Man kann in der Tat schwerlich beweisen, dass die Form der
kerygmatischen Verkündigung dem Schema von Ps. 2 (bzw. dem

---

[1] *Wisdom of Solomon*, 2, 10-5: *A homily based on the fourth Servant Song*,
JBL LXXVI (1957), S. 26-33.

[2] Das Wort kommt sonst nur noch Ps. 37, 13 u. 59, 9 vor, in einem der
Sap. Sal. verwandten Kontext.

[3] *Kyrios Christos* S. 68-70.

[4] ThWNT V S. 676-713; *Knecht Gottes und Sohn Gottes*, ZThK 50 (1953),
S. 1-38.

von Sap. Sal. 1-6) entliehen wurde [1]. Hinsichtlich des Kerygmas
liegt dieses Schema so auf der Hand, dass eine diesbezügliche
Erklärung wohl überflüssig sein dürfte. Aber die diesbezüglichen
Übereinstimmungen sind zu auffallend, um ausser acht gelassen
und nicht aufgezeigt zu werden.

---

[1] Die Übereinstimmungen kann man in nachfolgender Übersicht zusammenfassen:

	Apg.	Ps. 2	Sap. Sal.
1. Katabatischer Teil: Leiden und Tod	2, 22-23. 36 3, 13-15a 4, 10 5, 30 10, 39 13, 27-29 1. Kor. 15, 3b	V. 1-2	2, 10-24
2. Anabatischer Teil: Auferwek- kung, bezw. Reha- bilitation	2, 24.30. 32. 33. 36 3, 13. 15b 4, 10-11 5, 30-31 10, 40-42 13, 30. 33 1. Kor. 15, 4b	V. 7	3, 1-9 5, 1-5
3. Das Gotteswort der Schrift	2, 25-31 2, 34-35 3, 22-23 4, 11 13, 33 1. Kor. 15, 4 c	V. 7 (vgl. Hebr. 1, 4-5)	fehlt
4. Aufruf zur Bekehrung	2, 36. 38. 40 3, 19. 26 4, 12 5, 31-32 10, 43 13, 38-41 fehlt in 1.Kor. 15	V. 10-12	6, 1 ff

VIERTES KAPITEL

INHALT UND BEDEUTUNG DES TITELS

1. Analyse des Assoziationskomplexes. — 2 Urkirchlicher Adoptianismus?

1. Analyse des Assoziationskomplexes

Die Inhalts- und Bedeutungsbestimmung der Bezeichnung ὁ υἱὸς τοῦ θεοῦ in der kerygmatischen Verkündigung wird sowohl durch den geringen Umfang des Textmaterials als auch von dessen fragmentarischen Charakter erschwert; eine solche Untersuchung kann daher nur zu hypothetischen Resultaten führen. Eine Analyse der mit diesem Titel verbundenen Assoziationen verspricht am meisten Erfolg. Da der Titel aufs engste mit den beiden Schrifttexten 2.Sam. 7, 12-14 und Ps. 2[1] verknüpft ist, versteht es sich von selbst, dass die in ihm anklingenden christologischen Gedanken am ehesten im Kontext der diesbezüglichen Zitate zu finden sind[2].

2. Sam. 7, 12-14 ist hier zweifelsohne der zentrale Text; das zeigt sich nicht nur aus Apg. 2, 30, deren sekundäre Reminiszenzen an ihn anschliessen, sondern auch aus Apg. 13, 16 ff., wo er im Hintergrund steht. [3] Folgende wichtige Elemente verlangen eine nähere Betrachtung: 1. ἀναστήσω; 2. τὸ σπέρμα σου; 3. ἑτοιμάσω τὴν βασιλείαν αὐτοῦ; 4. ἀνορθώσω τὸν θρόνον αὐτοῦ ἕως εἰς τὸν αἰῶνα; 5. αὐτὸς ἔσται μοι εἰς υἱόν. Bedeutsam ist dabei, dass die wesentlichen Bestandteile ἀναστήσω, τὸ σπέρμα und υἱός nicht in der gleichen Reihenfolge erscheinen. Die Worte kommen sowohl Apg. 13, 23. 33. 34 wie auch Röm. 1, 3-4 in folgender Anordnung vor: τὸ σπέρμα, υἱός, ἀναστήσω; sie besagen, dass der Same Davids durch die Auferstehung als Gottes Sohn eingesetzt wird. 2.Sam. 7, 12-14 hat eine andere Bedeutung: Gott wird David einen Sohn schenken und dieser David-Sohn soll dann auch vor Gott wie ein Sohn dastehen. In den NT-Stellen ist gerade das Gegenteil der Fall: Davids Sohn existiert bereits, nach seinem Tode wird er von Gott auferweckt. Zumindest lässt sich also eine starke Akzentverschiebung kon-

---

[1] Die anderen Texte, z.B. Ps. 89, 4-5; 132, 11; 2. Chron. 6, 9 f., sind lediglich von untergeordneter Bedeutung.
[2] Vgl. J. W. Doeve, *Jewish Hermeneutics* S. 168-76.
[3] a.a.O. S. 172.

statieren, auf Grund deren die ἀνάστασις zum wichtigsten Textbestandteil wurde.

Die oben erwähnten unterschiedlichen Elemente werden mit
anderen AT-Texten und mit anderen christologischen Titeln in
Zusammenhang gebracht, die, wie anzunehmen ist, wenigstens
assoziativ mit dem Gebrauch von 2. Sam. 7, 12-14 und dem ὁ υἱὸς τοῦ
θεοῦ-Titel zusammenhängen. Dabei lassen sich folgende Linien aufzeigen:

1. Eine deutliche Verbindungslinie führt von ἀναστήσω zu Ps. 16,
10. Das ist verständlich. Das Wort kann vielerlei Bedeutungen
haben; es wird deshalb in einem ganz bestimmten Sinne erklärt,
und zwar als ἀνάστασις ἐκ νεκρῶν (Röm. 1, 4 [1]; Apg. 2, 24 ff. 31;
13, 33 ff. 37 [2]). Diese Auslegung des vieldeutigen Ausdrucks gibt
Ps. 16, 10, der ebenfalls David zugeschrieben wird (Apg. 2, 25.
29-31), während das Zitat von V. 10 ausdrücklich als Auslegung von
ἀναστήσω angeführt wird: laut Apg. 2, 31 handelt es περὶ τῆς ἀναστάσεως τοῦ Χριστοῦ indes Apg. 13, 34 die Erwähnung von Jes.
55, 3 und Ps. 16, 10 mit den Worten einleitet: ὅτι δὲ ἀνέστησεν
αὐτὸν ἐκ νεκρῶν μηκέτι μέλλοντα ὑποστρέφειν εἰς διαφθοράν, οὕτως
εἴρηκεν.

Die Worte von Ps. 16, 10 sind als Erklärung für ἀναστήσω offensichtlich ein wesentlicher Bestandteil der Argumentation.

Apg. 13, 32-33 gibt eine andere Deutung des Wortes: ,,Wir
verkündigen euch, dass Gott die Verheissung, die unseren Vätern
geschehen ist, an uns, ihren Kindern, erfüllt hat ἀναστήσας Ἰησοῦν
ὡς καὶ ἐν τῷ ψαλμῷ γέγραπται τῷ δευτέρῳ; danach wird Ps. 2, 7
zitiert. Das ist also eine zweite, von ἀναστήσω ausgehende Linie,
die parallel läuft mit 2. Sam. 7, 12-14. Diese Linie führt jedoch,

---

[1] Bedeutet die ἀνάστασις νεκρῶν in Röm. 1, 4 nicht eigentlich die allgemeine Auferstehung? Der übliche Ausdrück dafür lautet ἀνάστασις τῶν
νεκρῶν (Mt. 22, 31), und zwar besonders in bezug auf die tatsächliche
Auferstehung der Toten; ἀνάστασις νεκρῶν hingegen bezeichnet im allgemeinen die Auferstehung der Toten als Möglichkeit (1. Kor. 15, 12.
13. 21) oder als Lehrstück (Apg. 23, 6; 24, 21; Hebr. 6, 2). Es ist in diesem
Zusammenhang interessant, 1. Kor. 15, 42 mit den Versen 12, 13 u. 21,
zu vergleichen. Vielleicht stimmt die Behauptung von SANDAY-HEADLAM,
The Epistle to the Romans (ICC), Edinburgh 1945[5], S. 9-10, ἀνάστασις νεκρῶν
habe die Bedeutung eines Kompositums ,,a dead-rising''. Auf Jesus bezieht
sich der Ausdruck in diesem Sinne nicht nur hier sondern auch Apg. 26, 23.
Röm. 1, 4 gilt er jedenfalls Jesu eigener ,,dead-rising''. Vgl. O. MICHEL,
Der Brief an die Römer, Göttingen 1955, S. 31.

[2] ἤγειρεν ist de facto nicht mehrdeutig.

wie aus Apg. 2, 31.36 erhellt, zu einem neuen Titel, nämlich dem Ps. 2, 2 vorkommenden χριστός [1].

Vielleicht führt noch eine dritte Linie von ἀναστήσω in eine allerdings andere Richtung. Apg. 3, 22 weist nämlich auf Dt. 18, 15 hin, und auch hier ist ἀναστήσει, wie V. 26 zeigt, der Anknüpfungspunkt. Hier klingen womöglich die Worte aus Dt. 18, 15 sowie der Titel προφήτης mit an [2]. Wahrscheinlich ist nicht nur zufällig im gleichen Kontext die Rede von παῖς, (3, 26 ebenfalls in Verbindung mit ἀναστήσας und auf das Zitat von Jes. 52, 13 zurückgreifend). Bringt doch auch 8, 34 das deuterojesajanische Zitat mit ὁ προφήτης in Zusammenhang. In diesem Fall würde also der Titel παῖς θεοῦ nicht in völliger Loslösung von diesem Assoziationskomplex dastehen. Das wird im übrigen bestätigt durch die Tatsache, dass in 4, 27 παῖς in Verbindung gebracht wird mit Ps. 2, 2: τὸν ἅγιον παῖδά σου 'Ιησοῦν ὃν ἔχρισας [3]. Möglich ist allerdings auch, dass die beiden letzterwähnten Linien in keinem Zusammenhang miteinander stehen: unabhängig von 2. Sam. 7, 12-14 formt die letzte dann ein neues und selbständiges Element, wobei sie von der ἀνάστασις ἐκ νεκρῶν ausging, die ja den in der Schrift gesuchten Kernpunkt darstellt.

2. Der zweite Bestandteil, τὸ σπέρμα σου, wird ausdrücklich genannt in Apg. 13, 23; Röm. 1, 3; 2.Tim. 2, 8; de facto nennt ihn auch Apg. 2, 30 (mit Hinweis auf Ps. 89, 5 und 2. Chron. 6, 9 f.), ohne jedoch das Wort als solches zu gebrauchen. Das veranlasst Apg. 13, 23, auf Gottes ἐπαγγελία hinzuweisen sowie auf den christologischen Titel σωτήρ [4], der zusammen mit ἀρχηγός Apg. 5, 31 als ein Auferstehungsprädikat angewendet wird. Ob σωτήρ und τὸ σπέρμα Δαυίδ miteinander zusammenhängen, bleibt fraglich. Das Wort σωτήρ wird eher für die Richter gebraucht (Richt. 3, 9. 15), während in den Psalmen Jahweh stets selbst die Rettung bringt. Hingegen lesen wir 2. Sam. 3, 18 in Bezug auf David: Ἐν χειρὶ τοῦ δούλου μου Δαυὶδ σώσω τον 'Ισραηλ ἐκ χειρὸς ἀλλοφύλων καὶ ἐκ χειρὸς πάντων τῶν ἐχθρῶν αὐτῶν. Der TM führt uns wohl noch

---

[1] Die Kombination κύριον καὶ χριστόν erweckt den Eindruck, als ob diese Linie sich in der Tat durchgesetzt hat.

[2] Vgl. F. GILS, *Jésus Prophète d'après les Evangiles synoptiques*, OBL II, Louvain 1957, S. 33-34.

[3] Apg. 10, 38 enthält wahrscheinlich einen Hinweis auf Jes. 61, 1; hier aber liegt ein direkter Zusammenhang mit χριστός in Ps. 2, 2 sicherlich genauso auf der Hand. Vgl. auch S. 82 Anm. 1.

[4] Vgl. V. TAYLOR, *Names*, S. 107-109; O. CULLMANN, *Christologie*, S. 244-52.

näher an die Apg. 13, 23 heran: ‏בִיד דוד עבדי אושיע את־עמי ישראל‎[1].
Man kann dann die Kombination σωτῆρα 'Ιησοῦν als eine Auslegung von ‏אושיע‎, und σωτήρ als die Interpretation des Namens
'Ιησοῦς betrachten. Doch steht der Zusammenhang zwischen
σωτήρ und τὸ σπέρμα Δαυίδ keineswegs ausser Frage, da 2. Sam. 3, 18
ein allzu zweifelhaftes Zwischenglied darstellt.

3. Das dritte Element, ἑτοιμάσω τὴν βασιλείαν αὐτοῦ (siehe auch
Ps. 89, 5) fehlt, was umso auffallender ist, als auch Ps. 2, 6 vom
βασιλεύς spricht. [2] Das Fehlen dieses Elementes kann kaum Zufall
sein. Wahrscheinlich wurde der Königstitel durch κύριος ersetzt,
(das Jesus vielleicht schon zuvor zugelegt wurde). Das Zitat
von Ps. 110, 1 — das auch mit David in Verbindung gebracht wird
— schliesst in Apg. 2, 33-35 fast unmittelbar an, indes der auferstandene Jesus 2, 36 in einem Atemzug κύριος und χριστός genannt
wird. Jesus ist auch Röm. 1, 4 ὁ κύριος ἡμῶν (vgl. Phil. 2, 11).

4. Apg. 2, 30 spricht von Davids Thron (mit Hinweis auf Ps. 89, 5
u. 132, 11). Das καθίσαι auf Davids Thron wird in den Versen 32-34
als ein καθῆσθαι zur Rechten Gottes interpretiert. Das führt
wiederum zu Ps. 110, 1[3]. Somit hätten wir einen zweiten Hinweis
darauf, dass der Name κύριος und Ps. 110, 1 Teile des Assoziationskomplexes von 2. Sam. 7, 12-14 ausmachen.

5. Υἱός kommt lediglich Apg. 13, 33 und Röm. 1, 4 vor. In
ersterer mit dem ausdrücklichen Hinweis auf Ps. 2, 7. So ergibt
sich eine zweite Verbindungslinie zu χριστός in Ps. 2, 2.

Der 2. Psalm gehört also eindeutig zu den mit 2.Sam. 7, 12-14
zusammenhängenden Texten. Man darf ihn daher als eine se-
kundäre Reminiszenz betrachten, die auf einer Ebene steht mit
Ps. 89, 4-5; 132, 11; 2. Chron. 6, 9 f. Aber Hebr. 1, 5 bezeugt, dass
er als äquivalenter Text neben 2. Sam. 7, 14 steht, während aus
Apg. 4, 25 ff. hervorgeht, dass Ps. 2 das Zentrum eines eigenen
Assoziationskomplexes ausmacht. Deshalb muss auch dieser
Komplex analysiert werden.

Aus Apg. 4, 25 ff. erhellt, dass sich V. 1-2 auf die Passion beziehen;
überdies enthalten sie den wichtigen Titel χριστός, auf den ὅν ἔχρι-

---

[1] Es ist gewiss von Bedeutung, dass David in diesem Zusammenhang ‏עבד‎
genannt wird. Vgl. S. 82 Anm. 1.
[2] Vgl. K. L. SCHMIDT, s.v. βασιλεύς, ThWNT I, S. 578 ff.; V. TAYLOR,
Names, S. 75-77.
[3] S. auch Apg. 5, 31; 7, 55; Eph. 1, 20; Kol. 3, 1; Hebr. 1, 3; 10, 12;
1. Petr. 3, 22.

σας (4, 27)[1] vermutlich anspielt[2]. Der Aorist weist auf ein ein-
maliges Geschehen hin, das der Verschwörung der Gegner Jesu
voranging. Dies schliesst bei 10, 38 an, wo von einer der Taufe
folgenden Salbung mit dem Heiligen Geist und mit Kraft die Rede
ist. Hingegen wird 2, 36 χριστός als ein Titel erwähnt, den Jesus
bei seiner Verherrlichung empfängt.

Nicht nur V. 3-5, sondern auch V. 6, wo die Einsetzung zum
βασιλεύς ausdrücklich erwähnt wird, spielen hier keine Rolle.
Doch ist die Vermeldung vom Zion vielleicht nicht ohne Bedeutung,
weil er in den Psalmen des öfteren eben der Ort ist, von dem
Jahwehs Rettung ausgeht (9, 15; 14, 7; 20, 3; 43, 5; 53, 7); deshalb
steigert seine Vermeldung die Wahrscheinlichkeit, dass auch σωτήρ
zu den Assoziationen gehört[2].

Vers 7 wird genauso wie die Verse 1-2 ausdrücklich zitiert, und
zwar Apg. 13, 33. Diese Erwähnung bedeutet eine Interpretation
der ἀνάστασις. Wahrscheinlich heisst das, dass ἐγὼ σήμερον γεγέννηκά
σε auf die Auferstehung bezogen wird. Ebenfalls in direktem
Zusammenhang mit der Auferstehung kommt der Name υἱός Röm.
1, 4 vor. Auch muss erwähnt werden, dass υἱός μου zu υἱὸς θεοῦ
umgeformt wurde: ein wichtiger Schritt, weil dadurch das Schrift-
wort zu einem theologischen Terminus technicus verarbeitet wurde.

Die Kombination dieser beiden Assoziationsgruppen ergibt ein

---

[1] Namentlich Apg. 4, 27 rechtfertigt die Frage, ob man den Titel παῖς
θεοῦ ausschliesslich mit Deuterojesaja in Zusammenhang bringen muss.
Der Name ὁ υἱὸς τοῦ θεοῦ weist jedenfalls auf einen Assoziationskomplex
hin, in dem Davids Gestalt ein wichtiges Element ist. Das gleiche lässt sich
von παῖς θεοῦ sagen. Wird David doch auch Apg. 4, 25 so genannt, indes aus
Did. 9, 2-3 erhellt, dass das nicht ungewöhnlich ist. In diesem Zusammenhang
ist die Kombination der Apg. 4, 27, τὸν ἅγιον παιδά σου Ἰησοῦν ὃν ἔχρισας,
aufschlussreich. Weist doch das letzte Wort wahrscheinlich auch auf die
Sphäre des Königtums hin. Χρίειν wird, abgesehen vom Hohenpriester,
den Priestern und den Kultgegenständen, vornehmlich in bezug auf den
König gebraucht; es gilt nur einmal einem Propheten (1. Kön. 19, 16), indes
Jes. 61, 1 einen Ausnahmefall darstellt. Man muss also bei der Interpretation des christologischen Titels παῖς θεου in Rechnung stellen, dass auch mit
ihm auf David hinweisende Assoziationen verbunden sind. Das will natürlich
nicht besagen, dass man παῖς mit υἱός gleichstellen darf. Ersteres Wort
legt die Betonung viel mehr darauf, dass der Beteiligte im rechten Verhältnis
zu Gott steht und akzentuiert den moralischen Aspekt. Ὁ ἅγιος παῖς stellt
deshalb auch eigentlich eine Tautologie dar (Apg. 4, 27. 30). Nach A. VON
HARNACK, Knecht Gottes S. 217, wird παῖς durch ἅγιος zu einem messianischen
Begriff, weil Lukas durch diese Kombination einen Unterschied zwischen
Jesus und David machen will, a.a.O. S. 235.

[2] vgl. S. 80-81.

recht kompliziertes Totalbild. Im Mittelpunkt steht die Überzeugung, dass Gott seine Verheissung an David durch die Auferweckung Jesu vom Tode erfüllt habe. Jesus ist deshalb auch (aus) Davids Same(n). Aber erst durch seine Erhöhung nimmt er auf Davids Thron Platz — d.h. an Gottes rechter Seite — und erhält die Titel: ὁ υἱὸς τοῦ θεοῦ, κύριος, χριστός, wahrscheinlich auch σωτήρ.

Es ist keineswegs sicher, dass somit alle Assoziationen genannt wurden. Nur schwer lässt sich feststellen, was nicht zu diesem Assoziationskomplex gehörte. Aber man darf jedenfalls behaupten, dass es für die Vorstellung einer Generatio divina vor Jesu Auftreten als σπέρμα Δαυίδ keinerlei Spuren gibt. So wie er erst durch die Auferstehung als κύριος und χριστός eingesetzt wurde, wurde er auch durch sie erst als υἱὸς τοῦ θεοῦ eingesetzt [1]. Somit deutet dieser Titel an erster Stelle darauf hin, dass Jesus der messianische König aus dem Geschlechte Davids ist. Das verdeutlicht zugleich das Glaubensbekenntnis in Röm. 1, 3-4: es zeigt nämlich, dass Jesus weder Königtum noch Sohnschaft seiner davidischen Abstammung entlieh — mag diese auch nicht ohne Bedeutung gewesen sein — sondern seiner Inthronisation, d.h. seiner Auferweckung und Erhöhung zur Rechten Gottes. Selbst für die Vermutung einer Generatio divina fehlt jedes positive Indiz, während auch nichts auf eine ‚connaturalitas' mit Gott hinweist. Im Titel ὁ υἱὸς τοῦ θεοῦ wird υἱός nicht an erster Stelle als eine genaue Umschreibung des Gott-Jesu-Verhältnisses betrachtet. Man muss die Bezeichnung als ein Ganzes verstehen; sie zeigt dann vornehmlich Jesu Stellung innerhalb der Heilsgeschichte und seine Bedeutung für die Gemeinde, so wie das auch mit χριστός, κύριος, oder σωτήρ der Fall ist. [2] Sie deutet eher eine Funktion als eine Seinsweise an.

2. URKIRCHLICHER ADOPTIANISMUS?

Zeigt diese Interpretation des Titels nahe Verwandtschaft mit der späteren adoptianischen Vorstellung? Die Bezeichnung „Sohn Gottes" war auch bei den Ebioniten gebräuchlich: das bezeugen sowohl die wenigen überlieferten Fragmente der ebionitischen

---

[1] Das kommt sogar Hebr. 1, 3-5 noch zum Ausdruck: ἐκάθισεν ἐν δεξιᾷ . . . τοσούτῳ κρείττων γενόμενος τῶν ἀγγελῶν.

[2] Obiges macht deutlich, wie sehr diese verschiedenen Titel miteinander verbunden sind, und dass ihre Assoziationskomplexe sich teilweise überschneiden.

Evangelienausgabe [1] als auch andere ihnen zugeschriebene Schriften [2]. Aber sie gaben ihr einen Inhalt, der sich wesentlich von dem, was die Kirche darüber lehrte, unterschied. Schon Justin erwähnt Juden, die Jesus zwar für den Messias halten, aber seine Präexistenz leugnen und im Gegenteil meinen, Jesus von Nazareth sei durch Gottes Auserwählung als Messias und Gottessohn eingesetzt worden [3]. Mit Recht sieht man darin die geistige Kennzeichnung der ebionitischen Judenchristen, deren Hauptmerkmal stets ihre adoptianische Christologie war [4]. Sie wollten, genauso wie die von Justin erwähnten Juden, zugleich Juden und Christen sein; deshalb hielten sowohl Juden wie Christen sie für Ketzer [5].

Wichtig ist die Frage, wo diese halbjüdische, halbchristliche Sekte wurzelt. H. J. SCHOEPS erweckt den Eindruck, als ob er im NT selbst starke adoptianische Tendenzen unterscheide; so folgert er u.a. aus Apg. 2, 22: sowohl die Urgemeinde als später auch die Ebioniten hätten Jesus anfänglich für einen ψιλὸς ἄνθρωπος gehalten. Er meint daher: „Die Frage, ob die Grosskirche oder die Ebioniten mehr die christologischen Auffassungen der jerusalemer Urgemeinde repräsentiere, ist keineswegs eindeutig im ersteren

---

[1] Und zwar das Fragment der Taufgeschichte, bei E. PREUSCHEN, *Antilegomena, Die Reste der ausserkanonischen Evangelien und urchristlichen Überlieferungen*, Giessen 1905[2], S. 11; und Petri Glaubensbekenntnis, Eb. Ev. Nr. 38, bei E. HENNECKE, *Neutestamentliche Apokryphen*, Tübingen 1924[2], S. 47.

[2] z.B. des Clemens Homiliae et Recognitiones, s. H. J. SCHOEPS, *Theologie und Geschichte des Judenchristentums*, Göttingen 1949, S. 74; oder die judenchristliche Schrift, die laut H. SAHLIN, *Der Messias und das Gottesvolk*, ASNTU XII, Uppsala 1945 u. *Studien zum dritten Kapitel des Lukas-Evangeliums*, Uppsala Universitets Årsskrift 1949 I, 2, Leipzig-Uppsala 1949, die Grundlage der ersten Kapitel des Lukas ist.
Die Tatsache, dass man innerhalb der ebionitischen Kreise am „Sohn Gottes"-Titel festhielt, spricht gegen hellenistische Einflüsse: widersetzten sich doch gerade die Ebioniten allen hellenistischen Vorstellungen.

[3] Dial. c. Tryph. cap. 48-49; s. A. HARNACK, *Judentum und Judenchristentum in Justins Dialog mit Trypho*, TU 39, 1 Leipzig 1913, S. 72 Anm. 2 und S. 89. Obschon Justin nicht immer glaubwürdig ist, halt man doch seine Darstellung der jüdischen und judenchristlichen Positionen für zuverlässig; vgl. A. HARNACK, a.a.O. S. 90-91 und G. LINDESKOG, *Die Jesusfrage im neuzeitlichen Judentum*, Uppsala 1938, S. 10-11. Auch Epiphanius spricht im gleichen Sinne über die Ebioniten: Panarion XXX, 16, zitiert bei J. DANIÉLOU, *Théologie du Judéo-Christianisme*, Tournai 1958, S. 60-61.

[4] vgl. H.-J. SCHOEPS, *Theologie* S. 71-74; *Die ebionitische Wahrheit des Christentums*, Essays Dodd, S. 116-117; J. DANIÉLOU, *Théologie* S. 75.

[5] H. J. SCHOEPS, *Theologie* S. 315-325.

Sinne zu beantworten" [1] Man warf ihm deshalb auch vor, er habe ebionitische Auffassungen allzu einfach auf die Urkirche zurück-projiziert [2]. Aber selbst wenn sich die christologischen Überzeugungen der Ebioniten mit denen der Urkirche nicht identifizieren lassen, ist ein Zusammenhang der beiden doch a priori äusserst wahrscheinlich; man kann daher SCHOEPS nur zustimmen, wenn er an anderer Stelle schreibt: „. . . alle Divergenzen der Folgezeit sind in der Urgemeinde bereits potentiell angelegt gewesen. Wie der Marcionitismus auf bestimmte paulinische Positionen oder die spätere Gnosis teilweise auf das johanneische Schrifttum zurück-verweisen, so hat auch der Ebionitismus des 2. und 3. Jahrhunderts seine Verankerung in Lehrpositionen, die innerhalb der Urgemeinde vertreten wurden . . . Uns ist hier nun die Feststellung wichtig, dass auch der Ebionitismus des 2. Jahrhunderts so gut wie die werdende katholische Kirche auf die Urgemeinde als den gemein-samen Mutterboden zurückblicken darf." [3] So ist z.B. deutlich, dass die fanatische Gesetzestreue der Ebioniten zusammenhängt mit der Überzeugung bestimmter urkirchlicher Gruppen, die des öfteren in Konflikt gerieten mit Paulus [4]. Es ist gewiss kein Zufall, dass Paulus darauf hinweist, seine Gegner würden durch die An-erkennung der Gesetzesverpflichtung die soteriologische Bedeutung vom Tode Jesu in Abrede stellen [5], indes gerade die Ebioniten diese in der Tat abweisen [6]. Also ist es von Belang, die christologischen Positionen der Ebioniten mit denen der Urgemeinde zu vergleichen.

Nachfolgende *Übereinstimmungen* seien in diesem Zusammenhang genannt:

1. Weder bei den Ebioniten noch im Kerygma der Urgemeinde lässt sich eine an Jesu Kreuzestod anknüpfende Soteriologie aufwei-sen. Die im Kerygma angekündigte Erlösung und Rettung wird näm-lich nirgends mit Jesu Tod verbunden. Die Erlösung ist ein

---

[1] *Theologie* S. 71; ähnlich S. 72; 126; 132. Zutreffender S. 256: „Die Urgemeinde . . . war judenchristlich. Dieser Satz ist so lange richtig, als man ihn im genetischen Sinne versteht. Fasst man ihn inhaltlich und geht man vom Begriff des späteren Judenchristentums oder Ebionitismus aus, wird er falsch und führt zu schweren Begriffsverwirrungen."

[2] Besonders W. G. KÜMMEL, *Theologie und Geschichte des Judenchristen-tums*, STh III (1951), S. 188-94; und: *Das Urchristentum*, ThR 22 (1954) S. 147-50.

[3] *Theologie* S. 257.

[4] Apg. 15, 1; 21, 20-21; Röm. und Gal. passim.

[5] Gal. 2, 21.

[6] vgl. H. J. SCHOEPS, *Theologie* S. 76-77; J. DANIÉLOU, *Théologie* S. 75.

Freispruch seitens Jesu, der an Gottes rechter Seite als Richter über Lebende und Tote thront: Apg. 4, 10-12; 10, 42-43; 13, 38-41; 5, 31 (vgl. Röm. 4, 25b) [1]. Die einzige Ausnahme bildet 1. Kor. 15, 3, aber deshalb gerade muss man ὑπὲρ τῶν ἁμαρτιῶν ἡμῶν für eine Hinzufügung des Paulus halten [2].

2. Die Lehre von der Präexistenz fehlt in den Zusammenfassungen der ältesten Verkündigung genauso wie bei den Ebioniten. [3]

3. Sowohl die Ebioniten als die uns zur Verfügung stehenden Texte aus der ältesten Periode bezeugen, dass der Mensch Jesus als Sohn Gottes eingesetzt worden ist. Das geschah in der Verkündigung der Urgemeinde bei der Auferstehung, laut der Auffassung der Ebioniten bei der Taufe [4].

4. Die Ebioniten glauben nicht an Jesu jungfräuliche Geburt [5]. Im ältesten kerygmatischen Textmaterial wird sie nicht erwähnt.

5. Man zeigt keinerlei Interesse für die Geschehnisse, die Jesu Taufe im Jordan vorangehen. [6]

Aber man muss ebenfalls zwei wichtige *Unterschiede* beachten:

1. Man darf behaupten, dass die Urgemeinde die eben genannten Punkte noch nicht gekannt hat. Das war bei den Ebioniten nicht der Fall: hier handelt es sich nicht um Unkenntnis, sondern um Verneinung. Der bedeutsamste Unterschied liegt daher auch in der Negation. Die Ebioniten leugnen ausdrücklich, dass Jesus in einem anderen als adoptiven Sinne Gottes Sohn ist, dass er mehr als ein ἄνθρωπος ἐξ ἀνθρώπων ist, dass er von einer Jungfrau geboren wurde.

2. In bezug auf Jesu Einsetzung als Sohn Gottes ist es gewiss von Bedeutung, dass man diese auf zwei verschiedene Zeitpunkte verlegt. Sie findet für die Ebioniten bei Jesu Taufe, für die Urgemeinde bei Jesu Erhöhung statt. Die Urgemeinde bestreitet ausserdem nicht, dass Jesus schon vor seiner Einsetzung irgendwie Gottes Sohn war — ganz im Gegensatz zu den Adoptianern, die gerade in der Tauf-Epiphanie das Adoptionsmoment sehen [7].

---

[1] Anders W. G. KÜMMEL, STh a.a.O., S 192.

[2] vgl. S. 42 f., 48, 59 f.; H. J. SCHOEPS, *Theologie* S. 76-77.

[3] vgl. S. 83; vgl. H. J. SCHOEPS' Ausführungen über die Ebioniten, *Theologie*, S. 72-75.

[4] vgl. J. DANIÉLOU, *Théologie* S. 247-55; 68-69; H. J. SCHOEPS, a.a.O. S. 73-75; 462.

[5] vgl. H. J. SCHOEPS, *Theologie* S. 73; 75; 462.

[6] a.a.O. S. 75-76.

[7] Man kann hieraus schliessen, dass diejenigen, die sich späterhin absonderten und Ebioniten genannt wurden, der christologischen Entwicklung

Schon allein diese Tatsache beweist, dass Jesus nach den Ebioniten überhaupt nicht in ausschliesslicher Weise als „Gottes Sohn" bezeichnet werden kann. Dürfen doch alle, die die Taufe empfingen, in demselben Sinne so genannt werden. [1] Deshalb spielt in ihrem System die Taufe Jesu und die mit ihr verbundene Epiphanie eine grosse Rolle: den Tag, an dem diese stattfand, betrachten sie als Jesu 'dies natalis', an dem er zu dem wurde, was er eigentlich ist. Verbindet man jedoch Jesu Einsetzung als Gottes Sohn mit seiner Erhöhung an Gottes rechte Seite, so kommt ihm dieser Name in einmaliger Weise zu.

Das ebionitische Material führt uns zu einer entscheidenden Streitfrage der ältesten Theologie. Sie kommt vornehmlich in der negativen Einstellung zu Lehrsätzen zum Ausdruck, welche die damalige Kirche allgemein anerkannte: besonders dem der Prä-existenz. Deutlich ist, dass die diesbezüglichen Auffassungen schon während dieser Phase auseinandergingen. Ohne Zweifel beschritt man jedoch vor dieser Scheidung zeitweilig den gleichen Weg. Man kann deshalb im Adoptianismus ein Abfallprodukt der ersten christologischen Besinnung erblicken, die einerseits zur Lehre von der Präexistenz, andrerseits zum Adoptianismus führte. Zuvor muss aber dieses Abfallprodukt irgendwie zum Ganzen hinzugehört haben. Das heisst in unserem Fall, dass es in der Entwicklung der christologischen Auffassungen ein Stadium gegeben haben muss, wo die Präexistenz und die Connaturalitas Jesu so wenig im Vorder-grund standen, dass auch die späteren Adoptianer — (die damals diese Lehren noch nicht leugneten) — ihren Platz innerhalb der Kirche finden konnten. Das setzt voraus, dass diese Fragen an-fänglich noch nicht zur Sprache kamen und innerhalb einer ge-wissen Periode weder gelehrt noch geleugnet wurden. W. H. P.

---

der Urgemeinde bis zu diesem Punkte folgten. Die Überzeugung, Jesu Ein-setzung als Christus und Gottessohn sei anlässlich seiner Auferstehung gesche-hen, wurde wahrscheinlich sehr bald dahingehend abgewandelt dass man fol-gerte, Jesus sei schon seit seiner Taufe Christus und Gottes Sohn gewesen, Apg. 10, 38. Sie schlossen sich einer weiteren Entwicklung nicht an, entweder weil sie sich in der Zwischenzeit abgespaltet hatten, oder weil sie innerhalb der Kirche auf ihrem heterodoxen Standpunkt beharrten.

[1] Ich fand hierfür keine diesbezüglichen Texte. Ein indirekter Zusammen-hang zwischen Gottessohnschaft und Taufe erhellt aus Eb. Ev. Nr. 42, HENNECKE, a.a.O. S. 47: „Der Vater, der dem Sohn die Hochzeit bereitete . . befahl uns, ein reines Hochzeitskleid anzulegen, welches ist die Taufe . . . und die Guten zum Mahle Gottes zu führen."

HATCH bemerkte dazu: „How the authority of Jesus and that of God were related to each other was one of the questions which were necessarily left for a later generation to solve. It was probably not a pressing problem in the early period. . .''. [1]

In diesem Zusammenhang sei kurz darauf hingewiesen, dass die Irrlehre des Adoptianismus nur bei Christen jüdischer Herkunft denkbar ist, die Jesus als Mensch gekannt oder zumindest keinen Grund hatten, an der Realität seines Menschseins zu zweifeln. Ist doch Jesu menschliche Existenz ihr Ausgangspunkt. Der Adoptianismus ist ein typischer Irrtum von Juden, die den Menschen Jesus von Nazareth für den Messias halten, während ihre jüdischen Auffassungen sie allerdings daran hindern, in ihm mehr als einen ἄνθρωπος ἐξ ἀνθρώπων zu sehen.

Alles das trägt zur Wahrscheinlichkeit bei, dass es in der ältesten Christologie Anregungen sowohl zur späteren Präexistenz-Lehre als zum Adoptianismus gab. Aber erstere haben keinen unmittelbaren Zusammenhang mit dem „Sohn Gottes''-Titel gehabt [2]. Lassen sich dann vielleicht im Assoziationskomplex dieses Namens Elemente aufweisen, die die Entwicklung des Adoptianismus förderten? Die Tatsache, dass die Ebioniten für diesen Titel eine gewisse Vorliebe an den Tag legten, scheint das zu bestätigen. Zwei Elemente können diese Vorliebe begünstigt haben. Einmal die Tatsache, dass auch die Urgemeinde die Einsetzung als Sohn Gottes mit einem bestimmten Moment aus Jesu Leben verbindet. Zum anderen aber, dass man in diesem Namen vornehmlich eine Funktion angedeutet sieht, nämlich die des messianischen Königs, der auf Davids Thron Platz nimmt.

Rechtfertigt das eine adoptianische Interpretation vom „Sohn Gottes''-Titel? Gewiss nicht. Impliziert der ebionitische Adoptianismus doch eine Anzahl nachdrücklicher Verneinungen, wie man sie innerhalb der ältesten Christologie nicht antrifft. Auch Apg. 2, 22

---

[1] *The primitive christian message*, JBL 58 (1939), S. 7. Deshalb ist H. J. SCHOEPS' Auffassung, *Theologie* S. 78, weniger zutreffend: „Im Grunde sind die Ebioniten so nur auf einer früheren Stufe der Christologie stehen geblieben . . . während die Grosskirche auf Grund anderer in der Urgemeinde auch vorhandener christologischer Ansätze sich weiter- und vom Ursprung weiter weg entwickelt hat.'' Auch der ebionitische Adoptianismus kennt eine Entwicklung, die sich in bezug auf die Christologie allerdings in vielen Hinsichten längs negativen Stationen vollzieht.

[2] S. 83. Der Kyrios-Name spielte dabei wahrscheinlich eine entscheidende Rolle.

klingt nur positiv und schliesst nicht aus, dass man in Jesus mehr
sehen kann als einen Mann, von Gott beglaubigt durch Krafttaten,
Wunder und Zeichen, die Gott durch ihn vollbracht hat. Der im
Adoptianismus zu einem Abschluss gekommene Weg steht hier
noch offen.

DRITTER TEIL

DIE GOTTESSOHNSCHAFT JESU
IN SEINEN SYNOPTISCHEN SELBSTAUSSAGEN

ERSTES KAPITEL

GOTT ALS VATER

1. Die Texte. — 2. Authentizität und Tradition. — 3. Jesu Sprachgebrauch und der des ATs und des Judentums. — 4. Der Zusammenhang mit der Verkündigung Jesu.

1. DIE TEXTE

Da υἱός eine korrelative Bezeichnung ist, muss man zum richtigen Verständnis ihres Gebrauchs das Korrelat „Vater" in die Untersuchung einbeziehen [1]. Über die Art und Weise, wie Jesus Gott seinen Vater nannte, erschienen zwar im Laufe der letzten Jahrzehnte mehrere Arbeiten [2], führten aber nicht zu gleichlautenden Ergebnissen; eine erneute Untersuchung bleibt also erforderlich. Ihr Ausgangspunkt muss eine möglichst vollständige Übersicht über die diesbezüglichen Texte gewähren, wie sie nachfolgendes Verzeichnis anführt [3].

---

[1] So u.a. V. TAYLOR, *The Names*, S. 56; W. GRUNDMANN, *Sohn Gottes*, ZNW 47 (1956) S. 126-28; O. CULLMANN, *Christologie*, S. 296.

[2] U.a. A. L. WILLIAMS, „*My Father*" *in Jewish Thought of the First Century*, JThS 31 (1930) S. 42-47; T. W. MANSON, *The Teaching of Jesus*, S. 89-115; G. KITTEL, Art. ἀββᾶ ThWNT I, S. 4-6; E. G. SELWYN, *The Father's Name*, Theology 27 (1933) S. 184-89; J. JEREMIAS, *Abba*, ThLZ 79 (1954) S. 213-14; S. V. McCASLAND, *Abba Father*, JBL 72 (1953) S. 79-91; H. F. D. SPARKS, *The doctrine of divine fatherhood in the gospels*, Studies Lightfoot, S. 241-62; H. W. MONTEFIORE, *God as Father in the synoptic gospels*, NTS 3 (1956) S. 31-46; G. SCHRENK, Art. πατήρ, ThWNT V S. 981-1016.

[3] Andere, z.T. tabellarische Übersichten: G. DALMAN, *Worte Jesu*, S. 155-56; J. C. HAWKINS, *Horae Synopticae*, S. 31; T. W. MANSON, *Teaching of Jesus*, S. 94-100; E. G. SELWYN, a.a.O. S. 191-92; F. JACKSON-K. LAKE, *The Beginnings of christianity*, I, London 1942[3], S. 402 Anm. 1; H. F. D. SPARKS, a.a.O. S. 243-50; V. TAYLOR, *The person of Christ*, London 1958, S. 150. Besonders interessant ist TAYLORS Verzeichnis, wenn man die κύριος und υἱός betreffenden Tabellen damit vergleicht (a.a.O. S. 144 u. S. 147). Daraus erhellt, dass κύριος häufig in den Briefen steht, υἱός in den Evangelien etwa ebensooft wie in den Briefen erscheint, während πατήρ immer wieder in den Evangelien vorkommt und in den Briefen zwar geregelt, dann aber vornehmlich in feststehenden Formulierungen erwähnt wird. Schon deshalb ist das Wort in den Logien aller Wahrscheinlichkeit nach authentisch.

	1 ἀββά	2 ὁ πατήρ (Vok.)	3 πάτερ	4 πάτερ μου	5 ὁ πατήρ	6 ὁ πατήρ μου/αὐτοῦ	7 ὁ πατήρ μου ὁ ἐν (τοῖς) οὐρανοῖς	8 ὁ πατ μου οὐράν
Mk		Mk 14,36^G Mk 14,36^G (Rm 8,15; Gal 4,6)	Lk 22,42	Mt 26,39	Lk 9,26 ⸻ Mk 13,32^J / Mt 24,36	Mk 8,38^{JM} / Mt 16,27 / Mt 20,23 ⸻ Mt 26,29	Mt 12,50	
Mt und Lk		Mt 11,26^G × Lk 10,21^G	Lk 11,2 ⟶ Mt 11,25^G × Lk 10,21^G		Lk 11,13^J ⟶ Mt 11,27? bis × Lk 10,22?	Mt 11,27? × Lk 10,22?	Mt 10,32^J / Mt 10,33^J	
Mt				26,42^G	28,19^J	25,34^J / 26,53^J	7, 21^B / 16,17^J / 18,10^J / 18,19^J	15,13 / 18,35
Lk			23,34^G / 23,46^G			2,49 / 22,29^J / 24,49^J		

J: Jünger; M: Menge; G: Gebet; B: Bergpredigt; s. S. 110 ff.

9 πατὴρ ὑμῶν	10 ὁ πατὴρ ὑμῶν ὁ ἐν τοῖς οὐρανοῖς	11 ὁ πατὴρ ὑμῶν ὁ οὐράνιος	12 ὁ πατὴρ αὐτῶν	13 ὁ πατὴρ σου	14 ὁ πατὴρ ἡμῶν ὁ ἐν τοῖς οὐρανοῖς	15 Paralleltexte ohne πατήρ
	Mk 11,25^J					Mk 3,35; Lk 8,21: τοῦ θεοῦ Mk 10, 40: Passiv Mk 14,25; Lk 22,18: τοῦ θεοῦ
6,36^B 12,30^J 12,32^J 10,20^J 10,29^J	Mt 5,45^B Mt 7,11^J	Mt 5,48^R Mt 6,26^B Mt 6,32^B			Mt 6,9^B	Lk 6,35: υἱοὶ ὑψίστου אבונן דבשמיא;אבינו Lk 12,24: ὁ θεός שבשמים Mt hat diesen Vers nicht Lk 12,12: το ἅγιον πνεῦμα Lk 12, 6: ὁ θεός Lk 12, 8: ἄγγελοι τοῦ θεοῦ Lk 12, 9: ἄγγελοι τοῦ θεοῦ
6,8^B 6,15^B	5,16^B 6,1^B 18,14^J	6,14^B 23,9^J	13,43^J	6,4^B 6,6^B bis 6,18^B bis		

Die unterstrichenen Texte sind aller Wahrscheinlichkeit nach primär.

2. Authentizität und Tradition.

1. Aus Spalte 15, wo u.a. die Paralleltexte stehen, in denen das Wort „Vater" fehlt, geht hervor, dass Mt. in den an Hand von Mk. und Lk. zu kontrollierenden Texten „Vater" des öfteren hinzugefügt hat. Das ist in den mit Mk. gemeinsamen Logien dreimal der Fall, nämlich Mt. 12, 50; 20, 23; 26, 29. Wahrscheinlich ist Mt. in all diesen Fällen als sekundär zu betrachten. Man darf zweimal die Lesung τοῦ θεοῦ für die ursprüngliche halten, weil auch die Paralleltexte des Lukas sie aufzeigen: Mk. 3, 35/Lk. 8, 21; Mk. 14, 25/Lk. 22, 18 [1]. Mk. 10, 40 gibt die Worte von Mt. 20, 23 ohne „Vater" und in passiver Version wieder. Dies war in der zeitgenössischen jüdischen Literatur zur Andeutung Gottes gebräuchlich, ohne dass sein Name dabei verwendet wurde. Überdies wird in den semitischen Sprachen die handelnde Person beim Passiv gewöhnlich nicht genannt; man hat somit Anlass genug, um in den Worten ὑπὸ τοῦ πατρός μου eine Hinzufügung von Mt. zu vermuten und die Formulierung in Mk. 10, 40 als primitiv zu betrachten [2].

Einer ähnlichen Situation begegnen wir in den Logien, die Mt. mit Lk. gemein hat. Bei Mt. steht sechsmal „Vater", während das Wort in den entsprechenden Lukanischen Stellen fehlt: Mt. 5, 45; 6, 26; 10, 20. 29. 32. 33. Nach obigen Ausführungen darf man hier a priori von Hinzufügungen des Mt. sprechen. [3] Mt. 5, 45 steht allerdings den ursprünglichen Worten ihrer gemeinsamen Quelle näher als Lk. 6, 35, wo von υἱοὶ ὑψίστου die Rede ist. Aus der Statistik geht hervor, dass ὕψιστος zu den von Lk. bevorzugten Worten gehört [4]. Auch Lk. 12, 12 steht anscheinend den ursprünglichen Worten ferner als Mt. 10, 20 [5]. Andrerseits trägt Lk. 12, 8-9 primitivere Züge als Mt. 10, 32-33. Lk. spricht dort nämlich zweimal von den ἄγγελοι τοῦ θεοῦ. Die Tatsache, dass die Engel in der Eschatologie eine Rolle spielen, schliesst an zeitgenössische jüdische Vorstellungen an. Mt. betont daher im allgemeinen diese Rolle selbstverständlich stärker als Lk.; siehe Mt. 13, 39. 41. 49; 16, 27; 24, 31. 36; 25, 31. 41; Lk. 9, 26; 15, 10. Dass Lk. den Text dementsprechend umgebogen hat, ist unwahrscheinlich. Die Situation dieser Logien ist also eine sehr komplexe: während Mt. wohl des

---

[1] G. Schrenk, ThWNT V S. 987 Anm. 261.
[2] vgl. Jouön § 132 c; G. Schrenk ebd.
[3] So auch H. F. D. Sparks, *Divine fatherhood*, S. 248.
[4] 1 / 2 / 7 / — / 2 / Hebr. 1 /, R. Morgenthaler, *Statistik*, S. 152; vgl. Sparks ebd.; G. Schrenk a.a.O. S. 985 u. Anm. 253.
[5] Vgl. Sparks ebd.

öfteren „Vater" hinzufügte (Mt. 10, 32-33), hat Lk. manchmal
darauf verzichtet (Lk. 6, 35; 12, 12). Hinsichtlich der anderen
Texte muss man sich auf Vermutungen beschränken. Unabhängig
davon lassen sich im ganzen fünf Stellen aufzeigen, in denen Mt.
„Vater" hinzufügte, indes auch in den Logien seines Sondergutes
„Vater" als Gottesbezeichnung auffallend häufig vorkommt. Mit
Recht darf deshalb festgestellt werden, dass Mt. seine Quellen hier
nicht wörtlich wiedergibt, sondern nach eigenem Gutdünken bearbeitet. [1]

Vornehmlich auf Grund der 14 spezifizierten Spalten des Verzeichnisses lassen sich Schlussfolgerungen über die Authentizität
dieses Sprachgebrauchs ziehen. Im folgenden soll untersucht
werden, inwieweit „Vater" in einer bestimmten Kombination
wahrscheinlich unauthentisch, zweifelhaft oder authentisch ist.

2. *Wahrscheinlich nicht authentisch:*

a. ὁ πατήρ μου ὁ οὐράνιος   (Spalte 8)

  ὁ πατὴρ ὑμῶν ὁ οὐράνιος   (Spalte 11)

In diesem Zusammenhang kommt das Adjektiv οὐράνιος lediglich
bei Mt., sonst aber in keiner Traditionsschicht vor. Das uns zur
Verfügung stehende Vergleichsmaterial ergibt, dass Lk. einmal
ὁ θεός (12, 24) und zweimal ὁ πατὴρ ὑμῶν ohne οὐράνιος (6, 36 und
12, 30) verwendet, indes Mt. 6, 14 wahrscheinlich mit Mk. 11, 25
zusammenhängt — auch wenn man hier nicht von einer echten
Parallele sprechen darf —, wo ὁ πατὴρ ὑμῶν ὁ ἐν τοῖς οὐρανοῖς
steht. Es handelt sich hier wohl um eine Hinzufügung oder Veränderung des Mt. [2], der vermutlich das semitisch klingende ὁ ἐν
τοῖς οὐρανοῖς gräzisieren wollte.

b. ὁ πατήρ μου ὁ ἐν (τοῖς) οὐρανοῖς (Spalte 7)

Auch diese Kombination findet sich lediglich bei Mt.; in den
Fällen, wo uns Paralleltexte zur Verfügung stehen, ist in diesen
vom „Vater" überhaupt nicht die Rede (10, 32. 33; 12, 50). Am
sekundären Charakter der Mt.-Version lässt sich niemals zweifeln.
Es ist deshalb unwahrscheinlich, dass Jesus Gott „ὁ πατήρ μου ὁ ἐν
(τοῖς) οὐρανοῖς" nannte. [3] Somit muss G. SCHRENKS Konklusion,
„Jesus wird sowohl „Vater" wie „Vater in den Himmeln" gesagt

---

[1] S. z. B. T. W. MANSON, *Teaching* S. 99-100; K. LAKE-F. JACKSON,
Beginnings I S. 402.

[2] vgl. J. C. HAWKINS, *Horae synopticae* S. 7 (59), 31; W. GRUNDMANN, *Die
Gotteskindschaft Jesu*, Weimar 1938 S. 62.

[3] vgl. G. DALMAN, a.a.O. S. 157.

haben" [1], genauer untersucht werden. Für den Ausdruck „Mein Vater im Himmel" trifft sie nämlich nicht zu — was nicht ohne Bedeutung ist.

3. Zweifelhaft:

a. ὁ πατὴρ ἡμῶν ὁ ἐν τοῖς οὐρανοῖς (Spalte 14)

Es kommt nur bei Mt. vor als Anfang des Vaterunsers. In der Parallelstelle bei Lk. 11, 2 steht πάτερ. Mt. folgt hier dem jüdischen Sprachgebrauch: אבינו שבשמים und אבונן דבשמיא, aber auch dem vermutlich authentischen ὁ πατὴρ ὑμῶν ὁ ἐν τοῖς οὐρανοῖς (Spalte 10). Lk. schliesst an seine eigene Übersetzung von אבא in 22, 42 und das πάτερ in Lk. 10. 21/Mt. 11, 25 an. Beide Versionen besitzen gleichen Anspruch auf Authentizität. Wahrscheinlich spiegelt sich in Lk. der christlich-hellenistische, in Mt. der palästinensische Anfang des Vaterunsers [2]. Die Annahme, Lk. habe einen Teil der ursprünglichen Version weggelassen, ist andererseits genauso wahrscheinlich wie die, dass Mt. sie erweitert habe; die Frage nach der historischen Authentizität von ὁ πατὴρ ἡμῶν ὁ ἐν τοῖς οὐρανοῖς bleibt deshalb offen, obschon Röm. 8, 15 und Gal. 4, 6 die Authentizität der Lukanischen Version Iunterstützen.

b. ὁ πατήρ σου (Spalte 13)

Kommt ebenfalls nur bei Mt. vor; da aber Vergleichsmaterial fehlt, sind hier nur subjektive Vermutungen möglich.

c. ὁ πατὴρ ὑμῶν (Spalte 9)

Nur die Mt. und Lk. gemeinsamen Texte sowie das Sondergut des Mt. weisen diese Kombination auf. Lk. 12, 30 u. 6, 36 stehen der ursprünglichen Version näher als Mt. 5, 48; 6, 32 (siehe 2 a). Mt. 10, 20 gibt die ursprüngliche Fassung wahrscheinlich besser wieder als Lk. 12, 12. Ob Mt. 10, 29 den Vorzug vor Lk. 12, 6 verdient, ist schwer zu entscheiden. Es ist durchaus möglich, dass Mt. 6, 26 und 10, 29 in bezug auf Lk. 12, 24. 6 als sekundär zu betrachten sind [3].

4. Wahrscheinlich authentisch:

a. ὁ πατὴρ ὑμῶν ὁ ἐν (τοῖς) οὐρανοῖς (Spalte 10)

---

[1] a.a.O. S. 986.

[2] Nach E. LOHMEYER, *Das Vaterunser*, Zürich 1952[3], S. 16-17, trägt Lukas' Version des Vaterunsers Spuren der galiläischen Tradition. Matthäus folgte dann der jerusalemer Tradition.

[3] G. SCHRENK, a.a.O. S. 986, stellt fest, dass Mt. ὁ θεός nicht zu verändern pflegt wenn er es in seiner Quelle vorfindet; aber er hält es für möglich, dass Mt. das „euer Vater" manchmal hinzugefügt hat, a.a.O. S. 987.

Man begegnet ihm in Mk. (11, 25) [1], den Mt. und Lk. gemeinsamen Texten und in den nur bei Mt. stehenden Logien. Mt. 7, 11/
Lk. 11, 13 beweist zur Genüge, dass die Worte tatsächlich in der
Quelle von Mt. und Lk. vorkamen. Lukas' ὁ πατὴρ ὁ ἐξ οὐρανοῦ
δώσει ist eine deutliche Reminiszenz an die Mt.-Stelle: ὁ πατὴρ
ὑμῶν ὁ ἐν τοῖς οὐρανοῖς δώσει; man kann daher kaum daran zweifeln,
dass auch letzteres in beider Quelle vorkam. [2] Auch Mt. 5, 45 gibt
die Quelle wahrscheinlich besser wieder als Lk. 6, 35 [3]. Man findet
diese Kombination also in drei der vier Traditionsschichten; sie
fehlt nur bei Lk., was in Anbetracht ihrer jüdischen Reminiszenzen
gewiss nicht verwunderlich ist [4].

[1] SPARKS, a.a.O. S. 244-45, hält diesen Text für problematisch; er verwirft
ihn aus folgenden Gründen: 1. Der Vers hat inhaltlich und syntaktisch auffallende Ähnlichkeit mit dem textkritisch nicht authentischen 11, 26; auto-
matisch trifft ihn deshalb auch der Zweifel an dessen Echtheit — um so
mehr als beide Verse bei Mt. in der Bergpredigt stehen (6, 14. 15). 2. Ein
Vergleich mit Mt. bestätigt den Zweifel. Mt. 21, 20-27 gibt — mit gering-
fügigen Änderungen — Mk. 11, 20-33 nahezu wörtlich wieder; lediglich
11, 25-26 fehlen. Beide Verse kamen wahrscheinlich also nicht in der Quelle
des Mt., i.e. Mk., vor, sondern wurden erst später aus Mt. hinzugefügt.
3. Es gibt auch interne Argumente: der völlig unerwartete Übergang vom
24. zum 25. Vers. Handelt es sich bis zum 24. Vers um den Glauben, so ist
im 25. plötzlich die Vergebung das Thema; Vers 24 ist anscheinend das
Ende eines Abschnittes. 4. Dasselbe geht hervor aus dem Stil von 11, 25: er
unterscheidet sich von dem des Mk. und ähnelt dem von Mt. Ὁ πατὴρ ὑμῶν
ὁ ἐν τοῖς οὐρανοῖς kommt bei Mk. sonst nie vor, erscheint aber häufig bei
Mt. Παραπτώματα kommt in den Evangelien sonst nur noch bei Mt. vor
(6, 14. 15; 18, 35?). Die Konstruktion ἔχειν τὶ κατὰ τινός ist nur noch bei
Mt. 5, 23 bezeugt (vgl. εἰπεῖν ῥῆμα (λόγον) κατὰ τινός 5, 11; 12, 32). Die Sitte
um beim Gebet aufrecht zu stehen wird sonst nur noch Mt. 6, 5 und Lk. 18,
11 erwähnt.
SPARKS ist der Auffassung, Mk. 11, 25-26 sei im Laufe zweier Zeitspannen
hinzugefügt worden. Man habe in der ersten Phase auf Grund des Kennwortes
„Gebet" Vers 25 beigefügt und diesen in der folgenden Phase durch Vers 26
vervollständigt.
H. W. MONTEFIORE, a.a.O. S. 31, ist gleicher Meinung wie SPARKS. G.
SCHRENK, a.a.O. S. 986 Anm. 255, und nahezu alle anderen Autoren vertreten
die Authentizität von Mk. 11, 25. SPARKS' Auffassung wird von der Text-
kritik in keiner Weise unterstützt, was seine Position sehr schwächt. Man
darf deshalb Mk. 11, 25 hier nicht ausser Betracht lassen.
[2] vgl. G. DALMAN, a.a.O. S. 155; G. SCHRENK, a.a.O. S. 985-86.
[3] vgl. H. F. D. SPARKS, a.a.O. S. 248; G. SCHRENK, a.a.O. S. 985 u. Anm.
253.
[4] Die jüdische Tradition kennt den Ausdruck als solchen natürlich nicht.
Selbstverständlich redet das rabbinische Schrifttum nie von „euer Vater
im Himmel" sondern nur von „unser Vater im Himmel". Das ist umso bedeutsamer, als Jesus letzteres vielleicht niemals gebraucht hat, es sei denn
— aber selbst das ist nicht gewiss — als Vorschrift für seine Jünger (Mt. 6, 9).
Über den jüdischen Hintergrund dieser Formulierung s. u.

b. ὁ πατήρ μου / αὐτοῦ (nämlich: τοῦ υἱοῦ τοῦ ἀνθρώπου) (Spalte 6)
Wenn das αὐτοῦ in Mk. 8, 38 dem μου entspricht, kennen sämtliche
Traditionsschichten diese Ausdrucksweise. Dass Mt. 20, 23 u. 26, 29
wahrscheinlich sekundär sind, tut nichts zur Sache, sodass man
ruhig annehmen darf, dass Jesus tatsächlich so über Gott sprach.

c. ὁ πατήρ (determinativ) (Spalte 5)
Kommt in allen Traditionsschichten vor, das Lukanische Sondergut ausgenommen. Aber Lk. selbst ändert Mt. 7, 11 in ὁ πατήρ
(11, 13), während wir bei Mk. 8, 38 auf den gleichen Vorgang stossen
(9, 26) [1]. Es sind die beiden einzigen sekundären Stellen. Um so mehr
fällt auf, dass alle anderen Logien stets das Korrelat von ὁ πατήρ
vermelden: ὁ υἱός (Mk. 13, 32/Mt. 24, 36; Mt. 11, 27/Lk. 10, 22 (bis);
Mt. 28, 19). Lk. 9, 26 hat als Korrelat ὁ υἱὸς τοῦ ἀνθρώπου. Das πατήρ
ist also nicht nur formal sondern auch inhaltlich determiniert; da
die betreffenden Texte jedoch späterhin noch ausführlich erörtert
werden, sei hier nicht näher auf sie eingegangen. [2]

d. ἀββά, ὁ πατήρ (Vokativ), πάτερ, πάτερ μου (Spalte 1-4)
Die Betrachtung jeder einzelnen Form für sich führt zum Schluss,
dass sie nur in ein oder zwei Traditionsschichten vorkommt. Ἀββά
kennt lediglich Mk., ὁ πατήρ nur Mk. und Mt.-Lk., πάτερ nur Mt.-
Lk. und Lk., und πάτερ μου allein Mt. Man müsste daraus folgern,
dass diese Redewendungen wohl nicht authentisch sind. Doch ist
die Situation in Wirklichkeit eine ganz andere: aller Wahrscheinlichkeit nach handelt es sich in den Spalten 2, 3 und 4 um verschiedene Übersetzungen des aramäischen אבא, vielleicht sogar auch
in Spalte 5 und 6. Betrachtet man nun all diese Spalten gemeinsam,
so zeigt sich, dass man auf sehr sicherem Boden steht. Aus der
diesbezüglichen Übersetzung des Wortes in Mk. 14, 36/Lk. 22, 42/
Mt. 26, 39 erhellt, dass Spalte 2, 3 und 4 nur verschiedene Über-
tragungen für אבא sind. Man kann daher vermuten, dass אבא hinter
all diesen Ausdrücken steht. [3]

S.V. McCasland vertritt eine ganz andere Auffassung. [4] Er geht
davon aus, dass die meisten Übersetzungen 'abba' nicht übertragen
(Mk. 14, 36; Röm. 8, 15; Gal. 4, 6), und das darauf folgende ὁ πατήρ
unterschiedlich wiedergeben; so kommt er zu der Frage, ob ὁ πατήρ

---

[1] vgl. G. DALMAN, a.a.O. S. 158.
[2] H. W. MONTEFIORE, a.a.O. S. 44, meint, das absolut gebrauchte „der
Vater" sei nicht authentisch, sondern „due to a later theological usage".
[3] vgl. G. KITTEL, a.a.O. S. 5; W. GRUNDMANN, *Gotteskindschaft* S. 54;
G. SCHRENK, a.a.O. S. 985; G. DALMAN a.a.O. S. 157.
[4] JBL 72 S. 79-91.

überhaupt als eine Übersetzung zu gelten habe. McCasland stellt fest, dass die Übersetzung eines aramäischen Ausdruckes im NT sonst stets mit einer der verschiedenen stereotypen Formulierungen eingeleitet werde: Mk. 3, 17; 5, 41; 7, 11. 34; 15, 22. 34; Mt. 1, 23; Apg. 1, 19; Joh. 5, 2; 9, 7; 19, 13. 17. Andere Wörter würden hingegen transkribiert, ohne Hinzufügung einer Übersetzung; in diesen ohne Übersetzung aus dem Hebräischen oder Aramäischen ins Griechische übernommenen Lehnwörtern sieht er den Ausgangspunkt für ein richtiges Verständnis von Abba im NT, weil man nicht nachweisen könne, dass Mk. oder Paulus das Wort übersetzen wollten. Er konstatiert dann, dass Vater eine jüdische Metonymie für Gott sei, wobei er innerhalb der klassischen jüdischen Literatur allerdings nur eine einzige Stelle dafür anführen kann, nämlich Mal. 2, 10 [1]. Seiner Ansicht nach ist dies im späteren jüdischen Schrifttum allerdings öfters der Fall. Er weist auf Sap. 14, 3; 3. Makk. 6, 3. 8; Test. Judae und die rabbinische Literatur hin. Man müsse „Vater" auch im NT häufig als eine Metonymie sehen, und zwar besonders in den Worten Jesu. Ebenso ist er der Auffassung, die griechischen Ausdrücke der Spalten 2 bis 4 seien Übersetzungen von „abba", dieses selbst aber nur eine Metonymie für „Gott"; d.h., der Gedanke an Gottes Vaterschaft sei dabei kaum noch vorhanden gewesen. Da der Artikel von ὁ πατήρ possessive Bedeutung habe, müsse man den Satzteil ἀββὰ ὁ πατήρ mit „oh Gott, mein (oder: unser) Vater" übersetzen.

Soweit ich sehe, fand diese Auffassung keinerlei Beifall. J. Jeremias hält es zwar für möglich, dass Mt. und Joh. „Vater" metonymisch gebrauchten [2], aber im übrigen lehnt er diese Ansicht ab. Mit Recht, weil McCasland einen metonymischen Gebrauch allzu leicht voraussetzt. Sein Hauptargument lautet, man könne „Vater" meistens durch „Gott" ersetzen. Er müsste aber eigentlich im Gegenteil nachweisen, dass der Gedanke an Gottes Vaterschaft dabei vollständig in den Hintergrund trat. Das jedoch unterliess er. Es wäre ihm allerdings auch nicht gelungen: steht doch sowohl Röm. 8, 15 als auch Gal. 4, 6 ausdrücklich, dass der Christ Gottes Sohn geworden ist, weshalb Abba in seinem prägnanten Sinne

---

[1] „The poetic parallelism shows beyond question that Father is a metonym. This is the only clear example of Father used as a metonym for God which I have observed in the Old Testament, but it is enough to indicate that the word had become to be used in this sense by the time of Malachi, presumably the fifth century B.C."

[2] ThLZ 79 S. 213-14.

verstanden werden muss. Hätte Paulus bei ἀββά nicht an Gottes
Vaterschaft gedacht, so wäre die Erwähnung des Wortes in diesen
Texten ohne jeden Sinn gewesen. McCasland weckt ausserdem
noch implizite den Eindruck, als wäre ἀββά ὁ πατήρ zur Zeit Jesu
eine stehende Redensart gewesen. In bezug auf die Liturgie mag
das möglich sein; aber man kann doch schwerlich annehmen, dass
Jesus selbst sein eignes Gebet mit ἀββά ὁ πατήρ begonnen habe. [1]
Er sagte einfach אבא; dies wurde dann für die griechisch sprechenden
Christen übersetzt, aber als geheiligtes Lehnwort auch zusammen
mit der Übersetzung übernommen.

Aller Wahrscheinlichkeit nach sprach Jesus demnach Gott mit
אבא an und wurde dieses Wort in der griechischen Übersetzung
seiner Logien mit ὁ πατήρ, πάτερ, πάτερ μου differenziert.

Man kann jedoch darüber hinaus noch die Frage stellen, ob אבא
nicht auch noch dem determinativen ὁ πατήρ und dem possessiven
ὁ πατήρ μου zugrunde liege. Das lässt sich nicht leicht beantworten.
Darf אבא auf diese Weise übersetzt werden? Nach G. Dalman [2],
Billerbeck [3], Lagrange [4], M. Black [5] und anfänglich auch
Kittel [6] kann das Wort ein Status emphaticus sein, der gleichzeitig als Possessiv von אב fungiert; dann sind „der Vater"̈ und
„mein Vater"̈ rein grammatikalisch als Übersetzungen in der Tat
genauso richtig wie die Vokativform „Vater"̈. Aber G. Schrenk [7],
und später auch G. Kittel [8], stellen das in Abrede und vertreten
ausschliesslich die Vokativform. J. Jeremias [9] hält das Wort

---

[1] Lagrange hält das auf Grund der Zweisprachigkeit Palästinas nicht für
ausgeschlossen, vgl. St. Marc S. 388. J. A. Bengels Auffassung, Gnomon Novi
Testamenti, Stuttgart 1891[8], S. 208, ὁ πατήρ sei eine Erklärung des Markus,
ist wenig wahrscheinlich: das Wort kommt auch Röm. 8, 15 und Gal. 4, 6 so
vor. Vgl. E. P. Gould, St. Mark (ICC), Edinburgh 1932[17], S. 258; V. Taylor,
St. Mark, S. 553; E. Lohmeyer, Markus, S. 315. McCasland a.a.O. weist
nach, dass Mk. seine eigenen Übersetzungen stets in einer ganz bestimmten,
hier fehlenden, Terminologie hinzufügt. Er schliesst daraus, dass hier keine
Übersetzung vorliegt; dabei vergisst er jedoch die Möglichkeit, dass diese
Übersetzung schon vor Markus hinzugefügt worden sein kann.

[2] a.a.O. S. 157.

[3] H. Strack P. Billerbeck, Kommentar zum Neuen Testament aus
Talmud und Midrasch, München 1922-1928, II S. 49.

[4] St. Marc, Paris 1947, S. 388.

[5] An aramaic approach to the gospels and acts, Oxford 1957[2], S. 218.

[6] ThWNT I S. 4; Kittel ist laut G. Schrenk, ThWNT V S. 984 Anm. 248
von der hier vertretenen Meinung wieder abgerückt.

[7] a.a.O. S. 984-85.

[8] S. Anm. 6.

[9] Kennzeichen der ipsissima vox Jesu, in Studien Wikenhauser ... S. 89;
Abba, ThLZ 79, S. 213-14.

vornehmlich für ein Diminutiv; SCHRENK folgt ihm insofern, als er
אבא für ein Lallwort hält, ähnlich dem griechischen πάππα [1]. Trotzdem frägt man sich, ob אבא nicht zugleich auch der normale Status
emphaticus von אב sein könnte; wie sollte dieser sonst lauten?
אבא wäre in diesem Falle wiederum das Urwort von ὁ πατήρ und
ὁ πατήρ μου. Es steht nämlich jedenfalls fest, dass אבא sowohl
„Vater" als auch „Mein Vater" bedeutet, indes auch im Griechischen der Unterschied zwischen ὁ πατήρ und ὁ πατήρ μου gering-
fügiger ist als es den Anschein erweckt: dem Artikel kann hier auch
eine possessive Bedeutung innewohnen [2]. Die oben angeführte
Frage lässt sich vorerst noch nicht definitiv beantworten. Wahrscheinlich aber steht das aramäische אבא bei all den verschieden-
artigen Redewendungen der Spalten 2 bis einschliesslich 6 unseres
Verzeichnisses im Hintergrund; dazu gehört eine Ausnahme: bei
Mk. 8, 38/Mt. 16, 27 mag das aramäische אבוהי zugrunde gelegen
haben. Das alles würde einer starken Bestätigung der Authentizität
von אבא gleichkommen.

Als Schlussfolgerung unseres Verzeichnisses dürfen wir daher
die Hypothese vertreten, dass zwei Ausdrücke so gut wie sicher
Selbstaussprüche des Herrn sind: der erste blieb aramäisch erhalten,
nämlich das einfache, kurze Abba; der zweite wurde lediglich
griechisch überliefert und steht Spalte 10: ὁ πατὴρ ὑμῶν ὁ ἐν (τοῖς)
οὐρανοῖς.

Es ist sogar möglich, dass die letzte Formulierung ursprünglich
häufiger vorkam als dies jetzt der Fall ist. [3]

Obschon sich das Verhältnis zwischen Mk. 11, 25 und Mt. 6, 14
nur sehr schwer definieren lässt, sind beide Texte offensichtlich miteinander verwandt. Sämtliche Worte in Mk. 11, 25b kehren in
Mt. 6, 14b wieder, wenn auch einer abweichenden Satzkonstruktion
zufolge in anderer Reihenfolge. Lässt man alle anderen Gesichtspunkte über die Relation beider Texte einmal ausser acht, so kann
man einiges dafür anführen, dass Mt. das Markanische ὁ πατὴρ
ὑμῶν ὁ ἐν τοῖς οὐρανοῖς verändert hat. Trifft das zu, dann muss
man die Möglichkeit erwägen, dass diese Worte auch den Texten
von Mt. 5, 48/Lk. 6, 36 und Mt. 6, 32/Lk. 12, 30 zugrunde liegen;
sowohl Mt. als auch Lk. würden dann sekundär sein. Dasselbe ist

---

[1] a.a.O. S. 985.
[2] F.-M. ABEL, *Grammaire du Grec Biblique*, Paris 1927[2], S. 120; McCASLAND
a.a.O. S. 86-88; M. BLACK, a.a.O. S. 218.
[3] vgl. G. DALMAN a.a.O. S. 158.

für Mt. 6, 26/Lk. 12, 24; Lk. 12, 32; Mt. 10, 20/Lk. 12, 12; Mt. 10, 29/Lk. 12, 6 möglich. Stimmt diese Vermutung — die trotz mancherlei positiven Gründen allerdings immer nur eine Vermutung bleibt — dann mehren sich die Stellen, in denen ursprünglich ὁ πατὴρ ὑμῶν ὁ ἐν (τοῖς) οὐρανοῖς stand. Mt. 5, 45/Lk. 6, 35 und Mt. 7, 11/Lk. 11, 13 zeigen jedenfalls, dass Lk. bei der Übernahme der Logien, in denen dieser Ausdruck vorkam, auf ihn verzichtete; dies zweifelsohne, weil er für seine Leser befremdlich klang. Warum auch Mt. den Ausdruck abänderte, bleibt völlig ungeklärt und eine offene Frage. Aber auf Grund der Tatsache, dass nur er οὐράνιος in diesem Zusammenhang kennt, ist es wahrscheinlich, dass es sekundär ist. Besässen wir keine anderen Gründe für diesen Vorgang, so könnte man meinen, Mt. habe οὐράνιος einfach zu dem ὁ πατὴρ ὑμῶν hinzugefügt. Dennoch lässt sich verfolgen, dass auch Lk. sonst das ἐν (τοῖς) οὐρανοῖς auf irgend eine Art und Weise stets fallen lässt. Anlass genug um zu vermuten, dass auch hier Ähnliches zutrifft.

Es ist jedenfalls gerechtfertigt, wenn wir unseren Ausführungen künftig nur die beiden Ausdrucksweisen אבא und ὁ πατὴρ ὑμῶν ὁ ἐν (τοῖς) οὐρανοῖς zugrunde legen: denn lediglich diese darf man mit Sicherheit für ipsissima verba Jesu halten.

3. JESU SPRACHGEBRAUCH UND DER DES ATs UND DES JUDENTUMS

Für ein richtiges Verständnis der Art und Weise, wie Jesus zu und über Gott als Vater spricht, ist der Hintergrund des AT-lichen und spätjüdischen Sprachgebrauchs [1] unumgänglich. Die im AT mehr oder weniger explizite über Gottes Vaterschaft handelnden Texte sind relativ selten; dennoch lässt sich im AT eine fortlaufende Entwicklung verfolgen. Israel hat die — vielleicht von auswärts übernommene [2] — Vorstellung von Gott als Vater auf ganz eigene

---

[1] S. hierfür neben der schon genannten Literatur: M.-J. LAGRANGE, La Paternité de Dieu dans l'Ancien Testament, RB V (1908), S. 481-99; J. LEBRETON, Histoire du dogme de la Trinité des origines à Saint Augustin, I, Paris 1927⁶, S. 98-100; P. BILLERBECK, III S. 15-20; W. BOUSSET-H. GRESSMANN, Die Religion des Judentums im späthellenistischen Zeitalter, Tübingen 1926³, S. 377 ff.; W. GRUNDMANN, Gotteskindschaft S. 27-50; J. BONSIRVEN, Le judaïsme palestinien au temps de Jésus-Christ, Paris 1934-35, I S. 138-40; J. SCHMITT, Jésus Ressuscité, S. 180; J. BIENECK, Sohn Gottes, S. 12-26; G. QUELL, ThWNT V, S. 959-74.
[2] So G. QUELL a.a.O. S. 966.

Weise mit dem Gesamt seiner religiösen Ideen verschmolzen, sodass dieser Gedanke zu einem integrierenden Bestandteil der Bundes- und besonders der Auserwählungstheologie wurde. Mag sein psychologischer Anknüpfungspunkt vielleicht auch in dem Bewusstsein liegen, dass man Gott Ehrfurcht und Dankbarkeit verschuldet und dass der Herr für Israel Sorge trägt [1], so sieht man in theologischer Hinsicht Gottes Vaterschaft in bezug auf Israel doch in der Perspektive der Auserwählung. [2] Eben deshalb ist nie die Rede von einer physischen Vaterschaft, mag man sie auch damit in Zusammenhang bringen, dass Gott Israel gemacht hat [3]. Aber dieses Machen bedeutet nichts anderes als Gottes Handeln, durch das er Israels Los bestimmt, sodass es Sein Volk genannt werden kann. Man denkt dabei besonders an die Erlösung aus der ägyptischen Knechtschaft [4].

In diesen Texten kann man stets „Gottes Söhne" mit Israel gleichsetzen. Gottes Vaterschaft wird deshalb auch bis zur hellenistischen Zeit immer kollektiv betrachtet [5]. Die ungetreuen Israeliten sind nicht davon ausgeschlossen [6], während andrerseits die Nichtisraeliten niemals miteinbezogen werden; deshalb ist nie davon die Rede dass man Gott als den Vater aller Menschen betrachtet [7]. Sieht man Jahweh auf eine besondere Art als Vater des Königs [8], so ist das nur scheinbar individualistisch, weil der König auch hier Repräsentant seines Volkes ist und Gottes allgemeine Vaterschaft über Israel hier nur auf eine Zuspitzung hinausläuft.

Eine individualistisch ausgeprägte Auffassung kommt erst in

---

[1] a.a.O. S. 969-71.

[2] S. Ex. 4, 22-23, der wahrscheinliche Ausgangspunkt; Dt. 14, 1-2; Hos. 2, 1; Jes. 43, 6; 63, 8; Jer. 3, 19; Sap. 12, 7. 19. 21; 16, 10. 26; 18, 4. 13.

[3] Dt. 32, 6; Jes. 45, 11; 64, 7.

[4] Daher die Kombination: gemacht — gerettet: Jes. 43, 1; 63, 16 mit der Kombination Vater-Erlöser; s. auch Hos. 11, 1.

[5] vgl. G. DALMAN, a.a.O. S. 150-51; J.-M. LAGRANGE, *Paternité de Dieu* S. 482-85; W. BOUSSET-H. GRESSMANN, a.a.O. S. 377 Anm. 1 und 2. Natürlich darf diese kollektive Vorstellung nicht so verstanden werden, dass man ausschliesslich das Volk für Gottes Sohn hielt. Auch die einzelnen Israeliten sahen sich selbst als Jahwehs Söhne, jedoch nur, weil sie dem auserwählten Volke angehörten; vgl. G. DALMAN, a.a.O. S. 151; M.-J. LAGRANGE, a.a.O. S. 484; A. L. WILLIAMS, a.a.O. S. 42-47.

[6] Dt. 32, 5-6. 19-20; Jes. 1, 2; 30, 1. 9; Jer. 3, 14; Mal. 1, 6.

[7] Man könnte einen Ansatz dazu in denjenigen Texten vermuten, die Jahwehs Vaterschaft mit der Schöpfung verbinden: Dt. 32, 6; Mal. 3, 17; aber das AT bezeugt nicht, dass man in Israel zu diesem Schlusse kam.

[8] Besonders 2. Sam. 7, 14; 1. Chron. 17, 13; Ps. 2, 7; 89, 27.

der hellenistischen Periode zum Durchbruch. Jetzt ist es besonders
der Fromme, der sich selbst für Gottes Sohn hält und in der väter-
lichen Gunst, die ihm von Gott zuteil wird, sein persönliches Privi-
legium sieht [1].

Trotz alledem wird Gott aber nur selten als „Vater" angesprochen.
Man behauptet wohl in Gebeten „Du bist unser Vater" [2], aber es
gibt keinerlei Belegstellen dafür, dass dies schon vor der hellenistischen Periode zu einer direkten vertraulichen Anrede geführt
hätte [3]; man kann allerdings auf Grund von Jer. 3, 19 vermuten,
dass sie nicht vollständig unbekannt war. Merkwürdigerweise
findet die Linie dieser individualistischen Interpretation in den
Apokryphen keine Fortsetzung; hier wird „Vater" übrigens nie als
eine Metonymie für Gott gebraucht, und von Gottes Vaterschaft
ist ebenfalls nur selten die Rede [4].

Die Tendenz, von Gott als „Vater" zu reden nimmt zu Beginn
der christlichen Ära zu [5]. Während sich laut DALMAN die Targumim
noch zurückhalten, indem sie die Texte, die Gott „Vater" nennen,
entweder umschreiben oder mit דבשמיא ergänzen [6], wenden die
Rabbiner das Wort bereits häufiger an [7]. Sie sprechen allerdings nicht schlechthin von „Vater", — es sei denn in Gebeten [8];
aber auch hier wird das Wort dann gerne mit „Herr" oder „König"
kombiniert [9]. Anscheinend fand das אבינו . . . מלכינו der Liturgie
auch in private Gebete Eingang [10]. Hier kommt „mein Vater" nur

---

[1] Sir. 4, 10; Sap. 2, 13. 16-18; 5, 6; 9, 4.
[2] Jes. 63, 16; 64, 7; Jer. 3, 4.
[3] Sir. 23, 1. 4; 51. 10; Sap. 14, 3.
[4] S. besonders: Jub. 1, 24. 25. 28; 19, 29; 3.Makk. 5, 7 (diese drei Texte
erwähnen Jahwe als Israels Vater; CHARLES, Apocrypha II, S. 291, und
FREY, DBS I, S. 380-383, halten Test. Judae 24, 2 für eine christliche Interpolation); über Israel als Gottes Sohn: Jub. 1, 24. 25; 2, 20 (betonter Zusammenhang mit der Auserwählung); 3.Makk. 6, 28; Ps. Sal. 17, 21. 27;
18, 4; Asc. Mos. 10, 3; Test. Judae 24, 3; Or. Sib. 3, 702 ff.; 5, 202. Vgl.
G. DALMAN, a.a.O. S. 151; M.-J. LAGRANGE, a.a.O. S. 485-86; W. BOUSSET-
H. GRESSMANN, a.a.O. S. 378; A. L. WILLIAMS, a.a.O. S. 43-44; J. BONSIRVEN,
a.a.O. S. 138; G. SCHRENK, a.a.O. S. 977-78.
[5] G. DALMAN, a.a.O. S. 154; G. SCHRENK, a.a.O. S. 977-78.
[6] G. DALMAN, a.a.O. S. 157.
[7] Für Texte vgl. W. BOUSSET-H. GRESSMANN, a.a.O. S. 377-78; BILLER-
BECK, I S. 393-96; J. BONSIRVEN, a.a.O. I S. 138; A. L. WILLIAMS, a.a.O.
S. 144.
[8] G. DALMAN, a.a.O. S. 156; W. BOUSSET-H. GRESSMANN, a.a.O. S. 378;
G. SCHRENK, a.a.O. S. 979.
[9] G. SCHRENK ebd.
[10] s. G. SCHRENK ebd. u. Anm. 212; J. BONSIRVEN, a.a.O. S. 143 Anm. 4.

selten vor [1], indes „unser Vater" bei weitem überwiegt [2]; wohl findet man auch „euer", „ihr" und „der" Vater, meistens aber mit der Hinzufügung שבשמים [3]. Letztere fehlt in Gebetsanfängen vollständig [4]. Deshalb glauben BILLERBECK [5], H. TRAUB [6] und G. SCHRENK [7], man habe diese erst aus der letzten vorchristlichen Periode stammende Ergänzung [8] nicht etwa zur Betonung von Gottes Distanz und Transzendenz hinzugefügt, sondern lediglich zur Verhütung einer Verwechslung mit dem irdischen Vater. Dieser Grund ist jedoch viel weniger einleuchtend als diese Autoren vermuten. Erstens, weil eine Verwechslung bei den von den Targumim so ergänzten Schriftstellen kaum möglich ist, und zweitens, weil man gerade auf Grund des Plurals in „unser Vater" nicht leicht an einen irdischen Vater denken kann. Bei diesem Ausdruck ist höchstens eine Verwechslung mit Abraham möglich [9]. J. BONSIRVENS Auffassung [10], man habe das Wort zur Betonung der Transzendenz hinzugefügt, ist viel wahrscheinlicher; vor allem, wenn man bedenkt, dass שמים (שמיא) öfters stellvertretend für Jahwehs Namen gebraucht wurde. Am häufigsten kommen אבינו שבשמים und אבונן דבשמיא vor, während man „mein Vater" nur sehr selten antrifft. Ob man אבא für sich allein gebrauchte, ist äusserst zweifelhaft. J. JEREMIAS hält אבא in den von G. KITTEL hierzu als Beleg angeführten Stellen [11] für eine spätere Hinzufügung. Er kommt deshalb zum Schluss: „Für die Gottesanrede abba (ohne Suffix) gibt es in der gesamten jüdischen Literatur keinen einzigen Beleg" [12] bis zum Mittelalter [13].

In Anbetracht dieser Verhältnisse fallen zwei Dinge in Jesu

---

[1] BILLERBECK, II S. 49-50; J. BONSIRVEN, a.a.O. S. 139.
[2] BILLERBECK, ebd. I S. 410; J. JEREMIAS, *Abba*, ThLZ 79 S. 213-14.
[3] BILLERBECK, ebd.; G. KITTEL, ThWNT I S. 5.
[4] BILLERBECK, I S. 393.
[5] ebd.
[6] ThWNT V, Art. οὐρανός S. 520.
[7] a.a.O. S. 979.
[8] So TH. WALKER, *The teaching of Jesus and the Jewish teaching of his age*, London 1924, S. 38.
[9] Er wird als einziger von den „Vätern" einfach „unser Vater" oder „der Vater" genannt. Vgl. G. SCHRENK, ThWNT V S. 976.
[10] *Le Judaisme palestinien* I S. 139.
[11] ThWNT I S. 5.
[12] *Ipsissima vox Jesu* S. 89.
[13] *Abba*, a.a.O. Die Qumrân-Funde zeitigten keine neuen Gesichtspunkte; Gott wird auch hier nicht „Vater" genannt oder so in Gebeten angeredet. Vgl. W. GRUNDMANN, ZNW 47 S. 133.

Sprachgebrauch auf: 1. Die der rabbinischen Literatur so vertraute Formel „unser Vater" fehlt. 2. Gott wird mit dem ganz ungebräuchlichen אבא angeredet, wahrscheinlich sogar Dritten gegenüber so genannt.

1. „Unser Vater" kommt in der gesamten synoptischen Logien-Tradition nur ein einziges Mal vor; deshalb ist auch hier seine historische Authentizität fraglich. Die eine Hypothese, Lk. 11, 2 stelle eine Vereinfachung von Mt. 6, 9 dar, ist der anderen, dass nämlich Mt. das anspruchslose πάτερ dem jüdischen Sprachgebrauch angepasst habe, nicht vorzuziehen. Jesus lehrt hier ausserdem nur seine Jünger auf diese Art beten[1]; er selbst betet nicht so und fühlt sich in dieses Vaterunser auch nicht mit einbezogen.

Man kann mit grösster Wahrscheinlichkeit annehmen, dass der jüdische Ausdruck „unser Vater der im Himmel ist" bei Jesus in zwei Formulierungen auseinanderfällt, die beide streng voneinander getrennt bleiben: nämlich in das kurze „(mein) Vater" und in „euer Vater der im Himmel ist". Jesus zieht damit eine deutliche Grenzlinie zwischen sich und seine Jünger, weil er sich in dieser Hinsicht nie auf ein- und dieselbe Ebene mit ihnen stellt[2]. Da ganz im Gegensatz zur ersten Formulierung die zweite dem jüdischen Sprachgebrauch entspricht, lässt schon diese Tatsache vermuten, dass dieses Bewusstsein Jesu irgend etwas Unübertragbares besitzt[3] und die Grenzen jüdischer Religionsvorstellung sprengt. Noch schärfer akzentuiert wird diese strenge Trennungslinie dadurch, dass im zweiten Falle meistens (vielleicht sogar immer) „der im Himmel ist" folgt, während es im ersten stets fehlt. Wenn „der im Himmel ist" tatsächlich Nachdruck legt auf die Transzendenz, so war Jesus sich darüber im klaren, dass Gott für ihn selbst weniger transzendent war als für seine Jünger[4].

---

[1] G. DALMAN, a.a.O. S. 156; O. CULLMANN, Christologie S. 296; s.a. G. SCHRENK, a.a.O. S. 988.

[2] G. DALMAN, ebd.; G. SCHRENK, a.a.O. S. 987.

[3] G. DALMAN, ebd.; W. GRUNDMANN, Gotteskindschaft, passim; Jesus der Galiläer, S. 101; ZNW 47, S. 130, betont dieses Moment der Unübertragbarkeit zu wenig. Deshalb missversteht ihn auch J. BIENECK, Sohn Gottes, S. 53 — wie GRUNDMANN selbst erklärt, ZNW 47 S. 130 Anm. 38. Andrerseits gibt GRUNDMANNS Aufsatz diesem „Missverständnis" nur neue Nahrung.

[4] „Der im Himmel ist" bezieht sich bei Jesus wohl kaum auf den Unterschied zu seinem irdischen Vater; sonst hätte er es besonders dann gebraucht, wenn er über den eigenen Vater sprach, vgl. Lk. 4, 22; Joh. 6, 42. Ist Himmel wirklich „eine dynamische Ausgangsbezeichnung" (TRAUB, a.a.O. S. 520),

Das wäre gleichzeitig eine Erklärung dafür, warum er das in der jüdischen Literatur auffallend häufige „unser Vater" vermeidet und durch zwei ungewöhnliche Formulierungen ersetzt: nämlich durch „Vater", das in dieser Form nirgends, und durch „euer Vater der im Himmel ist", das in den uns verfügbaren Texten jüdischen Ursprungs nur selten vorkommt.

2. Selbst wenn J. Jeremias' Vermutung, dass אבא im rabbinischen Schrifttum überhaupt nicht vorkomme, falsch sein sollte, fällt dieser Sprachgebrauch von Jesus ungemein auf und darf als beispiellos gelten. [1] Die Anrede אבא unterscheidet sich nämlich in mehr als nur einem Buchstaben vom hebräischen in liturgischen Texten vorkommenden [2] אבי oder אבינו. Man ist allgemein der Auffassung, dass das Wort der Kindersprache entstammt [3] und G. Schrenk [4] geht sogar soweit, von einem Lallwort zu sprechen. Es gehört der Sprachsphäre noch nicht erwachsener Menschen an, die ihren Vater so anreden; es besitzt also etwas Vertrautes und ist ein spezifischer Familienausdruck [5]. J. Jeremias spricht sogar von einer Diminutivform [6]. Jesus nun überträgt dieses Wort der Kindersprache auf Gott [7]; eigentlich ist es selbstverständlich, dass dies vor ihm noch keiner gewagt hatte [8]. Dafür klingt das Wort zu familiär, zu vertraut und überbrückt allzu leicht die Distanz zwischen Gott und seinem Geschöpf. Eben diese Anstoss erregende Art, Gott anzureden und wahrscheinlich auch über ihn zu sprechen, ist für Jesus die normale. Sie weicht derart von den jüdischen Gebräuchen ab, dass J. Jeremias sie sogar zu den auf Jesu verba ipsissima hinweisenden Merkmalen zählt: „Nicht für jede einzelne der 15 Belegstellen, wohl aber für den Sprachgebrauch selbst

---

so fragt man sich, ob „der im Himmel ist" nicht gerade dann als Hinzufügung zu „Vater" stehen würde, wenn Jesus über seinen „Vater" redet.

[1] Vgl. A. L. Williams, a.a.O. S. 47; G. Kittel, a.a.O. S. 6; J. Jeremias, Abba ebd.; W. Grundmann, ZNW 47 S. 126; A. Richardson, An introduction to the theology of the New Testament, London 1958, S. 149.

[2] G. Dalman a.a.O. S. 157; W. Bousset-H. Gressmann, a.a.O. S. 378.

[3] G. Dalman, ebd.; G. Kittel, ebd.; W. Grundmann, Jesus der Galiläer, S. 100; G. Schrenk, a.a.O. S. 985; J. Jeremias, Ipsissima vox Jesu, S. 89.

[4] ebd.

[5] s. Anm. 3.

[6] ebd.

[7] G. Schrenk, a.a.O. S. 985.

[8] J. Jeremias, Ipsissima vox Jesu S. 86; W. Grundmann, ZNW 47 S. 128. Letzterer, a.a.O. S. 126-27, ist der Auffassung, dass Kinder Gott wohl auf so vertraute Weise anreden durften.

gilt: er ist einwandfreies Kennzeichen der ipsissima vox Jesu." [1]

Gerade das Fehlen von אבא in der jüdischen Tradition beweist, dass es sich hier um ein Bewusstsein handelt, wie es Jesus in hohem Mass eignet. Die dabei zutage tretende beispiellose Vertraulichkeit und Intimität mit Gott führen uns wahrscheinlich an den Kern von Jesu Verhältnis zu Gott. Hier finden wir, nach SCHRENKS Worten, „die einfachste und herzlichste Aussage über Gottes Verhalten, die möglich ist, zugleich auch die Absage an allen religiösen Kothurn." [2]

4. DER ZUSAMMENHANG MIT DER VERKÜNDIGUNG JESU

Im Zusammenhang mit Jesu Verkündigung muss als erstes darauf hingewiesen werden, dass Jesus Gott im Gebet *immer* mit „Vater" anredet; die einzige Ausnahme ist Mk. 15, 34 par., doch handelt es sich hier um ein Schriftzitat [3]. Es ist gewiss bedeutsam, dass Jesus im sogen. 'freien' Gebet Gott nie anders ansprach; darauf kommen wir später noch zurück.

Inwieweit hat Jesus diesen Sprachgebrauch auch dann angewandt, wenn er zu anderen redete? Gewiss nicht so, dass er auf gleich exklusive Weise vom „Vater" spricht. Immerhin hat T. W. MANSON eine weitere Ausschliesslichkeit aufgezeigt [4]. Nach einer Untersuchung der entsprechenden Texte [5] konstatiert er nämlich, dass Jesus — mit wenigen, aber das Prinzip nicht berührenden Ausnahmen — in Mk., Q [6] und im Sondergut des Mt. und des Lk. nur zu seinen Jüngern über den „Vater" spricht; des weiteren stellt er fest, dass all diese Texte, insofern sie nicht in der Bergpredigt, bzw. Feldpredigt Aufnahme fanden [7], erst nach Petrus' Glaubensbekenntnis in Caesarea Philippi auftreten [8]. Das heisst, dass Jesus diese Formulierung den Augenblicken vorbehält, in denen er sich mehr oder weniger ausschliesslich an seine Vertrau-

---

[1] *Ipsissima vox Jesu* S. 86-89; vgl. W. GRUNDMANN, a.a.O. S. 126.
[2] a.a.O. S. 985.
[3] Vgl. G. DALMAN, a.a.O. S. 157; J. JEREMIAS, *Ipsissima vox Jesu*, S. 86-87.
[4] *Teaching of Jesus*, S. 89-115.
[5] a.a.O. S. 94-99.
[6] Hier beschränkt er sich auf die durch Lk. bestätigten Texte des Mt., a.a.O. S. 96. Wenn Lk. die richtige Reihenfolge von Q bewahrt, so liegt Petri Glaubensbekenntnis früher.
[7] Die Logien der Bergpredigt, die Mk. oder Lk. anderswo zitieren, sind an die Jünger gerichtet, a.a.O. S. 97.
[8] a.a.O. S. 94-99; vgl. E. G. SELWYN, *The Father's Name*, a.a.O. S. 91-92. Auch diejenigen Gleichnisse, die implizite von Gott als Vater sprechen, kommen erst nach dem Glaubensbekenntnis vor.

testen wendet, und zwar in einem Stadium, das schon eine erste
Einweihung und einen gewissen Glauben an ihn selbst voraussetzt.

H. F. D. SPARKS [1] nahm diesen Aspekt von MANSONS Forschungen
erneut auf; auch er kommt zu der Schlussfolgerung, dass Jesus
ausschliesslich zu seinen Jüngern über ,,euer Vater'' redet; deshalb
meint er, dass die Gottessohnschaft ,,capable of extension'' [2] sei,
d.h., dass sie auch für die Jünger gelten könnte. In Mt. 23, 9 begegnen wir dem einzigen Text, in dem von einer breiteren Zuhörerschaft die Rede ist; aber die Erwähnung der Menge wurde hier
dem Rahmenwerk von Mk. 12, 37 entliehen, während Mt. selbst
offensichtlich glaubt, dies Logion sei auf die Jünger hin gesprochen:
ihre Erwähnung ist eine Hinzufügung von ihm selbst [3].

Beide Auffassungen stehen zur Diskussion. Eine offene Frage
bleibt, ob Jesus lediglich *nach* dem Glaubensbekenntnis des Petrus
über Gottes Vaterschaft sprach. Die Tatsache, dass Mt. fünf
Q-Texte und neun Texte seines Sondergutes in der Bergpredigt
anführt, entkräftet MANSONS Folgerungen. Es besagt wenig, dass
eventuelle Paralleltexte bei Mk. oder Lk. stets nach Petrus' Glaubensbekenntnis stehen [4]. Selbst wenn Mk. oder Q Gott vor diesem
Glaubensbekenntnis nie Vater nennen, kann man daraus noch
keinen Schluss über Jesu Handelsweise ziehen. MANSON beruft sich
ausserdem darauf, dass Lk. die ursprüngliche Reihenfolge von Q
am getreuesten bewahrt habe [5]. Stimmt das, so steht Lk. 6, 35
vor Petri Glaubensbekenntnis, und zwar wahrscheinlich in der
Version des Mt., die anscheinend die ursprüngliche ist [6], sodass die
Folgerungen auch für Q nicht mehr ganz zutreffen [7]. In bezug
auf das Sondergut des Mt. kann man MANSON wohl zustimmen
wenn er meint, Mt. 13, 43 sei wahrscheinlich sekundär [8]; das gleiche
gilt für seine Auffassung, Mt. 15, 12-14 durchbreche den ursprünglichen Kontext des Mk. und sei deshalb hier fehl am Platze [9]. Das

---

[1] *The Doctrine of the divine fatherhood*, a.a.O. S. 243-54.
[2] a.a.O. S. 249.
[3] a.a.O. S. 253.
[4] T. W. MANSON, *Teaching of Jesus*, S. 97.
[5] a.a.O. S. 96.
[6] ebd. MANSON erwähnt das zwar, aber legt dem anscheinend keinen
grossen Wert bei; s. S. 96.
[7] Stand Petri Glaubensbekenntnis überhaupt in Q? Andernfalls ist Q's
Reihenfolge ohne Bedeutung und kann man nicht von früher oder später
sprechen.
[8] a.a.O. S. 97.
[9] ebd.

bedeutet aber keineswegs, dass die Worte erst *nach* dem Glaubensbekenntnis gesprochen wurden. Da gerade die Logien nicht in
chronologischer Reihenfolge mitgeteilt werden, darf man zwar
vermuten, Jesus habe erst nach dem Glaubensbekenntnis des
Petrus über Gott als Vater gesprochen, aber beweisen lässt es sich
nicht.

Genauso bleibt es unbeweisbar, dass Jesus Gott nur seinen
Jüngern gegenüber als ,,Vater" bezeichnete. Bei einem Grossteil
der Texte lässt es sich nicht mit Sicherheit feststellen, vor welcher
Zuhörerschaft sie verkündet wurden; somit ist auch hier grosse
Vorsicht geboten, und dies um so mehr, als es sich um eine negative
Aussage handelt. Denn eine solche negative Folgerung — mag
sie nun besagen, dass Jesus *vor* Petrus' Glaubensbekenntnis Gott
anderen gegenüber nie Vater genannt, oder nie vor anderen als
seinen Jüngern über Gottes Vaterschaft gesprochen habe — fordert
nicht nur das Fehlen positiver Indizien, sondern bedingt auch die
Möglichkeit, alle überlieferten Logien innerhalb der unterschiedlichen Zeitperioden einordnen und ihre jeweilige Zuhörerschaft
aufzeigen zu können. Dies gerade ist jedoch keineswegs der Fall.

Deshalb widersprach H. W. MONTEFIORE mit Recht SPARKS'
Hypothese [1]. Da er andrerseits glaubt, gerade das Gegenteil beweisen zu können, beschränkt er sich nicht auf die Widerlegung,
sondern betont, dass Jesus Gott als den Vater *aller* Menschen
gesehen habe. So erhält Gottes Vaterschaft eine abgeschwächte
bedeutung [2]; bei Mt. 5, 48 behauptet er z.B.: ,,(it) seems to imply
that acknowledgment of the fatherhood of God depends on the
inward attitude of filial piety and imitation" [3], womit die Frage
für ihn erledigt ist. Als Fundament von Gottes Vaterschaft in
bezug auf die Menschen sieht er deshalb ausschliesslich eine mora-
lische Disposition. Der hier von ihm konstruierte Gegensatz
zwischen ,,an inward attitude of filial piety" und einer ,,mere
membership of the Messianic community" [4] entbehrt jeder Realität;
in Wahrheit ist das eine nicht ohne das andere möglich, und eine
,,mere membership" von jeder Wirklichkeit weit entfernt. Bestimmte Logien setzen ausserdem die Existenz einer Gemeinschaft voraus,
der ein lebendiges Bewusstsein über Gottes Vaterschaft innewohnt;

---

[1] *God as Father*, a.a.O.
[2] S. seine Umschreibung a.a.O. S. 32.
[3] a.a.O. S. 39.
[4] a.a.O. S. 40.

z.B. Lk. 12, 32; Mt. 10, 16 ff. [1] Schon G. SCHRENK [2] wies nach, dass diejenigen Texte, in denen das nicht deutlich zum Ausdruck kommt, immer durch den Kontext in direkten Zusammenhang mit Jesu Verkündigung vom Königreich Gottes gebracht werden. Die Gotteskindschaft muss durch eine menschliche Entscheidung realisiert werden, aber diese Entscheidung ist immer eine Antwort auf Jesu Verkündigung vom Reich Gottes, Mt. 5, 43-45. Sogar dort, wo Jesus von den Vögeln und Blumen redet, handelt es sich letztlich um das Reich Gottes und dessen Gerechtigkeit: Mt. 6, 25-33.

Jesus leugnet also nie, dass Gott auf irgend eine Weise Vater aller Menschen sei. Das Wort „Vater" erhält aber bei ihm eine solch prägnante Bedeutung, dass diese Vaterschaft zwar eine Möglichkeit, aber noch keine aktualisierte Wirklichkeit für alle darstellt.

Gottes Vaterschaft ist also in bezug auf den Menschen wenigstens indirekt ein Bestandteil von Jesu Verkündigung; ganz anders verhält es sich mit der Vorstellung, dass Gott Jesu eigener Vater sei. Steht z.B. im Gleichnis bei Lk. 15, 11-32 [3] Gottes Vaterliebe zum Menschen im Zentrum des Interesses, so kann man kein Gleichnis dafür anführen, dass Gottes Vaterschaft in bezug auf Jesus in ähnlicher Weise Mittelpunkt der Verkündigung wird. Auch nicht das Gleichnis von den Weingärtnern, Mk. 12, 1 ff. par.; denn es handelt sich hier nicht in erster Linie um den Besitzer des Weinberges und um seinen Sohn, sondern um die Weingärtner und deren Haltung den beiden gegenüber, samt den diesbezüglichen Folgen für die Pächter [4]. Vergeblich wäre auch die Suche nach einem synoptischen Logion, wo ausdrücklich gesagt wird, dass Gott Jesu Vater ist. Gottes Vaterschaft wird einfach vorausgesetzt und ist anscheinend auch für Jesus eine evidente Realität gewesen, ein fester Punkt, der die Richtung seiner Verkündigung bestimmte, selbst aber ganz im Hintergrund blieb und nur beiläufig, mehr oder weniger zufällig, erwähnt wurde. Das einzige Logion, in dem das Vater-Sohn-Verhältnis explizite und seiner selbst wegen zur Sprache kommt, ist Mt. 11, 27 par. Aber da geschieht dies auf eine Weise, die ebenfalls das Vater-Sohn-Verhältnis schon voraussetzt.

[1] Lk. 12, 32 spricht ausdrücklich von τὸ μικρὸν ποίμνιον, während Mt. 10, 16 ff. die kleine Schar derer, durch die „Eures Vaters Geist" redet, im Gegensatz zu ihren Verfolgern sieht.
[2] a.a.O. S. 990-91.
[3] s. dazu G. SCHRENK, a.a.O. S. 994-95.
[4] S. über dieses Gleichnis S. 124 ff.

Diese Worte besitzen auch zweifelsohne etwas Rätselhaftes, und aus dem Logion selber ergibt sich keineswegs direkt, dass Jesus mit seinem „Vater" Gott meint [1]. Es ist nie das Vater-Sohn-Verhältnis selbst, von dem Jesus in seiner Verkündigung berichten will.

Auffallend ist ausserdem, dass Jesus relativ selten von Gott als seinem Vater spricht [2]. Das entspricht dem eben ausgeführten. Offen bleibt dabei die Frage, ob man so weit gehen kann wie T. W. MANSON [3] und hier eine „disinclination" Jesu, darüber zu reden, vermuten darf [4]. Meiner Ansicht nach hat MANSON [5] wohl darin Recht, dass Gottes Vaterschaft für Jesus kein „theological commonplace" war, wie für die Rabbiner, sondern „a personal religious experience of unparalleled depth and intensity" [6]. Wir erreichen somit also das Zentrum des Bewusstseins Jesu, den Punkt, wo er am meisten sich selbst ist und der den eigentlichen Ausgangspunkt für sein Handeln darstellt. [7] Die selbstverständliche Art, wie Jesus Gott seinen Vater nennt, beweist, dass dies für ihn nichts Aufsehenerregendes bedeutet. O. CULLMANN meint diesbezüglich: „Gerade die mehr unbewusste Art, wie Jesus sich an jenen Stellen in ein besonderes Sohnesverhältnis zum Vater setzt, ohne dass es direkt ausgesprochen würde, bestätigt, dass er dieses als sein eigenstes und nur besonderen Erkenntnissen zugängliches Geheimnis angesehen hat, und erklärt zugleich, weshalb er nur ausnahmsweise den Ausdruck „Sohn" gebraucht." [8] Das Wort „unbewusst" ist vielleicht etwas zu stark — aber Jesus redet jedenfalls im allgemeinen nicht unmittelbar und absichtlich über den Vater. Das tut er, weil er auch in seinen Worten nur sich selbst sein kann und zwischen ihren Zeilen das tiefste Geheimnis seiner Persönlichkeit preis gibt. Darum gerade ist es so bedeutsam, dass er Gott in „freien" Gebeten ausschliesslich als Vater anspricht, und zwar mit

---

[1] S. über dieses Logion S. 146 ff.

[2] vgl. T. W. MANSON, a.a.O. S. 99-102.

[3] a.a.O. S. 101.

[4] MONTEFIORE, a.a.O. S. 33-34, widerspricht dem mit Recht. Er prüft den Wortgebrauch von κύριος und θεός in ore Jesu bei Mk. und stellt fest, dass Texte, in denen „Vater" mehr auf der Hand liegt als die gebrauchten Worte, fehlen.

[5] a.a.O. S. 101.

[6] a.a.O. S. 108. Er erwähnt in diesem Zusammenhang auch seine Hypothese, dass Jesus nur zu seinen Vertrauten darüber gesprochen habe, ebd.

[7] Vgl. u.a. G. DALMAN, a.a.O. S. 156; A. L. WILLIAMS, a.a.O. S. 47; W. GRUNDMANN, ZNW 47 S. 128; R. RICHARDSON, Introduction S. 149.

[8] Christologie S. 296.

solcher Selbstverständlichkeit, dass ihm eine andere Anrede
anscheinend gar nicht in den Sinn kommt [1].

Jesus macht somit das, ,,was innerhalb des jüdischen Gottes-
gedankens gelegentlicher Beiname Gottes war, zum Eigennamen
Gottes, der das Zentrum des göttlichen Wesens ausdrückt." [2]

---

[1] Nach G. SCHRENK, a.a.O. S. 989 (besonders Anm. 278), darf man die
Kombination Vater/Sohn von den apokalyptischen Beziehungen nicht lösen.
,,Das Nebeneinander vom Alten der Tage u. bar nascha bei Da (das mit
Ps. 2, 7 u. 110, 1 kombiniert wurde) hat fraglos die Zusammenordnung von
Vater/Sohn gefördert. — Jene Vision eignet sich dazu, die souveräne Vater-
überlegenheit u. zugleich den Sohnesauftrag auszudrücken, was zumal bei
den synpt Bestimmungen über Parusie, Gericht, Herrlichkeit geschieht."
Als Beweis-Texte führt er an: Mk. 14, 61 f. par. und Mk. 13, 26. 32, wo Sohn
Gottes mit Menschensohn identifiziert werden; und Mk. 8, 38/Mt. 16, 27
und Mt. 25, 31. 34, wo vom Vater des Menschensohnes die Rede ist, nach
Lk. 9, 26 das gleiche wie das absolute ,,der Vater". Das bedeutet, dass man
den Sprachgebrauch von Vater und Sohn nur in bezug auf den Hintergrund
der betr. AT-Texte verstehen kann. SCHRENK lässt im unklaren, ob Jesus
selbst sein diesbezügliches Bewusstsein diesen Texten oder einer unmittelbaren Erfahrung verdankt, oder ob die Tradition diese Verbindung hergestellt
hat. Man kann schwerlich leugnen, dass die Menschensohn-Logien unmittelbar mit Dan. 7, 13 f. zusammenhängen. Vgl. W. GROSSOUW, *De Zoon des
Mensen*, Nijmegen 1957, S. 4-8. Es gibt demnach auch für Jesus selbst einen
indirekten Zusammenhang zwischen seinem Sohn-Bewusstsein und diesem
Text. Mehr aber auch nicht. Mk. 14, 61 f. par. identifiziert in der Tat Sohn
Gottes mit Menschensohn, Aber es ist durchaus fraglich, ob uns diese Iden-
tifikation erlaubt, den Ursprung von Jesu Bewusstsein in der Vision vom
Menschensohn zu sehen; vgl. V. TAYLOR, *The Person of Christ*, S. 156-89.
Man kann bei Mk. 13, 26. 32 wohl kaum von einem gleichen Kontext reden,
es sei denn für den Evangelisten. Es gibt zwischen beiden Logien vermutlich
keinen direkten Zusammenhang; s. S. 117 ff. L. CERFAUX, *L'évangile de
Jean et ,,le logion Johannique" des synoptiques*, Recherches Bibliques III,
Bruges-Paris 1958, S. 147-92, hält Mt. 11, 27 par. für apokalyptisch; dadurch
wird der Zusammenhang zwischen Menschensohn und Sohn Gottes direkter.
S. jedoch S. 178 f. Für die Tradition stellt die Identifikation von Menschensohn mit Gottessohn natürlich kein Problem dar; sie ergibt sich dort, wo
beide Prädikate ein- und dergleichen Gestalt, nämlich Jesus, zugelegt werden,
von selbst.

Damit will natürlich nicht gesagt sein, dass die Schrift in Jesu Leben
kein wichtiger Faktor war. Las er doch den Willen des Vaters auch in der
Schrift und sah in ihr seinen Lebensweg vorgezeichnet. Besonders gilt
das für Dan. 7, 13 f. und Deuterojesaja, wie aus verschiedenen Logien hervorgeht; vgl. V. TAYLOR, *The Names of Jesus*, S. 25-37. Aber in den Logien,
wo von dem Vater, dem Sohn oder von beiden die Rede ist, kann man
keine unmittelbare Bindung an AT-Texte feststellen. Bei einer Anzahl
anderen Evangelientexte ist das wohl der Fall, und zwar besonders im
Taufbericht, in der Versuchungsgeschichte und der Verklärungs-Darstellung.
Hier kann es sich allerdings auch um sekundäre Formationen handeln. Jesu
Bewusstsein von Gott als seinem Vater beruht also nicht auf AT-Texten,
sondern muss einen anderen Ursprung haben.

[2] W. GRUNDMANN, *Jesus der Galiläer* S. 100.

Dennoch will er damit keine Wahrheit, keinen theologischen Lehrsatz aufstellen. Es ist für ihn eine tieferlebte Realität. Er weiss, dass sein gesamtes Sein auf den Vater bezogen ist; deshalb nennt er Gott im Gebet ganz selbstverständlich Vater und kommt ihm dieses Wort auch bei der Verkündigung vom Königreich Gottes leicht über die Lippen, wenn er von Gott spricht.

ZWEITES KAPITEL

Mk. 13,32 — Mt. 24,36

1. Authentizität. — 2. Kontext und „Sitz" im Leben Jesu. — 3. Christologische Bedeutung.

1. AUTHENTIZITÄT

Von den drei Texten die wir untersuchen [1] ist Mk. 13, 32 par. gewiss am wenigsten umstritten. Das bedeutet aber keineswegs, dass man die historische Authentizität dieser Worte übereinstimmend beurteilt. Schon W. BOUSSET war der Meinung, die Gemeinde habe „wohl schon unter dem Eindruck der sich verzögernden Parusie" zu 13, 31 — dem auf Jesus übertragenen „Schlusswort der Weissagung eines uns unbekannten apokalyptischen Ekstatikers" — den 32. Vers selbständig hinzugefügt. [2] Darin folgten ihm C. CLEMEN [3] und R. BULTMANN; letzterer bezeichnet Vers 32 als „vielleicht ein jüdisches Wort bis auf den christlichen Schluss" (nämlich die letzten sechs Worte) [4]. CLEMEN und BULTMANN führen keine näheren Gründe für ihre Auffassung an, doch darf vermutet werden, dass der Ausdruck ὁ υἱός für die Leugnung der Authentizität den Ausschlag gab.

Es ist deutlich, dass ihre Auffassung auf Schwierigkeiten stösst. Man kann doch schwerlich annehmen, dieselbe Gemeinde, die einerseits besonders betont, was Jesus übermenschlich macht, schreibe ihm andererseits ein sein Wissen so essentiell begrenzendes Logion zu, wenn sie nicht der Überzeugung wäre, dass er diese Worte tatsächlich gesprochen habe. G. DALMAN [5], M. WINKEL [6], W. G. KÜMMEL [7] und G. BORNKAMM [8] haben diese Schwierigkeit gesehen. Ihrer Meinung nach hat Jesus tatsächlich betont, vom Zeitpunkt der Parusie nichts zu wissen, aber die Fassung, in der uns

---

[1] s.S. 27.

[2] *Kyrios Christos* S. 52.

[3] *Religionsgeschichtliche Erklärung des Neuen Testaments*, Giessen 1924², S. 77.

[4] *Geschichte* S. 130.

[5] *Worte Jesu*, S. 159.

[6] *Der Sohn* S. 458-59.

[7] *Verheissung und Erfüllung, Untersuchungen zur eschatologischen Verkündigung Jesu*, AThANT 6, Zürich 1956³, S. 36; *Das Gleichnis von den bösen Weingärtnern*, Mélanges Goguel, S. 130-31, Anm. 39.

[8] *Jesus von Nazareth*, Stuttgart 1957², S. 205.

das Logion überliefert ist, verrate den Einfluss der christlichen Tradition gerade durch den Gebrauch von ὁ πατήρ und ὁ υἱός.

Hiermit wird unsre Aufmerksamkeit auf einen Aspekt des Logions gelenkt, der vor allem für die formgeschichtliche Betrachtungsweise von Bedeutung ist. In den wenigen Worten finden wir nämlich zwei Elemente vereinigt: das eine erhärtet ihre historische Authentizität (nämlich die Betonung von Jesu Unwissenheit über „die Stunde"), während das andere (der Gebrauch von ὁ υἱός) laut der Formgeschichte den Text verdächtig erscheinen lässt, denn man vertritt nun einmal den Standpunkt, dass dieser Titel nicht von Jesus gebraucht worden sei, sondern eine sekundäre Angleichung an hellenistische Vorstellungen darstelle. Neigt die erste christliche Generation wirklich dazu, Jesu Erhöhung zu betonen, so kann man sich nicht vorstellen, dass ein solches Logion keinen Anstoss erregte. Eher wird es vom selektiven Prozess der Tradition eliminiert, als dass es von ausserhalb auf den Herrn übertragen oder gar von der Gemeinde erfunden würde. Die Tatsachen bestätigen dies auch. Während οὐδὲ ὁ υἱός bei Mk. textkritisch feststeht, ist es im Mt.-Text schon zweifelhafter; dabei fällt auf, dass besonders die späteren MSS diese Worte weglassen, die ältesten sie jedoch beibehalten. Auch ℵ bezeugt dies: die ursprünglich mitaufgenommenen Worte hat ein Korrektor gestrichen. Da das Logion bei Lk. ganz fehlt, liegt die Folgerung nahe, dass die Worte im selektiven Traditionsprozess wegfallen. Der Arianismus beweist deutlich, dass man das Logion missverstehen kann: es ist eines seiner wichtigsten Argumente für die Leugnung der Gleichheit von Vater und Sohn[1]. Unter diesen Umständen ist also Boussets, Clemens und Bultmanns Auffassung nicht zureichend fundiert.

Die von Dalman, Winkel, Kümmel und Bornkamm vertretene Ansicht hat mehr für sich, jedenfalls scheint sie folgerichtiger zu sein. Allerdings lassen sich auch hier Einwände erheben. Wenn nämlich οὐδὲ ὁ υἱός (εἰ μὴ ὁ πατήρ) eine spätere Hinzufügung ist, die im ursprünglichen Logion keine Entsprechung findet, bleibt der schon gegen W. Bousset u.a. erhobene Einwand bestehen. Handelt es sich hier aber nur um eine Abänderung der Formulierung, wobei das Logion inhaltlich gleich bleibt, so hat diese Änderung lediglich eine Verschärfung der dem Logion eigenen Schwierigkeit zur Folge. Die Tatsache, dass Jesus nicht weiss,

---

[1] vgl. hierüber u.a. J.-M. Lagrange, *St. Marc* S. 350-51; V. Taylor, *St. Mark* S. 522-23.

wann die von Gott festgesetzte Stunde anbricht, wird ja erst dann problematisch, wenn man bedenkt, dass er der Sohn des Vaters ist, und dass dieser ihm alles übergeben hat (Mt. 11, 27 par.). Das diesem Logion innewohnende Problem wird in seinem ganzen Umfang erst deutlich, wenn die Formulierung dementsprechend zugespitzt wird. Da nicht anzunehmen ist, dass die Tradition den problematischen Charakter betonen wollte, scheint auch die Formulierung mit ὁ υἱός und ὁ πατήρ schwerlich erst in ein sekundäres Stadium zu gehören. Die Annahme der Authentizität dieses Logions stellt den Exegeten und Historiker eigentlich vor geringere Probleme als die Leugnung derselben. Deshalb ist es befremdend, dass die Gegner der Authentizität diese Frage abtun, ohne sich etwas eingehender mit ihr zu beschäftigen.

Die Vertreter der Authentizität erörtern die Fragestellung meist ausführlicher. Im allgemeinen stimmen sie den oben genannten Autoren nur insofern zu, als das Logion den vorangehenden Versen tatsächlich in einem sekundären Stadium zugefügt worden sei; auf die Frage, ob es sich um eine jüdische Apokalypse handle, die man Jesu zuschrieb, wird nicht eingegangen. Auch O. CULLMANN hält es für möglich, dass diese Hinzufügung ,,unter dem Eindruck der sich verzögernden Parusie'' geschah [1]. ,,Das Bestreben, das Nichteintreffen der Parusie mit der Berufung auf Jesus selbst zu rechtfertigen'', scheint ihm sogar ,,ein plausibeler Grund für die nachträgliche Schöpfung durch die Gemeinde'' zu sein [2]. Da jedoch das Argument *für* die Authentizität — nämlich die Anstössigkeit des Logions, die deutlich aus seinem Fehlen in Lk. und den späteren MSS des Mt. hervorgeht —, da dieses Argument genauso schwer wiegt, vertritt er dennoch die Authentizität; es liegt ja keine ,,textkritische oder sachliche Notwendigkeit vor'' [3], die Authentizität ernsthaft anzuzweifeln. Was für CULLMANN ein plausibeler Grund ist zur Ablehnung der Authentizität, ist es für J. SCHNIEWIND keineswegs: ,,Man hat vielmehr seit 2. Petr. 3, 4 ff. versucht, die Unerfülltheit der Nah-Erwartung zu verstehen, jede Form der Umdeutung unerfüllter Worte lag näher, als dass die Gemeinde

---

[1] W. BOUSSET, *Kyrios Christos* S. 52.

[2] *Christologie* S. 295.

[3] Ebd. Darüber, was ,,sachliche Notwendigkeit'' sei, ist man natürlich verschiedener Auffassung. Gegner der Authentizität sehen allein schon im Vorhandensein von ὁ υἱός eine ,,sachliche Notwendigkeit'', die Authentizität anzuzweifeln. Es versteht sich, dass jedes ,,sachliche'' Kriterium anfechtbar ist und nicht immer dem Vorwurf der Subjektivität entgehen kann.

von sich aus ein Nichtwissen Jesu behauptet hätte."[1] Dies ist in der Tat ein wertvolles positives Argument, das die Beweisführung der meisten anderen Autoren unterstützt, von V. TAYLOR zusammengefasst in dem kurzen Satz: ,,Its offence seals its genuineness"[2]. SCHNIEWINDS zweites Argument, nämlich: eine neue Interpretation der Logien, die vom baldigen Eintreffen der Parusie handeln, liege mehr auf der Hand als die Erfindung eines Jesuswortes, lässt sich meiner Ansicht nach noch durch ein drittes Argument ergänzen. Man muss sich doch letzten Endes für Jesus selbst oder für die christliche Tradition als Quelle des Logions entscheiden. Nun ist aber das Logion gerade durch die Worte οὐδὲ ὁ υἱός ein Fremdkörper innerhalb der christlichen Verkündigung. Es wird zwar oft darauf hingewiesen, dass man nicht wisse, zu welchem Zeitpunkt ,,der Tag" anbreche, der Herr aber scheint dabei nie miteinbezogen. Dagegen steht das Logion innerhalb der Jesusworte nicht ganz allein. Es gibt noch ein anderes, von einer Beschränkung redendes und sich ebenfalls auf die eschatologische Realität beziehendes Logion, nämlich Mk. 10, 40 par.[3] Nach sorgfältiger Prüfung fällt die Entscheidung also wohl doch zugunsten der Echtheit des Logions aus.

2. KONTEXT UND ,,SITZ" IM LEBEN JESU

Stand Mk. 13, 32/Mt. 24, 36 schon immer in seinem heutigen Kontext, und kann Jesus die Worte in demselben Kontext auch gesprochen haben? Sachlich gesehen nimmt sich der Kontext nicht schlecht aus, denn er bezieht sich genau wie das Logion auf die Eschatologie; er stellt sogar den denkbar eschatologischsten Kontext dar, da es in dem gewöhnlich 'synoptische Apokalypse' genannten Text steht. Damit stossen wir aber auch gleich auf seine Problematik: bildet diese Apokalypse — bei Mk. fast das

---

[1] *Das Evangelium nach Markus*, NTD 1, Göttingen 1952, S. 175.

[2] *St. Mark* S. 522; *The Names* S. 64-65; s. auch M.-J. LAGRANGE, *St. Marc* S. 350; W. GRUNDMANN, *Gotteskindschaft* S. 160; A. W. ARGYLE, *The evidence for the belief that our Lord Himself claimed to be divine*, ET LXI (1949-50), S. 230; J. BIENECK, *Sohn Gottes* S. 39-40; J. SCHNIEWIND, *Markus* S. 175; E. LOHMEYER, *Markus* S. 283; G. SCHRENK, Art. πατήρ, ThWNT V S. 989; G. R. BEASLEY-MURRAY, *Jesus and the future*, London 1956², S. 261-64; *A commentary on Mark thirteen*, London 1957, S. 105-110; O. CULLMANN, *Christologie* S. 295; A. RICHARDSON, *Introduction* S. 151.

[3] Aus diesem Grund ist O. CULLMANNS Bemerkung zu Mk. 13, 32 falsch: ,,Es nennt den einzigen Punkt, wo diese Einheit innerhalb der Inkarnation Jesu eine Lücke aufweist: das Wissen um das Datum des Endes." Ebd.

ganze 13. Kapitel — ein historisch authentisches Ganzes? Widersprüchlichkeit und heterogener Charakter der darin aufgenommenen Logien machen dies äusserst unwahrscheinlich. Handelt es sich etwa um eine, mit echten oder unechten Logien ergänzte, apokalyptische Komposition jüdischen [1] oder christlichen [2] Ursprungs, die man Jesus zuschrieb? Oder liegt hier nur eine Sammlung heterogener Logien vor, deren manche authentisch und andere unecht sind? [3] Diese Fragen brauchen wir nicht zu beantworten, da sie für unser Logion ohne Bedeutung sind. Wer der Auffassung ist, dass in Mk. 13 eine kürzere, schon existierende Apokalypse verarbeitet wurde [4], zählt diesen Vers jedenfalls nicht dazu [5]. Auch ist es deutlich, dass die Komposition nach den Versen 5-27, die einer gewissen Einheitlichkeit nicht entbehren, sekundären Charakter aufweist. Genauso wie die Paralleltexte bringt Mk. 13, 28 ff. zuerst das Gleichnis vom Feigenbaum und danach eine Anzahl selbständiger Logien, zu denen das hier erörterte gehört. Wie lose diese Logien zusammenhängen, geht besonders aus Mk. 13, 31 par., einem Logion, das nur scheinbar eschatologisch ist, hervor. Im Anschluss an das παρέλθῃ des 30. Verses vermeldet die Tradition hier einen Ausspruch Jesu, dass seine Worte nicht vergehen werden (παρελεύσονται), selbst wenn Himmel und Erde vergehen. Dieses letzte kosmisch-eschatologische Detail stempelt das Logion noch nicht zu einem eschatologischen Ausspruch. Mk. 13, 32 par. folgt gewiss ganz unerwartet. Es hängt eigentlich nicht mit dem unmittelbar Vorangehenden zusammen, steht höchstens im Anschluss an das beiläufige Element: Himmel und Erde werden vergehen. Es ist also nicht wahrscheinlich, dass Vers 32 hier an seiner ursprünglichen Stelle steht.

Der Unterschied im Contextus consequens bei Mt. und Mk. bestätigt das noch. Bei Mk. folgt ein Aufruf zur Wachsamkeit, der durch ein kurzes Gleichnis verstärkt und erläutert wird (V. 33-37).

---

[1] So z.B. W. BOUSSET, a.a.O. S. 52; R. BULTMANN, *Geschichte* S. 130.
[2] So E. MEYER, *Ursprung und Anfänge des Christentums* I, Stuttgart-Berlin 1921, S. 129; vgl. die Übersicht der Verfechter dieser Hypothese bei V. TAYLOR, *St. Mark* S. 498.
[3] vgl. E. LOHMEYER, *Markus*, S. 285-87; V. TAYLOR, *St. Mark* S. 636-44.
[4] Man findet die verschiedenen Rekonstruktionen dieser Apokalypse bei V. TAYLOR, *St. Mark* S. 498.
[5] S. z.B. E. HIRSCH, *Frühgeschichte des Evangeliums* I, Tübingen 1951[2], S. 139-42. R. BULTMANN, *Geschichte* S. 130, ist hier eine Ausnahme. Mk. 13, 30. 32 — so meint er — hätte, in anderer Formulierung natürlich, den Schluss der vorausgesetzten Apokalypse darstellen können.

Auch Mt. enthält diesen Aufruf zur Wachsamkeit, jedoch innerhalb
eines anderen Kontextes, und das erläuternde Gleichnis lautet bei
ihm ebenfalls anders (24, 37-44). Es handelt sich hier übrigens
um eine feststehende Kombination. Die Aufforderung zur Wachsamkeit beruht häufig auf der Unwissenheit in bezug auf die
Stunde der Parusie: Mt. 24, 42. 44; 25, 13; Mk. 13, 35; 1. Thess.
5, 2-6; Mk. 13, 33; Lk. 12, 40; vielleicht auch Lk. 21, 34-36. Diese
Kombination hat natürlich nur dann Sinn, wenn es sich um die
Unwissenheit der *Gläubigen* in bezug auf diese Stunde handelt.
Diese sind hier impliziert im οὐδείς [1], welches der restliche V. 32
par. nur teilweise erklärt und das im Hinblick auf die Gläubigen
eine Steigerung erfährt: wenn schon die Engel und der Sohn die
Stunde nicht wissen, um wieviel weniger dann erst die Menschen.

Der Tatsache wegen, dass bei Mt. und Mk. der Zusammenhang
mit dem Contextus antecedens sehr locker ist und der Contextus
consequens sich unterscheidet, dürfen wir das Logion aus seinem
gegenwärtigen Kontext herauslösen [2].

Es fällt uns nicht schwer, einen anderen Kontext zu finden.
Gerade das hier auftretende ἐκείνης rechtfertigt die Annahme, dass
die vorangehenden Worte von dem Tag der Parusie sprachen;
man darf vermuten, das Logion hätte die Antwort auf eine diesbezügliche Frage gegeben [3]. Es könnte sich z.B. um die Frage von
Vers 4 par. oder eine ähnliche gehandelt haben, wie sie Lk. 17, 20
und Apg. 1, 6 anführen [4]. Wenn es erlaubt ist, diese Worte mit einer
solchen Frage in Zusammenhang zu bringen, so bestätigt dies
erneut die Authentizität; war doch diese Frage im damaligen
Judentum sehr lebendig.

3. CHRISTOLOGISCHE BEDEUTUNG

Bei der Analyse des christologischen Inhalts fällt uns auf, dass
Jesus überhaupt keine ausdrückliche Aussage über seine Gottes-
sohnschaft macht. Er stellt lediglich die These auf, dass Tag und
Stunde der Parusie ihm unbekannt seien. Und nur beiläufig bezeich-

---

[1] E. LOHMEYER, a.a.O. S. 283, nimmt an, dass die Gläubigen hier ausserhalb des Gesichtskreises liegen.

[2] vgl. T. W. MANSON, *Teaching of Jesus* S. 262n; V. TAYLOR a.a.O. S. 523.

[3] Laut MANSON ebd., die Frage des 4. Verses; laut TAYLOR, ebd. ,,a question about the Judgement.''

[4] W. GRUNDMANN, *Gotteskindschaft* S. 160, sieht in Apg. 1, 7 eine
Umbildung von Mk. 13, 32 par. und denkt deshalb an die hier gestellte
Frage.

net er sich selbst als ,,der Sohn" und Gott als ,,der Vater". Was er in diesem Logion betont, hätte auch ohne Verwendung dieser beiden Ausdrücke gesagt werden können. Deshalb ist das Vater-Sohn-Verhältnis überhaupt nicht der Gegenstand von Jesu Rede. Wenn E. LOHMEYER sagt, ,,dass die Bezeichnung ,,Vater und Sohn" nicht nur der ältesten Überlieferung, sondern auch der Verkündigung Jesu zugehört" [1], so betrifft das nicht den Inhalt dieser Verkündigung, sondern vielmehr ihren Hintergrund [2], als ein dieser Verkündigung vorangehendes und sich unmerklich in ihr auswirkendes Bewusstsein.

Es darf weiterhin angenommen werden, dass gerade die betonte Aussage, auch der Sohn sei über diese Stunde in Unwissenheit, darauf hinweist, dass das Entgegengesetzte den Erwartungen entspricht. [3] Diese Erwartung aber zeigt uns die erhabene Stellung des Sohnes [4].

Die Tatsache, dass der Sohn zwischen den Engeln und dem Vater genannt wird, macht dies ebenfalls deutlich. Es entsteht dadurch eine aufsteigende Linie: die Engel, der Sohn, der Vater [5]. Die Bezeichnung der Engel steigert noch diesen Akzent: οἱ ἄγγελοι τῶν οὐρανῶν (Mt.) oder ἐν οὐρανῷ (Mk.). Der Sohn, der sichtbar für die Seinen auf dieser Erde verweilt, steht über den Engeln, obschon diese im Himmel sind. Mag er auch räumlich — sofern hier von räumlich überhaupt die Rede sein kann — weiter vom Vater entfernt sein, in Wirklichkeit steht er dem Vater doch näher als die Engel. Somit darf also festgestellt werden, dass dieser Ausspruch Jesu eine wenn auch nicht unmittelbar göttliche [6], so doch übermenschliche Existenz impliziert, hinter der sogar die Seinsart der Engel im Himmel zurücksteht.

---

[1] *Markus* S. 283.

[2] vgl. O. CULLMANN, *Christologie* S. 295. Deshalb braucht das absolute ,,der Sohn" von den Juden auch nicht in seiner eigentlichen Bedeutung verstanden zu werden. Es ist nicht, wie W. G. KÜMMEL, *Mélanges Goguel* S. 130-31 Anm. 39 vermutet, ein ,,Würdeprädikat", das Jesu hier zugelegt wird; formal gesehen ist es allerdings einmal ein Prädikat.

[3] vgl. L. CERFAUX, *L'évangile de Jean et ,,le logion Johannique"*, Recherches Bibliques III, Bruges-Paris 1958, S. 150.

[4] vgl. u.a. E. LOHMEYER, a.a.O. S. 283.

[5] E. LOHMEYER, ebd.; O. CULLMANN a.a.O. S. 295; V. TAYLOR, *The Names* S. 64-65.

[6] F. JACKSON-K. LAKE, *Beginnings* I S. 396-97: ,,It implies the theory of the unique sonship of Jesus in a manner without parallel in Mark." A. W. ARGYLE, a.a.O. S. 230: ,,in this saying Jesus claims a unique relationship to the Father which can only be described as Divine".

DRITTES KAPITEL

DAS GLEICHNIS VON DEN BÖSEN WINZERN
Mt. 21,33-41 // Mk. 12,1-9 // Lk. 20,9-16

1. Das Problem. — 2. Gab es eine Urform dieses Gleichnisses? — 3. Rekonstruktionsversuch des ursprünglichen Gleichnisses. — 4. Authentizität. — 5. Die Bedeutung des Gleichnisses und die Gestalt des Sohnes.

1. Das Problem

In seiner Arbeit ,,Sohn Gottes als Christusbezeichnung der Synoptiker" übergeht J. BIENECK dieses Gleichnis zu Unrecht. Es ist für die Christologie der Synoptiker gewiss von Bedeutung, da sie unter ,,der Sohn" zweifellos Jesus verstehen. Eine andere Frage ist jedoch, ob eine Untersuchung der Logien von Jesus selbst das Gleichnis berücksichtigen muss. A. JÜLICHERS aufsehenerregendes Werk ,,Die Gleichnisse Jesu"[1] verneint diese Frage, weil es sich hier um eine Allegorie handle und Jesus nie Allegorien gebraucht habe. W. BOUSSET[2], C. CLEMEN[3] und R. BULTMANN[4] leugnen die Authentizität ebenfalls. Sie sehen in dem Gleichnis eine Zusammenfassung der Heilsgeschichte, die Jesus von der Gemeinde zugeschrieben worden sei und die er selbst in Wirklichkeit nie ausgesprochen habe.

Zahlreiche andere Autoren beharren auf der substantiellen Authentizität. Das gilt nicht nur für JÜLICHERS heftigen Gegner P. FIEBIG[5], sondern auch für L. FONCK[6], J.-M. LAGRANGE[7], T. W. MANSON[8], M. HERMANIUK[9], J. PIROT[10], A. W. ARGYLE[11], S. M. GOZZO[12], J. SCHNIEWIND[13], V. TAYLOR[14] und O. CULLMANN[15].

---

[1] Tübingen 1910², vgl. besonders II, S. 385-406.

[2] *Kyrios Christos*, S. 50-51.

[3] *Religionsgeschichtliche Erklärung*, S. 76-77.

[4] *Geschichte*, S. 191 und 214.

[5] *Die Gleichnisreden Jesu*, Tübingen 1912, besonders S. 200-202.

[6] *Die Parabeln des Herrn im Evangelium*, Innsbruck 1909, S. 380-406.

[7] *St. Marc*, S. 311-12.

[8] *The Teaching of Jesus*, S. 104.

[9] *La parabole évangélique*, Bruges-Paris-Louvain 1947, S. 47 Anm. 56, S. 243.

[10] *Paraboles et allégories évangéliques*, Paris 1949, S. 376-90.

[11] *The evidence*, ET LXI (1950) S. 230.

[12] *Disquisitio critica-exegetica in parabolam Novi Testamenti de perfidis vinitoribus*, Studia Antoniana 2, Roma 1949, S. 66-87.

[13] *Markus*, S. 153-55.

[14] *St. Mark*, S. 472-73.

[15] *Christologie*, S. 295-96.

JÜLICHERS Argumenten wird allgemein entgegengehalten, dass
man es hier nicht mit einer Allegorie zu tun habe, oder dass Jesus
diese literarische Form in seiner Verkündigung ohne weiteres
gebraucht haben könne. Der erste konstruktive Kritiker in den
Jahrzehnten nach JÜLICHER ist F. C. BURKITT [1]. Er hält den kirchlichen Ursprung des Gleichnisses für äusserst unwahrscheinlich,
da man in eine solche heilsgeschichtliche Übersicht wohl kaum Jesu
Tod aufgenommen hätte, ohne seine Auferstehung zu erwähnen.

Eine Sonderstelle nimmt E. LOHMEYER ein [2], der zwar die
Authentizität vertritt, sich bei der Interpretation aber völlig von
seiner persönlichen Auffassung über Jesu Haltung gegenüber
Tempel und Kultus leiten lässt.

Natürlich wissen auch die Vertreter der Authentizität, dass die
deutlichen Unterschiede innerhalb der drei synoptischen Versionen
ein Zeichen dafür sind, dass die kirchliche Tradition auf die end-
gültige Formulierung ihren Einfluss geltend machte. In zwei
rezenten Veröffentlichungen wurde diese Frage eingehender behandelt.

Die erste stammt von C. H. DODD [3]. Er meint, man könne das
Gleichnis eigentlich nicht als Allegorie bezeichnen. Damaligen
Zuhörern müsse die für den heutigen Leser sehr unglaubwürdige
Erzählung einleuchtender geklungen haben, da die vorausgesetzte
Situation im damaligen Palästina wirklich existierte. Es sei somit
unnötig, dieses Gleichnis als eine Zusammenfassung der Heilsgeschichte zu interpretieren; auch falle es weit weniger aus dem
Rahmen der synoptischen Gleichnisse als man vermute. Die
Absicht des mit Mk. 12, 9 endenden Gleichnisses sei folgende:
anzukündigen, dass die jüdische Gemeinschaft auseinanderfallen
werde. DODD schreibt die Antwort von Vers 9b lieber den Zuhörern
zu. Von einem Vatizinium ex Eventu könne man hier überhaupt
nicht sprechen, da zur Zeit der Entstehung des Markusevangeliums
der Zerfall der jüdischen Gemeinschaft noch nicht eingetreten war.
Wohl habe dieses Gleichnis Jesu in der Urgemeinde eine aufmerk-
same Zuhörerschaft gefunden und sei man geneigt gewesen, die
christologische Interpretation zu akzentuieren. Deshalb sei dem

---

[1] *The parable of the wicked husbandmen*, Transactions of the third international congress of the history of religions, Oxford 1908, II S. 321-28.

[2] *Das Gleichnis von den bösen Weingärtnern*, Zeitschr. f. syst. Theol. 18
(1941) S. 243-59.

[3] *The parables of the kingdom*, London 1946[4], S. 124-31.

Gleichnis V. 10-11 hinzugefügt worden. Dass durch den Gebrauch dieses Gleichnisses in der Verkündigung auch die Formulierung beeinflusst wurde, sei nahezu selbstverständlich. Besonders in der Zunahme der Dienerzahl sieht DODD einen solchen Einfluss. Das ursprüngliche Gleichnis — meint er — habe nur drei Diener gekannt, was auch Lk. noch übernehme. Der Verlauf der Handlung wird damit viel wahrscheinlicher, wobei nichts auf eine allegorische Interpretation des Geschehens hinweist. Die Ermordung des Sohnes behält DODD bei, denn die Pointe der Erzählung verlange nach einer Steigerung der Ungerechtigkeit [1]. Auch erinnere die entsprechende Darstellung in Mk. 12, 8 nicht an die Umstände bei Jesu Tod. Das Gleichnis stelle also eine selbständige dramatische Erzählung dar [2], in der die Gestalt des Sohnes logischerweise nicht habe fehlen dürfen [3]. DODD bezieht diese Gestalt trotzdem auf Jesus; er glaubt, die der Erzählung eigene Steigerung fordere eine entsprechende Steigerung in der Situation, auf die die Erzählung zu deuten ist [4]. Die Frage, ob die Zuhörer dies ebenso verstanden hätten, bejaht er, unter der Voraussetzung, dass der Kontext, in den Mk. das Gleichnis gestellt hat, historisch sei [5]. Er schliesst: das so verstandene Winzergleichnis erkläre jene Logien, in denen Jesus sowohl seinen eigenen Tod als auch das die Juden treffende Unheil vorhersage. Das Gleichnis verurteile die bestehende Situation, impliziere aber gleichzeitig eine Vorhersage des Todes Jesu und des über seine Mörder kommenden Gerichtes [6]. DODD ist im Grunde der Ansicht, dass die heutigen Versionen des Gleichnisses allegorisierende Wiedergaben eines authentischen Gleichnisses Jesu darstellen.

Er fand Zustimmung bei J. JEREMIAS, der zur Sohnes-Figur allerdings folgendes sagt: „Erst die Urkirche deutet, und zwar schon früh, den Sohn allegorisch auf Christus" [7]; man könne nämlich die allegorische Interpretation dieses Erzählungselementes unmöglich von den Zuhörern erwarten, weil man noch immer nicht nachgewiesen habe, dass „Sohn Gottes" ein messianischer Titel

---

[1] a.a.O., S. 129-30.
[2] a.a.O. S. 130.
[3] ebd.
[4] ebd.
[5] a.a.O., S. 130-31; W. L. KNOX, *The Sources of the synoptic gospels* I, Cambridge 1953, S. 91 ist in dieser Hinsicht eher skeptisch.
[6] a.a.O., S. 131.
[7] *Die Gleichnisse Jesu*, AThANT 11, Zürich 1952², S. 56; vgl. S. 54-59.

gewesen sei [1]. Deshalb bildet diese Figur also ausschliesslich ein Element der Erzählung. Aber „das schliesst nicht aus, sondern ein, dass das Gleichnis mit der Tötung des Sohnes des Weinbergbesitzers auf die aktuelle Situation der Ablehnung der abschliessenden und letzten Gottesbotschaft hinweist." [2] JEREMIAS meint anscheinend, dass Jesus mit der Gestalt des Sohnes wohl auf seine eigene Sendung — nämlich das Bringen der letzten Gottesbotschaft —, nicht aber auf seine eigene Person hingewiesen habe. Ursprünglich würde dieses Gleichnis also bedeuten, dass Jesus in ihm „die Darbietung der Frohbotschaft an die Armen rechtfertigen will" [3]. Da die Führer die Botschaft nicht angenommen haben, wird sie anderen gebracht, — und analog zu verwandten Gleichnissen sind diese die Armen.

W. G. KÜMMEL [4] bestreitet die Auffassungen von DODD und JEREMIAS und betont, dass es sich hier in der Tat um eine Allegorie handle. Die Beweisführungen der beiden eben erwähnten Autoren scheinen ihm wenig fundiert zu sein. KÜMMEL glaubt überdies nicht, dass die in den heutigen Versionen des Gleichnisses enthaltene Interpretation sekundär sei und eine Urfassung voraussetze; er lehnt dies vor allem ab, weil sich die Spracheigentümlichkeiten regelmässig über den gesamten Text verteilen. Dies aber beweist, „dass die Ausscheidung von allegorischen Bestandteilen nur mit dem Wunsch begründet werden kann, eben diese allegorischen Züge zu entfernen." [5] Deshalb ist es auch „auf eine methodisch einwand-

---

[1] Es fragt sich, inwieweit JEREMIAS hier auf dem rechten Weg ist. Man hat in der Tat noch stets nicht nachgewiesen, dass „Sohn Gottes" als ein vorchristlicher messianischer Titel zu betrachten ist. Die Stelle 1QSa 2, 12 ist zu undeutlich und viel zu umstritten, um als Hinweis dafür zu gelten. Aber muss dieser Titel denn überhaupt im vorchristlichen Judentum existiert haben, damit verständlich wird, dass Jesus mit „der Sohn" sich selbst meint? Wenn das Gleichnis eine Schilderung der wirklichen Situation darstellt (s. Mk. 12, 12 par.), und man schon den Plan gefasst hatte, Jesus zu töten, ist das keineswegs nötig. Auf die Frage, ob Sohn Gottes ein messianischer Titel war, wird deshalb besser nicht eingegangen; es wäre ein unnötiger Umweg.

[2] a.a.O. S. 59.

[3] ebd.

[4] *Das Gleichnis von den bösen Weingärtnern*, Mélanges Goguel, S. 120-31; s. auch *Verheissung und Erfüllung*, S. 75-76.

[5] *Verheissung*, S. 76; man muss in der Tat zugeben, dass weder DODD noch JEREMIAS an Hand von objektiven Kriterien vorgehen. Dasselbe lässt sich von E. HIRSCH, *Frühgeschichte des Evangeliums I*, Tübingen 1951², S. 128-30, sagen; er meint die Allegorisierung liege in der Hinzufügung von Mk. 12, 6-8. Das bedeutet jedoch nicht, dass sich keine objektiven Kriterien finden lassen.

freie und überzeugende Weise nicht möglich, das Gleichnis auf eine einfachere Urform zurückzuführen oder seinen wesenhaft allegorischen Charakter zu bestreiten." [1] Aber der allegorische Charakter allein — so bemerkt er — berechtige uns nicht dazu, die Authentizität zu verneinen; diese sei jedoch aus zwei anderen Gründen wenig wahrscheinlich: 1. Die Vorstellung, dass die Ablehnung der Juden und die Übertragung der Verheissung auf andere mit Jesu Tod in einem kausalen Zusammenhang stünden, komme in Jesu sonstigen Aussagen nicht vor; hingegen sei sie in der Verkündigung der Urgemeinde sehr verbreitet. 2. Jesus würde sich selbst als „der Sohn" bezeichnen, obschon er das sonst nie tue — (en passant sagt er über Mk. 13, 32 und Mt. 11, 27 dass sie „in Bezug auf ihre Herkunft aus der ältesten Jesusüberlieferung kaum überwindlichen Bedenken unterliegen" [2]) — dieser Titel aber auch als messianisches Prädikat unbekannt sei, während er andrerseits innerhalb der ältesten Verkündigung eine wichtige Rolle spiele. „Damit dürfte deutlich geworden sein, dass das Gleichnis von den bösen Weingärtnern nicht aus der geschichtlichen Situation des Lebens Jesu, sondern aus der Situation nach dem Tode Jesu und der Entstehung der Urkirche mit ihrem Bekenntnis zum erhöhten Gottessohn stammt. Das Gleichnis kann daher nicht dazu verwendet werden, das Selbstbewusstsein Jesu oder seine eschatologische Erwartung zu erhellen." [3]

Die zu Beginn dieses Kapitels aufgeworfene Frage wird somit negativ beantwortet. Und doch sind KÜMMELS Argumente weniger stichhaltig, als man auf den ersten Blick glaubt. Was den ersten Punkt — den kausalen Zusammenhang zwischen Jesu Tod und der Verwerfung der Führer Israels — betrifft, muss man zugeben, dass die historische Authentizität an Wahrscheinlichkeit gewinnt, wenn ein Logion positive Berührungspunkte mit anderen Logien besitzt. Aber deren Fehlen allein beweist noch nicht, dass es sich hier um ein sekundäres Element handelt. Man darf hinzufügen, dass die Wegnahme des Weinberges in diesem Falle nicht nur eine Strafe für die Tötung des Sohnes, sondern auch die Folge der Treulosigkeit der Pächter in der vorangehenden Zeit ist. Ausserdem weisen Logien wie Mt. 12, 41-42 und vielleicht auch 23, 32-33 darauf hin, dass auch Jesus selbst die Verurteilung der Schriftgelehrten und

---

[1] *Das Gleichnis* a.a.O. S. 127.
[2] a.a.O. S. 130.
[3] a.a.O. S. 131.

Pharisäer mit ihrer Haltung seiner eigenen Person gegenüber in Zusammenhang bringt. [1] Den zweiten Punkt können wir ausser acht lassen, da diese Frage eben hier zur Diskussion steht. Aber man darf daran erinnern, dass Jesus Gott zweifellos seinen Vater genannt hat, weshalb KÜMMELS Einwand weniger Gewicht hat. Das Fehlen eines Konsenses rechtfertigt jedenfalls eine erneute Erörterung der fundamentalen Fragen.

2. GAB ES EINE URFORM DIESES GLEICHNISSES?

J. M. LAGRANGES Ausspruch in seinem stets wieder neu auf-gelegten, aber nur 1928 revidierten Kommentar zu Mk. ist im Neudruck von 1947 ein Anachronismus: ,,Concluons que rien absolument n'autorise la critique à révoquer en doute l'authenticité de la parabole" [2]. Das Gegenteil ist der Fall. Man muss nämlich zugeben, dass dieses Gleichnis — zumindest als Ganzes, aber auch in manchen Einzelheiten — besser zur Predigt der Urgemeinde passt als zur Verkündigung Jesu. Die allgemeine Tendenz des Gleichnisses weist auf Apg. 7, 51-52 und Hebr. 1, 1-2 hin (wo eben-falls die Rede ist vom κληρονόμος vgl. Mk. 12, 7). Zur Haltung der Winzer gegenüber dem Sohn finden sich sachliche Parallelen in Apg. 13, 27 und Joh. 1, 11. Zum Motiv des Herrn, der seinen Sohn aussendet, vergleiche man Joh. 3, 16; zum Thema des Pro-phetenmordes Mt. 23, 37 par.; Lk. 11, 47-51; Apg. 7, 51-52; Hebr. 11, 32-38. Das Erkennen des Sohnes kann ein Echo von Mk. 14, 61-62 par. sein; der Plan, ihn zu töten, von Mk. 3, 6 par. Für den Sohn, der in der Gestalt eines δοῦλος stirbt, vergleiche Phil. 2, 6-8. Hier liegen also so viele Beziehungspunkte zu den gängigen Themata der ältesten Katechese vor, dass man fast allein schon aus diesen Elementen das Gleichnis aufbauen kann. Ist es in einer der drei synoptischen Versionen authentisch, so muss man daraus schliessen, dass sein Einfluss auf die Verkündigung ungemein gross war. Deshalb gibt es mehr Grund zur Annahme, dass die drei Versionen innerhalb der Verkündigung entstanden und hier auch ihre heut bekannte Formulierung erhielten.

Lässt sich mit gleicher Wahrscheinlichkeit sagen, dass das Gleichnis innerhalb der Verkündigung entstanden ist, ohne dass

---

[1] Mt. 23, 34 ff. lässt man besser ausser Betracht, da aus dem Paralleltext des Lk. hervorgeht, dass es sich hier vermutlich um ein Zitat handelt. Vgl. BULTMANN, *Geschichte* S. 119; M. DIBELIUS, *Formgeschichte* S. 246.

[2] S. 312.

ihm ein wirklich von Jesus ausgesprochenes Gleichnis zu Grunde liegt? Manche Punkte sprechen dagegen. So wies schon F. C. Burkitt [1] darauf hin, dass das Fehlen eines Hinweises auf die Auferstehung für die Authentizität spreche. Man kann ihm zustimmen, und viele Autoren folgten — manchmal sogar ohne Namensnennung — seiner Auffassung [2]. Das Argument ist aber weniger überzeugend als man vermutet. Wenn das Gleichnis nämlich tatsächlich innerhalb der Verkündigung entstanden ist, muss auch das Schriftzitat Mk. 12, 10-11 par. dazu gehören; dann aber ist auch von der Auferstehung die Rede, für die Psalm 118, 22-23 ein klassischer Beweistext ist [3], der auch 1. Petr. 2, 7 (vgl. V. 4) und Apg. 4, 11 im Zusammenhang mit der Auferstehung angeführt wird. Burkitts Argument wird so hinfällig.

Man muss also im Text selbst nach positiven Hinweisen dafür suchen, dass dieser ein Vorstadium kannte. In diesem Fall darf man Einzelheiten ohne jede allegorische Bedeutung als solche Hinweise betrachten. Nach W. G. Kümmel [4] handelt es sich hier zwar um eine Allegorie, ,,deren Vorhandensein man nicht mit dem Hinweis darauf bestreiten darf, dass durchaus nicht alle Züge der Erzählung allegorisch gedeutet werden sollen und können''. Aber das schliesst nicht aus, dass eine Erzählung einer echten Allegorie um so ferner steht, je mehr allegorisch nicht erklärbare Einzelheiten sie aufweist [5]. Gerade eine innerhalb und zum Behuf der Verkündigung entstehende Allegorie, die doch einen rein didaktischen Charakter trägt, wird keine oder nur sehr wenige solche Einzelheiten enthalten. Übrigens sind wir hier keineswegs nur auf Vermutungen oder Annahmen angewiesen. Die altchristliche Literatur kennt Beispiele für derartige Allegorien. So werden in der Allegorie Ep. Diogn. VI [6], die im Bilde von Seele-Leib das Verhältnis Christ-Welt darstellt, ausschliesslich solche Einzelheiten erwähnt, die für die allegorisierte Wirklichkeit von Bedeutung sind. Das ist auch der Fall in der Allegorie Pastor Hermae, Sim. II, 3-8 [7]. In

---

[1] S. S. 125, Anm. 1.
[2] So J. Jeremias, a.a.O. S. 56, der nur auf Taylor und Brouwer hinweist.
[3] J. Jeremias, a.a.O. S. 56-57; vgl. auch C. H. Dodd, *According to the Scriptures*, London 1953, S. 35-36.
[4] *Mélanges Goguel* S. 124.
[5] J.-M. Lagrange, a.a.O. S. 311 spricht deshalb zu Recht von ,,une allégorie qui confine à la parabole''; vgl. A. M. Hunter, *The Interpretation of the Parables*, ET LXIX (1957-1958) S. 101 und 103.
[6] F. X. Funk, *Patres Apostolici*, Tübingen 1901, S. 400-401.
[7] a.a.O. S. 522-27.

beiden Fällen werden nur Einzelheiten genannt, die später erklärt
werden. Das zweifellos interessanteste Beispiel findet sich in Pastor
Hermae, Sim. V, 2-5 [1]. Diese Allegorie ist nicht nur wegen ihrer
adoptianisch gefärbten Christologie interessant, sondern auch
besonders deshalb, weil sie ebenfalls vom Bild des Weinberges ausgeht, also auf das Winzergleichnis hinweist und in mancher Hinsicht
mit ihm verwandt ist. Auch sie erwähnt in ihrem bildlichen Teil
ausschliesslich solche Einzelheiten, die später in allegorischem
Sinne erklärt werden. Man darf daher in den Unebenheiten zwischen
der Allegorie und der allegorisierten Realität die Indizien eines
älteren Gleichnisses sehen, das seine allegorische Interpretation
erst in einem zweiten Stadium erhalten hat. Derartige Unebenheiten kommen in nichtallegorisierten Einzelheiten vor; man
kann schwerlich annehmen, dass man sie in eine katechetische
Allegorie aufgenommen hätte.

Schon TAYLOR [2] hat mehrere solche Einzelheiten hervorgehoben:
„No allegorical significance belongs to the hedge, the pit, the wine
press, the tower, the other country, the fruit, the exterior of the
vineyard". Man kann die ersten vier ausser Betracht lassen: sie
stammen aus Jes. 5, 1 f. und brauchen daher zur Aufnahme in eine
katechetische Allegorie nicht von unmittelbar allegorischer Bedeutung zu sein. J. SCHNIEWIND [3] weist noch auf folgende Einzelheiten
hin: Mk. 12, 3-5 kann nicht auf die Propheten bezogen werden [4],
da die diesbezügliche jüdische Tradition anders lautet. „Auch passt
'so wird das Erbe unser sein' nicht zur allegorischen Deutung,
denn die Juden rühmen sich ja gerade, Gottes Erbbesitz inne zu
haben." Ich halte besonders den letzten Hinweis SCHNIEWINDS für
wichtig. Gibt es doch in der gesamten NT-Tradition keine Anzeichen
dafür, dass man in der Katechese über Israels Führer so dachte;
und auch die im Hintergrund des Gleichnisses stehende konkrete
Situation bedingt keineswegs gerade diese Motivierung der Winzer,
die im Gegenteil besser für eine lebensnahe Erzählung passt, wie
DODD [5] und JEREMIAS [6] in ihren Ausführungen zeigen. Aus der

---

[1] a.a.O. S. 530-39.
[2] *St. Mark* S. 472.
[3] *Markus* S. 153.
[4] V. TAYLOR, ebd., ist der Auffassung, dass auch in Mk. die Diener die
Propheten bedeuten.
[5] *The parables* S. 125.
[6] *Gleichnisse* S. 58.

Ankunft des Sohnes schlossen die Winzer, dass der Eigentümer des Weinberges tot sei. Töten sie nun seinen Erben, so gehört der Weinberg niemandem mehr und wird auf Grund des Ius primi Occupantis ihr Besitz. Ich möchte diesen Einzelheiten noch zwei weitere hinzufügen: 1. Das Fortgehen des Herrn aus seinem Weinberg; 2. Seine eigene Rückkehr zur Bestrafung der Übeltäter. Besonders der zweite Punkt passt überhaupt nicht in eine allegorische Darlegung der Heilsgeschichte hinein. In der Katechese ist es immer Jesus, der als Herr und Richter zum Gericht wiederkehrt und nicht der Vater.

Diese Details weisen darauf hin, dass die Allegorie ursprünglich nicht — wie es z.B. bei der Allegorie von Pastor Hermae, Sim. V, 2-5 wohl der Fall ist — als eine katechetische Zusammenfassung der Heilsgeschichte oder einer ihrer Perioden konzipiert wurde.

So ergibt sich die Frage, ob und inwieweit es möglich ist, die sekundären Elemente herauszulösen und so das ursprüngliche Gleichnis zu rekonstruieren. Das Ergebnis wird natürlich immer sehr hypothetisch und anfechtbar bleiben. Dennoch glaube ich, dass sich ein solcher Versuch lohnt. Um dem Vorwurf von W. G. KÜMMEL [1], die Ausscheidung der allegorischen Elemente geschehe ohne objektive Kriterien, zu entgehen, muss man nach solchen Kriterien suchen. Wir nehmen die Version des Mk. als Ausgangspunkt, untersuchen jeweils, inwieweit Mt. und Lk. diese gebrauchten, lösen die für Mk. typischen Eigentümlichkeiten aus ihr heraus, ergänzen sie mit jenen in Mk. fehlenden Angaben, die Mt. mit Lk. gemein hat, und entfernen schliesslich alle allegorischen Elemente des Mk., die nicht sowohl bei Mt. als bei Lk. anzutreffen sind.

3. REKONSTRUKTIONSVERSUCH DES URSPRÜNGLICHEN GLEICHNISSES

Versucht man auf Grund der oben angeführten Kriterien das Sekundäre vom Ursprünglichen zu trennen, so muss man den Text natürlich Vers für Vers prüfen.

Mk. V. 1 / Mt. V. 33 / Lk. V. 9.

Ἄνθρωπος ἐφύτευσεν ἀμπελῶνα, καὶ εξέδοτο αὐτὸν γεωργοῖς, καὶ ἀπεδήμησεν.

Ἄνθρωπος ἐφύτευσεν ἀμπελῶνα trifft man bei allen dreien, wie auch das Ende des Verses: καὶ ἐξέδοτο αὐτὸν γεωργοῖς καὶ ἀπεδήμησεν. Οἰκοδεσπότης ist ein Wort, das Mt. mit Vorliebe

---

[1] *Verheissung* S. 76.

verwendet; es kommt nur bei den Synoptikern vor, und zwar in folgender Verteilung: 7/1/4 [1]. Unter diesen Texten ist Mk. 14, 14/Lk. 22, 11 der einzige, bei dem es sich nicht um ein Gleichnis oder um Bildsprache handelt. Mt. fügt also einen für die Gleichnissprache typischen Ausdruck hinzu. Ἄνθρωπος an Stelle von τις ist ein Semitismus [2] und ebenfalls echte Gleichnissprache; vgl. Mk. 4, 26; Mt. 7, 24 (ἀνήρ) / Lk. 6, 48 (ἄνθρωπος); Mt. 12, 35 / Lk. 6, 45; Mt. 13, 24; Mt. 13, 31 / Lk. 13, 19 (Mk. umschreibt hier mit Hilfe des Passivs); Mt. 13, 44. 52; Mt. 18, 12 / Lk. 15, 4; Mt. 20, 1; 21, 28; 22, 2 (ἄνθρωπος βασιλεύς an Stelle von βασιλεύς τις) / Lk. 14, 16 (ἄνθρωπος τις); Mt. 25, 14 / Lk. 19, 12; Lk. 10, 30; 12, 16; 15, 11; 16, 1. 19; 18, 10. Die Bedeutung ,,Mensch'' rückt hier so in den Hintergrund, dass selbst Gott mit diesem Wort bezeichnet werden kann [3] (vgl. besonders Lk. 14, 16; 15, 11; Mt. 18, 12). Auf Grund des semitischen Charakters, den der Gebrauch dieses Wortes in den Gleichnissen aufweist, darf man es wahrscheinlich auf Jesus selbst zurückführen.

Mt. und Mk. geben das Zitat von Jes. 5 ausführlicher wieder als Lk. Jede der beiden Versionen kann an und für sich die ursprüngliche sein. Aber im allgemeinen erweitert Mk. keine Zitate. Auf jeden Fall kann man die Erweiterung dieses Zitates nicht der Allegorisierung zuschreiben, da die Worte keine allegorische Bedeutung besitzen. Auch γεωργός ist ein echtes Gleichniswort, das in den Evangelien, der Apg. und bei Paulus und Jakobus in folgender Verteilung vorkommt: 6/5/5/1/-/1/1, ebenso ἀμπελών (10/5/7/-/-/1). Beide Wörter kommen genau wie ἀποδημεῖν (3/1/2) ausschliesslich in Gleichnissen und in der Bildsprache, ἐκδίδοναι nur in diesem Gleichnis vor. Χρόνους ἱκανούς fügte Lk. hinzu [4].

---

[1] Für die statistischen Angaben vgl. R. MORGENTHALER, *Statistik*; andere Quellen werden angeführt.

[2] vgl. M. BLACK, *An aramaic approach to the gospels and acts*, Oxford 1957², S. 250-51.

[3] Über den Gebrauch von ἄνθρωπος an Stelle von τις s. W. BAUER, *Wörterbuch*, S. 125-26 sub 3, und M. BLACK, a.a.O. S. 249-51. J. JEREMIAS, a.a.O. S. 59-60 Anm. 6 betont — meines Erachtens zu Unrecht —, dass diese ,,Allegorisierung'' ursprünglich nicht vorhanden war. Als ob Gott in einem Gleichnis nicht mit dem Wort ἄνθρωπος bezeichnet werden könnte.

[4] vgl. HAWKINS, *Horae synopticae*, S. 27 (3); 29 (29). Χρόνος kommt folgendermassen vor in den Ev., der Apg. und bei Paulus: 3/2/7/4/17/9; ἱκανός 3/3/9/—/18/7; die Kombination kommt ausschliesslich vor: Lk. 8, 27; 20, 9; 23, 8; und Apg. 8, 11; 14, 3; 27, 9; ähnliche Kombinationen: Apg. 9, 23. 43; 18, 18; 27, 7.

Mk. V. 2 | Mt. V. 34 | Lk. V. 10a.

Καὶ ἀπέστειλεν πρὸς τοὺς γεωργοὺς τῷ καιρῷ δοῦλον, ἵνα λάβῃ ἀπὸ τῶν καρπῶν τοῦ ἀμπελῶνος.

Καὶ findet man bei Mk. und Lk. Wir behalten auch die Reihenfolge des Mk. bei, weil die Verbindung des καὶ mit dem Zeitwort eher dem semitischen Sprachgebrauch entspricht und deshalb primitiver ist. Hier kann man Lk. für eine Verbesserung halten. Ἀπέστειλεν πρὸς τοὺς γεωργοὺς treffen wir bei allen dreien an. Auch das τῷ καιρῷ des Mk. wird ohne weiteres beibehalten. Lk. gebraucht hier ebenfalls den Dativ, wenngleich in unbestimmter Form. Den Artikel finden wir bei Mt. wieder, der die Zeitbestimmung umschreibt. Gegen das δούλους von Mt. behalten wir den Singular des Mk. bei. Erstens, weil Mk. hier von Lk. unterstützt wird; zweitens, weil bei Mt., wie aus dem folgenden Vers hervorgeht, damit die Propheten gemeint sind. Es gibt bei Mk. und Lk. keinen Ansatz zu dieser Allegorisierung. Auch ἵνα lassen wir wegen Lk. stehen, allerdings nicht ohne Zögern, denn diese Konstruktion scheint von Mk. mit Vorliebe angewandt zu werden [1]. Λάβῃ wird von Mt., und ἀπό — in dieser Form ein Semitismus [2] — von Lk. unterstützt. Der Plural τῶν καρπῶν ist ursprünglich, weil man ihn auch bei Mt. antrifft, ebenso — auf Grund von Lk. — der bestimmende Genitiv τοῦ ἀμπελῶνος.

Mk. V. 3 | Mt. V. 35 | Lk. V. 10 b.

Καὶ λαβόντες αὐτὸν ἔδειραν καὶ ἀπέστειλαν κενόν.

Für καὶ λαβόντες siehe Mt., für αὐτὸν Lk. Ἔδειραν blieb —ebenso wie bei Lk., der die Konstruktion verbesserte, — auch bei Mt. Das ἀπέστειλαν κενόν finden wir bei Lk. in ἐξαπέστειλαν (ein Lukanismus [3]) κενόν; es handelt sich dabei um einen bekannten Ausdruck, den wir als Übersetzung für שלח ריקם oder הוליך ריקם (auch mit anderen Verba wie בוא und שוב) in der LXX finden.

Das Zeitwort δέρειν [4] ist ein nahezu technischer Ausdruck für das Schlagen von Jesus oder seinen Jüngern geworden, obschon es manchmal auch in anderem Zusammenhang erscheint, nämlich 1. Kor. 9, 26 und 2. Kor. 11, 20.

In diesem Vers hält Lk. sich ziemlich treu an die Ausdrucksweise

---

[1] vgl. HAWKINS, a.a.O. S. 14; die Statistik gibt an: 41/65/46/147/15/249.
[2] So M. BLACK, a.a.O. S. 90-91 und 253.
[3] vgl. HAWKINS, a.a.O. S. 18 (51); 191 (36); die Statistik gibt an: -/-/4/-/7/2.
[4] Statistik: 1/3/5/1/3/2.

des Mk. Mt. weicht beträchtlich von ihnen ab. Man kann hier —
besonders am Gebrauch von ἀποκτείνειν und λιθοβολεῖν — ziemlich mühelos die Allegorisierung erkennen. Die Worte des Mt.
erinnern stark an das Logion Mt. 23, 37 / Lk. 13, 34 und an Apg. 7,
58. 59, wo vom Prophetenmord Jerusalems die Rede ist. In der LXX
kommt λιθοβολεῖν besonders in Gesetzestexten vor. Man denke nur
an das Steinigen der falschen Propheten (Deut. 13, 10). In den ka-
nonischen Büchern gibt es nur ein einziges Beispiel für diese Strafe,
nämlich Sacharja, 2. Chron. 24, 21. H. J. SCHOEPS [1] wies jedoch
nach, dass es in der apokryphen Literatur ähnliche Fälle gibt,
so dass man von einem gängigen Thema sprechen darf. Es steht
ausser Zweifel, dass Mt. die Diener vornehmlich mittels dieses
Wortes als verfolgte Propheten interpretiert [2].

Mk. V. 4 / Mt. V. 36 / Lk. V. 11.

Καὶ ἀπέστειλεν (πρὸς αὐτοὺς) ἄλλον δοῦλον, κἀκεῖνον ἐκεφαλαίωσαν
καὶ ἠτίμασαν.

Πάλιν wird weggelassen. Anscheinend hat Mk. es hinzugefügt,
worauf es Mt. von ihm übernommen hat [3]. Für καὶ siehe Lk.
'Απέστειλεν liess Mt. stehen; man findet es dem Sinne nach bei Lk.
in πέμψαι. Lk. aber geht hier eigene Wege und erweist sich als
sekundär. Πρὸς αὐτοὺς steht in Klammern: nur Mk. kennt es,
braucht es aber, gerade weil es überflüssig ist, nicht notwendigerweise hinzugefügt zu haben; ebensogut können Mt. und Lk. es
weggelassen haben. Ἄλλον wurde bei Mt. zu ἄλλους, und bei Lk.
zu ἕτερον, ein Lukanismus [4]. Lk. unterstützt κἀκεῖνον, während
ἐκεφαλαίωσαν ein so seltenes Wort ist, dass es kaum sekundär sein
kann [5]. Von ἠτίμασαν finden wir noch eine Spur im ἀτιμάσαντες des Lk.
Es wird deutlich, dass die drei Versionen stets mehr auseinander-
gehen. Lk. umschreibt mit προστιθέναι, ein Lukanismus [6]. Ausser-

---

[1] *Die jüdischen Prophetenmorde*, in: Aus frühchristlicher Zeit, Tübingen
1950, S. 126-44.
[2] Da bei Mt. bereits die ersten Abgesandten getötet werden, fällt bei
ihm die Steigerung des Mk. und Lk. weg. Er macht dieses Fehlen einiger-
massen wett, indem er die Zahl der Abgesandten erhöht (τοὺς δούλους αὐτοῦ
— ἄλλους δούλους πλείονας τῶν πρώτων).
[3] vgl. HAWKINS, a.a.O. S. 13 (30); Statistik: 17/28/3/43/5/28.
[4] a.a.O. S. 19 (59).
[5] a.a.O. S. 133 (22); das gilt ebenso für die alexandrinische Variante
ἐκεφαλίωσαν. S. BLASS-DEBRUNNER, § 108, 1 (S. 71) und die Ausführungen
in den verschiedenen Kommentaren; bes. V. TAYLOR, St. *Mark* S. 474.
[6] vgl. HAWKINS, a.a.O. S. 21 (120); Statistik: 2/1/7/-/6/1.

dem macht er aus der primitiven parataktischen Konstruktion besseres Griechisch und nimmt das ἐξαπέστειλαν κενόν wieder auf.

Der bei Mk. eindeutig in der sich verschlimmernden Behandlung der Diener gipfelnde Höhepunkt, den auch Lk. beibehält, erfährt bei Mt. seine Steigerung lediglich in der wachsenden Dienerzahl; nachdem alle anderen Möglichkeiten bereits erschöpft sind, kann er nur noch darauf hinweisen, dass es ihnen genauso wie ihren Vorgängern ergeht.

Mk. V. 5 / Lk. V. 12.

Καὶ ἄλλον ἀπέστειλεν, κἀκεῖνον ἀπέκτειναν.

Mt., der schon alles berichtet hat, was es über die Diener zu berichten gibt, muss hier versagen. Lk. bringt die Aussage in typisch Lukanischem Stil: wieder eine Konstruktion mit προστιθέναι, aus der hervorgeht, dass Lk. hier selbst spricht. Noch andere Wörter weisen in diese Richtung, z.B. πέμπειν [1] und τραυματίζειν [2].

Dass die Konstruktion des Lk. die treffendste Steigerung enthält, ist deutlich: auf das Schlagen folgt Schlagen und Entehren, schliesslich ein Verletzen, während der Mord für den Sohn reserviert bleibt. Wenn diese Steigerung ursprünglich wäre, liesse sich kein Grund denken, der Mk. veranlasst haben könnte, sie abzuändern, während sich für Mt. die mit V. 35 einsetzende Allegorisierung als Grund darbietet. Deshalb ist diese Steigerung vermutlich eine Verbesserung von Lk., also ein sekundäres Element. Übrigens machte schon LAGRANGE darauf aufmerksam: ,,Lc. paraît avoir suivi une gradation plus savante: il n'y a que trois serviteurs, et la mort est réservée au fils, ce qui augmente l'intérêt dramatique. Mt. a divisé les serviteurs en deux groupes, et il semble que ce soient les anciens prophètes et les nouveaux, selon la division du Canon. L'ordre de Mc. est donc le moins systématique, et par conséquent il a des chances d'etre primitif" [3].

Es liesse sich darüber streiten, inwieweit das Aussenden vieler andrer (πολλοὺς ἄλλους) und die Verfolgungen, die sie durchstehen müssen, ursprünglich sind. Mögen die entsprechenden Ausdrücke des Mk. auch nicht so unmittelbar auf eine Allegorisierung hinweisen wie die des Mt., ihr sekundärer Charakter ist dennoch wahrscheinlicher. Was den ,,vielen anderen" widerfährt, ist nämlich nur eine wortgetreue Zusammenfassung dessen, was ihre Vorgänger

---

[1] Statistik: 4/1/10/32/11/15.
[2] Statistik: -/-/1/-/1/-; τραῦμα (Lk. 10, 34) ist im NT ein Hapaxlegomenon.
[3] *St. Marc* S. 307-308.

erduldet haben. Die Tatsache, dass in den vorangehenden Versen
für die Verfolgungen stets andere Formulierungen gebraucht werden
(δέρειν, κεφαλαιοῦν, ἀτιμάζειν, ἀποκτείνειν), spricht für den sekundären Charakter dieses Satzteiles. Da hier ausserdem ein erster
Ansatz zur allegorischen Interpretation der Diener vorliegt und
dieses Detail nur durch die eine der beiden Versionen unterstützt
wird — bei Lk. fehlt es vollständig —, lassen wir den zweiten Teil
von Vers 5 weg. Dass dies zu Recht geschieht, bestätigt vielleicht
ein anderes Gleichnis, nämlich dasjenige von den unwilligen Gästen
(Mt. 22, 2 ff. / Lk. 14, 16 ff.). Mt. berichtet auch hier, dass Gruppen
von Dienern dreimal mit einer Einladung ausgesandt werden, ehe
der Gastherr den drastischen Entschluss fasst, an Stelle der ursprünglich Geladenen andere zu sich zu bitten. Bei Lk. wird dreimal ein
Knecht allein ausgeschickt. Die Fassung des Mt. ist auch in anderer
Hinsicht sekundär; auch hier sind aus dem einen Abgesandten drei
Gruppen von Dienern geworden, so dass wir mit gutem Grund
annehmen können, dass auch Mk. 5b sekundären Charakters ist.

Ohne Zweifel zeigt das Gleichnis an dieser Stelle die wichtigsten
Unterschiede der drei Versionen; es liegt somit auf der Hand, dass
der allegorisierende Einfluss der Katechese hier am deutlichsten
zutage tritt.

Mk. V. 6 / Mt. V. 37 / Lk. V. 13.

Ἀπέστειλεν δὲ πρὸς αὐτοὺς ἔσχατον τὸν υἱὸν αὐτοῦ λέγων · ἐντραπήσονται τὸν υἱόν μου.

Die drei Versionen unterscheiden sich hier ebenfalls beträchtlich.
Jeder hat die hypothetische Vorlage auf eigene Art und Weise
umgearbeitet. Mk. dramatisiert, indem er betont, dass dem Herrn
des Weinberges nur noch der geliebte (= einzige) Sohn geblieben
sei (die Knechte wurden ja getötet). Lk. erreicht die gleiche dramatische Wirkung durch unverkennbares Psychologisieren: τί ποιήσω;
Mt. gibt hier nicht nur die einfachste Darstellung, sondern auch
eine Formulierung, die sich am besten an die vorangehenden Verse
des Gleichnisses anschliesst. Grund genug zur Annahme, dass er
dem ursprünglichen Text am nächsten steht. Zwar scheint sein
ὕστερον sekundärer Art zu sein [1], aber den ihm zugrunde liegenden
Gedanken finden wir im ἔσχατον des Mk. [2]. Den restlichen Text

---

[1] Statistik: 7/1/1/1/Hebr. 1/.

[2] Hier wird ἔσχατον adverbial gebraucht. Vgl. KITTEL, ThWNT II S. 654
und BAUER, a.a.O. S. 568. Allegorische Bedeutung ist nicht ausgeschlossen
(vgl. Hebr. 1, 2), aber keineswegs nötig (vgl. Mk. 12, 22).

findet man fast vollständig bei Mt. und Mk. Ἀγαπητός fällt weg, obschon beide, Mk. und Lk., es anführen, weil wir prinzipiell allegorische Elemente nur dann beibehalten wenn man sie bei allen drei Synoptikern antrifft. Dass Mk. ein solches Wort enthält und Mt. nicht, ist auffallend und spricht für den ursprünglichen Charakter dieses Mt.-Verses. Es ist nämlich undenkbar, dass Mt. — der sonst die Allegorisierung liebt — dieses Wort hier entfernte. Wir müssen es für eine spätere Verdeutlichung halten, die die Interpretation von „τὸν υἱὸν αὐτοῦ" sicherstellen wollte [1]. Ἐντραπήσονται kommt bei allen drei Evangelisten vor, obschon Lk. wieder eine eigene Konstruktion mit ἴσως, ein Hapaxlegomenon im NT, und mit τοῦτον, wahrscheinlich ein Lukanismus, hat [2].

Die sekundäre Allegorisierung hat also auch diesen Vers stark beeinflusst, was nicht verwunderlich ist. Für das älteste Christentum begann hier der Höhepunkt des Gleichnisses, weil man in den beiden folgenden Versen auf diskrete Weise eines der zentralsten Heilsgeschehnisse angedeutet sah; dass die Akzente etwas stärker gesetzt wurden, soll einen nicht wundern.

Mk. V. 7 | Mt. V. 38 | Lk. V. 14.

Οἱ δὲ γεωργοὶ ἰδόντες τὸν υἱὸν εἶπον ἐν ἑαυτοῖς· οὗτός ἐστιν ὁ κληρονόμος· δεῦτε ἀποκτείνωμεν αὐτόν, καὶ ἡμῶν ἔσται ἡ κληρονομία.

Wir stehen mit diesem Vers wieder auf festem Boden. Die Unterschiede sind gering und ohne grosse Bedeutung, indes die wesentlichen Elemente bei allen drei Synoptikern vorkommen. Auch die untergeordneten Details sind nur geringfügig verändert und können als Verbesserungen der Urfassung gelten. Die erste Hälfte des Verses stützt sich auf Mt., der ursprünglicher zu sein scheint. Δεῦτε wurde beibehalten, da es sowohl bei Mt. als auch bei Mk. steht und hier vermutlich eine Anspielung auf Gen. 37, 20 vorliegt [3], die Lk. möglicherweise entging. Wir ziehen die Konstruktion mit καὶ der Konstruktion des Lk. vor, nicht nur weil Mt. und Mk. auch in diesem Punkt übereinstimmen, sondern auch weil die parataktische Konstruktion primitiver klingt. Die Worte des Mk. ἡμῶν ἔσται werden durch Lk.' Verbesserung bestätigt: ἡμῶν γένηται.

Bemerkenswert ist, dass hier, wie im ersten Vers, starke Über-

---

[1] vgl. W. G. KÜMMEL, *Mélanges Goguel*, S. 123; H. RIESENFELD, *Jésus transfiguré*, København 1947, S. 251, Anm. 57; E. STAUFFER in ThWNT I S. 54 und V. TAYLOR, *The names*, S. 159-60.

[2] vgl. MORGENTHALER a.a.O. S. 181.

[3] vgl. S. M. GOZZO, a.a.O. S. 112.

einstimmung herrscht, während in beiden Fällen keine direkte allegorische Anwendung suggeriert wird.

Mk. V. 8 | Mt. V. 39 | Lk. V. 15a.

Καὶ λαβόντες ἀπέκτειναν αὐτόν, καὶ ἐξέβαλον αὐτὸν ἔξω τοῦ ἀμπελῶνος. Wir folgen hier ganz Mk. Sowohl Mt. als Lk. lassen den Mord ausserhalb des Weinberges geschehen. Da man am allegorischen Charakter dieses Details nicht zweifeln kann, halten wir uns hier wiederum an die Regel, eventuelle allegorische Züge nur dann zu bewahren, wenn diese in allen drei Versionen vorkommen. Da es zudem undenkbar ist, dass Mk. hier den ursprünglichen Text verändert hat, steht der sekundäre Charakter ausser Zweifel. Abgesehen von λαβόντες und dem zweiten αὐτὸν finden wir bei Mt. und Lk. die übrigen Worte des Mk. Λαβόντες führt Mt. an; es ist ein Semitismus [1]. Αὐτόν wird beibehalten: eben weil es überflüssig ist, scheint es ursprünglicher zu sein und kann die Wiedergabe eines semitischen Suffixes darstellen.

Mk. V. 9 | Mt. V. 40-41 | Lk. V. 15b-16.

Τί ποιήσει ὁ κύριος τοῦ ἀμπελῶνος;

Ἐλεύσεται καὶ ἀπολέσει τοὺς γεωργούς, καὶ δώσει τὸν ἀμπελῶνα ἄλλοις.

Auch hier befinden wir uns auf dem festen Boden übereinstimmender Traditionen. Bei Mt. und Lk. findet man nahezu alle Elemente des Mk., den ersten Teil sogar in allen seinen Einzelheiten. Lk. fügte lediglich οὖν hinzu — wodurch ein Asyndeton wegfällt — und αὐτοῖς, das sachlich zwar auch bei Mt. erscheint, aber als eine Verdeutlichung betrachtet werden darf. Mt. bietet hier eine breitere Umschreibung. Die Frage erinnert an das Ende des Gleichnisses von Jes. 5, wie LOHMEYER nachgewiesen hat [2].

Auch den zweiten Teil finden wir vollständig bei Lk., der allerdings τούτους hinzufügt. Mt. kennt einen anderen, semitisch anmutenden Ausdruck: κακοὺς κακῶς ἀπολέσει αὐτούς [3], und ist möglicherweise primitiver als Mk. und Lk. Der Schluss des Mk. ist der gleiche wie der des Lk., indes Mt. nur geringfügige Varianten aufweist. Mt. erläutert das Ende des Gleichnisses ausführlicher und erklärt des näheren, was für die Zuhörer ohne weiteres verständlich

---

[1] vgl. M. BLACK, a.a.O. S. 90-91 und 253.
[2] *Markus* S. 246.
[3] M. BLACK, a.a.O. S. 87.

war. Ἀποδιδόναι ist charakteristisch für Mt. [1] und weist darauf hin, dass der Schluss von Mt. selbst stammt.

Mt. stellt das Ende in Dialogform dar, was wohl Anspruch auf Ursprünglichkeit erheben kann. Anzeichen dafür gibt es ja auch bei Lk., nämlich die Antwort der Zuhörer: μὴ γένοιτο. Hier liegt vermutlich ein von Lk. übernommener Paulinischer Ausdruck vor [2]. Mancherlei Gründe sprechen für die Dialogform des Schlusses[3], die auch in unserem Text möglich ist, wenn man annimmt, dass V. 9b von den Zuhörern gesprochen wird.

Wir können schliesslich zusammenfassend die hypothetische Urfassung des Gleichnisses folgendermassen wiedergeben:

Ἄνθρωπος ἐφύτευσεν ἀμπελῶνα, καὶ ἐξέδοτο αὐτὸν γεωργοῖς, καὶ ἀπεδήμησεν, καὶ ἀπέστειλεν πρὸς τοὺς γεωργοὺς τῷ καιρῷ δοῦλον, ἵνα λάβῃ ἀπὸ τῶν καρπῶν τοῦ ἀμπελῶνος.

Καὶ λαβόντες αὐτὸν ἔδειραν καὶ ἀπέστειλαν κενόν.

Καὶ ἀπέστειλεν (πρὸς αὐτοὺς) ἄλλον δοῦλον, κἀκεῖνον ἐκεφαλαίωσαν καὶ ἠτίμασαν.

Καὶ ἄλλον ἀπέστειλεν, κἀκεῖνον ἀπέκτειναν.

Ἀπέστειλεν δὲ πρὸς αὐτοὺς ἔσχατον τὸν υἱὸν αὐτοῦ λέγων·

Ἐντραπήσονται τὸν υἱόν μου.

Οἱ δὲ γεωργοὶ ἰδόντες τὸν υἱὸν εἶπον ἐν ἑαυτοῖς·

Οὗτός ἐστιν ὁ κληρονόμος· δεῦτε ἀποκτείνωμεν αὐτόν, καὶ ἡμῶν ἔσται ἡ κληρονομία.

Καὶ λαβόντες ἀπέκτειναν αὐτόν, καὶ ἐξέβαλον αὐτὸν ἔξω τοῦ ἀμπελῶνος.

Τί ποιήσει ὁ κύριος τοῦ ἀμπελῶνος;

Ἐλεύσεται καὶ ἀπολέσει τοὺς γεωργούς, καὶ δώσει τὸν ἀμπελῶνα ἄλλοις. [4]

---

[1] vgl. HAWKINS, a.a.O. S. 4 (4); Statistik: 18/1/8/-/4/8/.

[2] Diese besonders starke Negation im Optativ kommt sonst nur noch bei Paulus vor; er entlehnte sie dem Stil der Diatribe und gebraucht sie recht häufig (u.a. Röm. 11, 1. 11).

[3] vgl. C. H. DODD, Parables S. 127.

[4] Es ist aufschlussreich, hier den Text des koptischen Thomasevangeliums, den P. LABIB, Coptic Gnostic Papyri in the Coptic Museum at old Cairo, Cairo 1956, I Pl. 93 veröffentlicht hat, zum Vergleich heranzuziehen. Die Übersetzung ist von J. LEIPOLDT, Ein neues Evangelium?, ThLZ 83 (1958) S. 489, Nr. 66.

„Ein gütiger (chrēstos) Mann hatte einen Weinberg und gab ihn Landarbeitern, damit sie ihn bearbeiteten und er von ihnen seine Frucht (karpos) empfinge. Er sandte seinen Knecht, damit die Landarbeiter ihm die Frucht (karpos) des Weinberges gäben. (Aber) sie bemächtigten sich seines Knechtes und schlugen ihn; es fehlte nicht viel, so hätten sie ihn getötet. Der Knecht kam (zurück) und sagte es seinem Herrn. Sein Herr sagte: Vielleicht kannte

Das Resultat dieses Rekonstruktionsversuches zeigt, dass der uns zur Verfügung stehende Text des Gleichnisses mehrere sich voneinander unterscheidende Schichten enthält; die jüngste kann als allegorische Interpretation gekennzeichnet werden, während die älteste aller Wahrscheinlichkeit nach das ursprüngliche Gleichnis darstellt. Natürlich darf man sich nicht der Illusion hingeben, hiermit die buchstäbliche griechische Übersetzung der ipsissima verba Jesu rekonstruiert zu haben; das ist für die Annahme der Authentizität auch nicht erforderlich.

4. AUTHENTIZITÄT

Stehen dieser Urfassung des Gleichnisses in bezug auf die Authentizität die gleichen Bedenken entgegen wie den synoptischen Versionen? Der Vorwurf seiner ausserordentlichen theologischen Geladenheit und seiner ungemein zahlreichen Berührungspunkte mit der Verkündigung der Urgemeinde fällt grösstenteils weg. Hingegen bleibt eines der erwähnten Bedenken bestehen, dass nämlich die Erzählung unwahrscheinlich klinge. Und hier handelt es sich nicht um Einzelheiten [1] oder um den Hintergrund [2], sondern um den Kern der Erzählung selbst. Jeder wird J. SCHNIEWINDS Worten zustimmen: ,,Die Geschichte i s t unmöglich! Welcher

---

er sie nicht. Er sandte einen anderen Knecht; (aber) die Landarbeiter schlugen auch den anderen. Da (tote) sandte der Herr seinen Sohn und sprach: Vielleicht werden sie sich vor meinem Sohn scheuen. (Aber) jene Landarbeiter, da (epei) sie wissen, dass er der Erbe (klēronomos) des Weinbergs sei, ergriffen ihn und töteten ihn.''

Natürlich enthält auch dieser Text sekundäre Elemente; z.B. die Erwähnung, dass der erste Knecht beinahe getötet wurde, und die Überlegung des Eigentümers, dass der Knecht die Arbeiter vielleicht gar nicht gekannt habe. Andrerseits steht aber der Text, auf den sich diese Version stützt, dem Urgleichnis näher als der Wiedergabe der synoptischen Tradition. Vgl. G. QUISPEL, *Some remarks on the Gospel of Thomas*, NTS 5 (1959), S. 282. Wenn neben den drei synoptischen Fassungen der Text des Thomasevangeliums zur Rekonstruktion des Urgleichnisses als Kriterium dienen dürfte, wäre eine solche Rekonstruktion wahrscheinlich noch viel einfacher vorzunehmen. Bei der Beschreibung des Weinbergs erübrigten sich dann vermutlich die Reminiszenzen an Jes. 5, 2, während man auch die ursprüngliche Anwesenheit des dritten Knechtes anzweifeln könnte. Besonders wichtig ist es für uns, dass die Aussendung des Sohnes und dessen Tod hier ebenfalls Höhepunkt sind, dass sich auch hier ein Hinweis auf sein Erbrecht finden lässt.

[1] z.B. die vier Punkte, die sich auf die Fachkenntnis der Traubenkultur und des Weinbaus beziehen, wie E. LOHMEYER, *Markus* S. 244 sie anführt.

[2] Den C. H. DODD, *Parables* S. 125, und J. JEREMIAS, *Gleichnisse* S. 57, schilderten.

Besitzer liesse sich eine Behandlung seiner Abgesandten gefallen, wie sie hier den Boten widerfährt! und dann sendet er noch den geliebten Sohn!'' [1] Die Lösung — meint er — liege hier nicht in der Beseitigung dieser Unwahrscheinlichkeit, sondern in der Tatsache, dass sie in einem Gleichnis keineswegs ungewöhnlich sei, denn ,,unmöglich war auch die Geschichte vom vierfachen Acker, unmöglich ist das Gleichnis vom Schalksknecht (Mt. 18, 23 ff.), höchst unwahrscheinlich die Geschichte vom ungerechten Verwalter (Lk. 16, 1 ff.).'' [2]

Ein Vergleich mit minder umstrittenen Gleichnissen ist übrigens für die Authentizitätsfrage wichtig. Dabei drängt sich ein Gleichnis auf, das Mt. nicht ohne Grund unmittelbar folgen lässt, Mt. 22, 2 ff. / Lk. 14, 16 ff. Sachlich gesehen ist die Kombination des Mt. völlig verantwortet [3], da das Gleichnis — es handelt von den Geladenen, die sich weigern zu kommen — eine nahe Verwandtschaft mit dem Winzergleichnis aufweist. Dass auch hier, sogar in der Version des Lk. ab Vers 21, die erzählten Geschehnisse unwahrscheinlich sind, braucht kaum betont zu werden. Die ursprünglich Geladenen machen sich in der Geschichte des Mahles unwürdig und sie werden so radikal durch Arme und Unglückliche ersetzt, dass sie nicht einmal mehr am Mahl teilnehmen dürfen. Der Sinn der beiden Gleichnisse scheint der gleiche zu sein: diejenigen, für die Weinberg und Festmahl bestimmt waren, werden durch eigene Schuld ausgeschlossen, Pachtrecht und Einladung fallen anderen zu. Wir sind hier in der Gedankenwelt jener Logien, die betonen, das Heil, das einige für sich selbst bestimmt glaubten, aber auf Grund ihrer Haltung verscherzten, falle den Armen zu; z.B. Mt. 11, 25; 9, 13 par.; Lk. 15, 7; Mt. 9, 12 par.; u.a.m.

Mt. hat das Gleichnis vom Gastmahl dem Winzergleichnis noch mehr angeglichen. Die ursprünglichen Gäste werden genauso wie die Pächter des Weinberges getötet, und auch hier werden Dienergruppen ausgesandt, denen es nicht besser ergeht als den Knechten des Weinbergbesitzers. Inwieweit hier ein Ansatz zur Allegorisierung vorliegt können wir ausser Betracht lassen; vermutlich allegorisiert Mt. dadurch, dass er den Gastherrn zu einem König und das Fest-

---

[1] *Markus* S. 154.
[2] ebd.
[3] Im koptischen Thomasevangelium stehen beide Gleichnisse ebenfalls nebeneinander, wenn auch in umgekehrter Reihenfolge. Vgl. den Text bei P. LABIB, a.a.O. Pl. 92-93, und die Übersetzung bei J. LEIPOLDT, a.a.O. S. 489, Nr. 65-66.

mahl zu einem Hochzeitsmahl für den Sohn macht (V. 2). Das ist ein sekundärer Zug, durch den das Gleichnis eine ursprünglich nicht vorhandene christologische Bedeutung erhält.

Gerade deshalb wird die Frage akut, ob nicht der Sohn auch im Gleichnis der Winzer ein sekundäres Element darstelle, das später hinzugefügt wurde. Die Tatsache, dass dieses Element in allen drei Versionen vorkommt, braucht an und für sich nichts weiter zu bedeuten, als dass sich diese Allegorisierung innerhalb der Verkündigung vollständig durchsetzen konnte. Man muss tatsächlich zugeben, dass der Grundgedanke des Gleichnisses auch dann der gleiche bleibt, wenn vom Senden und Ermorden des Sohnes nicht die Rede ist; der Höhepunkt der Erzählung wäre dann allerdings viel weniger stark, als dies jetzt der Fall ist. Es gibt aber ein Detail, das dann vollständig unerklärbar wäre: nämlich die Worte ἡμῶν ἔσται ἡ κληρονομία (Mk. 12, 7 par). Sie besitzen keine allegorische Bedeutung, wurden also auch nicht im Zusammenhang mit der allegorisierenden Interpretation des ursprünglichen Gleichnisses hinzugefügt. Somit bleibt aber nur die eine Möglichkeit, dass sie nämlich von Anfang an im Gleichnis vorkamen. Dann kam aber auch die Figur des Sohnes von Anfang an im Gleichnis vor, denn die Worte sind sinnlos, sobald sie sich nicht auf diesen beziehen [1].

Das von uns rekonstruierte Gleichnis fällt weder auf Grund der Unwahrscheinlichkeit der Erzählung, noch auf Grund seines Sinnes aus dem Rahmen der synoptischen Gleichnisse [2]; man kann gegen seine historische Authentizität also keine grundlegenden Einwände erheben. Wir konnten ausserdem feststellen, dass die Figur des Sohnes, der ausgesandt und getötet wird, von Anfang an zum Gleichnis gehörte und nicht erst in einer interpretierenden Paraphrase zur Erzählung hinzugefügt wurde. Aber das heisst noch keineswegs, dass es in dem Gleichnis eigentlich nur um die Aussendung und den Tod des Sohnes geht.

---

[1] Sollte es in Hinblick auf diesen Hintergrund nicht möglich sein, eine Interpretation für das rätselhafte Logion Mt. 11, 12 zu finden ? Stellt doch die κληρονομία, die Jesu Gegner für so bedeutsam halten, im Gleichnis das Reich Gottes dar — wie W. Foerster, Art. κληρονόμος ThWNT III S. 782 mit Recht hervorhob —, während aus dem Gleichnis auch deutlich hervorgeht, dass die Gegner sich mit Gewalt des Erbteils zu bemächtigen suchen. Ἁρπάζουσιν ist dann ein Präsens de conatu (Blass-Debrunner § 319, S. 200); vgl. G. Schrenk, Art. βιάζομαι ThWNT I S. 608-613.

[2] Vgl. C. H. Dodd, Parables S. 127.

5. Die Bedeutung des Gleichnisses und die Gestalt des Sohnes

Die Bedeutung des Winzergleichnisses ist in einer anderen Richtung zu suchen [1]. Nicht der Sohn oder (wie Jes. 5) der Weinberg sind hier Angelpunkt, sondern die Pächter. Die Absicht ist folgende: ein Urteil über die Pächter des Weinberges, das heisst über die Führer Israels, zu fällen [2]. Der Herr des Weinberges, nämlich Gott, hat diese mit Wohltaten überhäuft und muss zum Dank die grösste Schmach erdulden; deshalb bestraft er sie und bestimmt seine Wohltaten für andere. Man kann meiner Ansicht nach nicht behaupten — wie R. Bultmann [3] —, dass das Gleichnis nur als Allegorie einen Sinn habe, es sei denn, man sieht schon in der Interpretation: Herr = Gott, Pächter = Israels Führer ein Hindernis, noch von einem Gleichnis zu reden.

Die Figur des Sohnes ist im Gleichnis zweifelsohne nur ein beiläufiges Element. Das Benehmen der Pächter dem Sohn gegenüber zeigt besonders eindringlich, wie falsch ihre Haltung dem Herrn gegenüber ist; würde diese Figur jedoch fehlen, so wäre der Unterschied nur ein nebensächlicher. Dennoch ist die Funktion des Sohnes mit einem auch andere Logien durchziehenden Gedanken verwandt: das Benehmen der Führer Israels Jesus gegenüber zeigt sich als eine Konkretisierung ihrer Haltung Gott gegenüber, Mt. 10, 34 ff. 40 f. Es ist nicht ausgeschlossen, dass auch diese Vorstellung im Gleichnis, wenn auch nicht die Hauptrolle, so doch eine Rolle spielt.

Nimmt man an, das Gleichnis sei authentisch, so hat sich Jesus hier — wenn auch indirekt und äusserst diskret — selbst als Sohn bezeichnet. Haben die Zuhörer das bemerkt? Die Menge wahrscheinlich nicht; wohl aber die Eingeweihten, auch wenn sie nicht alles verstanden. Sie hätten es jedenfalls bemerken k ö n n e n , sofern sie sich daran erinnerten, wie Jesus stets von Gott als seinem Vater sprach, wie er sich selbst auch bei anderen, wenn auch seltenen, Gelegenheiten beiläufig und ohne besondere Betonung ,,der Sohn'' nannte, ohne auch nur den geringsten Zweifel zu wecken, dass Gott selbst der Vater dieses Sohnes sei.

Wird der Begriff ,,Sohn'' hier noch auf irgendeine Weise vertieft? Das Gleichnis unterscheidet ihn scharf von den δοῦλοι. Bedeutet

---

[1] Vgl. J. Jeremias, *Gleichnisse* S. 59.
[2] Vgl. C. H. Dodd a.a.O. S. 131.
[3] *Geschichte* S. 191.

das, dass Jesus hier selbst einen Unterschied zwischen seiner eigenen Person und den Propheten macht? [1] Meines Erachtens nicht. Gehört doch die Interpretation der Diener als Propheten zur sekundären Schicht des Gleichnisses, die man — in Anlehnung an einen von französischen Alttestamentlern gebrauchten Ausdruck — als „relecture" dieses Gleichnisses bezeichnen könnte. Der betreffende Unterschied scheint also wohl für die Anschauungen der ältesten Kirche von Bedeutung zu sein, nicht aber für die Anschauung von Jesus selbst. Für Jesu eigene Auffassung ist nicht nur die einzigartige Stellung, die der Sohn im Gleichnis einnimmt, wichtig, sondern vielleicht auch die Tatsache, dass er den Sohn als κληρονόμος [2] bezeichnet. Die spätere Literatur weist mehrmals darauf hin: Röm. 8, 17; Gal. 3, 29; 4, 7; Hebr. 1, 2. Dieses κληρονόμος ist für die theologische Interpretation der Sohnschaft Jesu ohne jeden Zweifel von Belang [3]. Da aber auch die Bildsprache des Gleichnisses nach diesem Element verlangt, lässt sich aus dem Text nicht mit Sicherheit feststellen, ob sich Jesus selbst dessen bewusst war, der κληρονόμος zu sein. Aus Mt. 28, 18 ergibt sich, dass der Auferstandene alle Gewalt im Himmel und auf Erden erhalten hat. Jesus wusste aber auch schon v o r seiner Auferstehung, dass er alles, was er besass, von seinem Vater empfangen hatte; das bezeugt das Herrenwort Mt. 11, 27 par., das im folgenden Kapitel untersucht wird.

---

[1] Was manche Exegeten behaupten; u.a. T. W. MANSON, *The Teaching of Jesus*, S. 104; E. DABROWSKI, *La transfiguration de Jésus*, Scripta Pontificii Instituti Biblici 85, Romae 1939, S. 103; A. W. ARGYLE, ET LXI (1949-50) S. 230.
[2] Vgl. T. W. MANSON, a.a.O. S. 112; W. FOERSTER, ThWNT III S. 781-82.
[3] Ebd.

VIERTES KAPITEL

Mt. 11,27 — Lk. 10,22.

1. Der direkte Kontext. — 2. Die Konstruktion. — 3. Der „Sitz" im Leben Jesu. — 4. Textanalyse. — 5. Die theologische Bedeutung.

Das Verhältnis zwischen Jesus und dem Vater wird in der synoptischen Tradition nirgends so explizite und tiefschürfend behandelt, wie Mt. 11, 27 — Lk. 10, 22. Deshalb wundert man sich auch nicht, dass es über dieses Logion ungemein viel Literatur gibt. Die orthodoxen Exegeten betrachten es ja als den Eckstein der neutestamentlichen Christologie, der das vierte Evangelium mit den Synoptikern verbindet. Für die liberale Exegese war es allerdings ein Stein des Anstosses, den man aus dem Weg schaffen wollte indem man entweder seine Authentizität leugnete oder die Bedeutsamkeit der Worte — wie etwa A. VON HARNACK [1] — einzuschränken versuchte.

Die Frage nach der Authentizität [2] und der theologischen Tragweite von Mt. 11, 27 par. ist für unser Thema von entscheidender Bedeutung. Dabei würde sich durch die Leugnung der Authentizität keineswegs etwa eine Untersuchung der Frage erübrigen, ob und in welchem Sinne Jesus in seinen Worten dem Bewusstsein, Gottes Sohn zu sein, Ausdruck gab. Es existieren ja auch noch andere diesbezügliche Texte. Gelingt es jedoch, die Authentizität mit literarkritischen Gründen zu erhärten, so liegt hier ein sehr folgenschweres Jesuswort vor.

Da hierzu in den letzten Jahren des öfteren Literaturübersichten publiziert wurden [3], sehen wir davon ab; wir erörtern direkt den Text selbst und die sich aus ihm ergebenden Fragen.

---

[1] *Sprüche und Reden Jesu*, Leipzig 1907, S. 189-216. VON HARNACK meint nämlich, u.a. auf Grund einer äusserst schwachen Variante von Lk. 10, 22, dass Vers 27 b später hinzugefügt wurde, weshalb von einem exklusiven Kennen des Sohnes durch den Vater im Logion keine Rede sei. Seine Auffassung fand kaum Zustimmung; in neuerer Zeit von W. GRUNDMANN, *Jesus der Galiläer*, S. 221-23, und T. W. MANSON, *The sayings of Jesus*, S. 80.

[2] Wir finden hier eines der von J. JEREMIAS aufgezeigten Kriterien zur Feststellung der Authentizität (*Kennzeichen der ipsissima vox Jesu* a.a.O. S. 86-93), nämlich dass Jesus Gott seinen Vater nennt. Da Mt. das jedoch an Stellen ergänzt, wo es ursprünglich nicht stand (vgl. H. F. D. SPARKS, *Divine fatherhood* a.a.O. S. 248; s. S. 93 ff.), trifft dies Kriterium hier nicht zu.

[3] S. J. BIENECK, *Sohn Gottes*, S. 75-87; D. VAN SWIGCHEM, *Geschiedenis*

1. DER DIREKTE KONTEXT

Das Problem der Authentizität ist, besonders seit der aufsehen-
erregenden Arbeit von E. NORDEN[1], mit der Frage verbunden, ob
Mt. 11, 25-30 eine literarische Einheit darstelle. Voraussetzend,
dass die Verse ursprünglich zueinander gehörten, sieht NORDEN in
ihnen ein Beispiel für den hellenistischen Typ eines religiösen
Offenbarungswortes, den er auch in nichtbiblischen Quellen glaubt
nachweisen zu können. Da er seinen Ursprung in den mystisch-
theosophischen Milieus des Orients sieht, bestreitet er, dass es sich
hier um Autophonia Kyriou handle. Obschon NORDENS Auffassungen viel Kritik hervorriefen[2], war ihr Einfluss gross; noch bis
vor kurzem verteidigten viele Exegeten die literarische Einheit
von Mt. 11, 25-30, so etwa M. RIST[3], W. D. DAVIES[4], W. GRUND-
MANN[5] und A. FEUILLET[6]; letzterer nimmt auf Grund der Übereinstimmungen mit ähnlichen Stellen der Sapientia-Literatur[7] an,
dass es sich hier um eine primitive Einheit handelt. Übrigens behält
diese Textkombination ihre eigene Bedeutung und selbständige
Funktion auch dann, wenn man der Auffassung ist, sie sei eine
sekundäre Verbindung authentischer oder unauthentischer Logien.

W. BOUSSET[8] denkt ernsthaft an die Möglichkeit, dass Mt. 11,
25-28 eine sekundäre Kombination von Logien enthalte, die ursprünglich selbständig innerhalb der Tradition existierten und
möglicherweise authentisch sind. Er hält auch tatsächlich das

---

van de exegese van Luc. 10 : 22 (Matth. 11 : 27) in de laatste decennia, Gere-
formeerd Theologisch Tijdschrift 52 (1952) S. 97-108; und besonders H.
MERTENS, L'hymne de jubilation chez les synoptiques, Gembloux 1957, S. 19-33.
S. auch die Bibliographie bei MERTENS a.a.O. S. 11-16.

[1] Agnostos Theos, Stuttgart 1956[4], S. 276-308.

[2] Z.B. J. WEISS, Das Logion Mt. XI, 25-30, Festschrift Heinrici, S. 120-
129; A. HARNACK, Ist die Rede des Paulus in Athen ein ursprünglicher
Bestandteil der Apostelgeschichte?, TU 39, 1 S. 46; E. MEYER, Ursprung und
Anfänge des Christentums I, Stuttgart-Berlin 1921, S. 280-291.

[3] Is Matt. XI 25-30 a primitive baptismal hymn? JR 15 (1935), S. 63-77.

[4] „Knowledge" in the Dead Sea Scrolls and Matthew 11 : 25-30, HThR,
XLVI (1953), S. 113-139.

[5] Jesus der Galiläer S. 209-223.

[6] Jésus et la Sagesse divine d'après les Évangiles synoptiques, RB 62 (1955)
S. 180-181.

[7] Es ist deutlich, dass diese Übereinstimmungen weder als Beweis für,
noch als Beweis gegen die Authentizität gelten können.

[8] Kyrios Christos, S. 58-63.

erste Logion, Mt. 11, 25-26, für authentisch[1]; das gilt allerdings nicht für Vers 27, von dem er meint: „So hat denn wahrscheinlich erst die Gemeinde der Jünger Jesu und diese erst auf hellenistischem Boden in dem Logion Mt. 11, 27 in Anlehnung an echte Jesusworte von sehr andersartigem und unendlich schlichterem Gehalt jenes majestätische Selbstzeugnis geschaffen, das von ihrem Glauben an den Sohn als den Offenbarer Gottes ein so lebendiges Zeugnis gibt".[2] Nach BOUSSET zieht die formgeschichtliche Schule die gleichen Schlüsse[3], obschon BULTMANN[4] die Authentizität weniger kategorisch bestreitet als man erwarten sollte.

Den vornehmlichsten Gewinn zeitigt anscheinend der Standpunkt, dass die sogen. Hymne Mt. 11, 25-30 keine ursprüngliche Einheit darstelle, sondern aus ursprünglich isolierten oder innerhalb eines anderen Traditionskomplexes vorkommenden Logien zusammengestellt sei. Der Text selbst gibt tatsächlich jeden Anlass zu dieser Hypothese. Das Fehlen von Mt. 11, 28-30 bei Lk. weist darauf hin, dass diesem eine Überlieferung vorlag, in der dieser Textbestandteil fehlte[5]. Das bedeutet, dass diese Verse nicht von Anfang an zu der „Hymne" gehörten, sondern erst von Mt. hinzugefügt wurden. Gewiss stimmt das auch, wenn die „Hymne" für den liturgischen Gebrauch bestimmt war: solch liturgische Texte bleiben nämlich während der verschiedenen Traditionsstadien meist unverändert[6]. Auch sind die einzelnen Teile der Hymne Ausdruck verschiedenen Geistes[7]. Der erste Teil richtet sich unmittelbar an den Vater, als inniges Dankgebet. Die zweite „Strophe"

---

[1] a.a.O. S. 59-60. Er hält es für ein „aus irgendwelchem Zusammenhang entlehntes Fragment".

[2] a.a.O. S. 62-63.

[3] M. DIBELIUS, *Formgeschichte* S. 279-284; R. BULTMANN, *Geschichte* S. 171-72.

[4] „Aus dem Rahmen der Jesusworte fällt es heraus; doch liegt andrerseits m.E. kein zwingender Grund vor, es Jesus abzusprechen." a.a.O. S. 172; „über die Frage, ob der Vers ein echtes Jesuswort sein kann, muss analog geurteilt werden wie über die Frage nach dem Verhältnis der johanneischen Jesusworte zu den synoptischen." ThWNT I S. 714.

[5] Vgl. R. BULTMANN, *Geschichte*, S. 171.

[6] Dies beweist die Tatsache, dass Mt. 11, 25-27 / Lk. 10, 21-22 die einzige Stelle ist, wo der Gebrauch von ὁ πατήρ bzw. πάτερ bei Mt. und Lk. identisch ist (vgl. die Übersicht S. 94-95). Der Sprachgebrauch des Lk. ist in *allen* anderen Fällen — also auch in den wenigen Texten, die ihre Parallele in Mk. haben — ein anderer.

[7] Vgl. W. BOUSSET, *Kyrios Christos*, S. 60; J. WEISS a.a.O. S. 127-128; R. BULTMANN, *Geschichte* S. 171-172; E. PERCY, *Die Botschaft Jesu*, Lund 1953, S. 260.

stellt eine feierliche Erklärung dar, die sich nicht unmittelbar auf eine bestimmte Person bezieht, auf Grund des betonten οὐδεὶς (ἐπι)γινώσκει jedoch an eine Gruppe mehr oder weniger feindlicher Zuhörer denken lässt. Die dritte „Strophe" ist ein Aufruf, der deutlich einer Menschengruppe gilt. Diese Unterschiede sind gewiss auffallend, falls es sich hier um eine literarische Einheit handelt. Andererseits gibt es natürlich formal wie inhaltlich so viele Übereinstimmungen, dass man die Logien in einem späteren Stadium miteinander verbinden konnte. [1]

Für unser Thema ist eine Untersuchung der vollständigen Hymne nicht erforderlich, da diese in ihrer gegenwärtigen Form vermutlich nicht von Jesus sondern aus der späteren Tradition stammt. Wir beschränken uns also weiterhin auf Mt. 11, 27 par.

2. DIE KONSTRUKTION

Isoliert man Vers 27 par. von seinem unmittelbaren Kontext, so gewinnt man ein Logion, das mit den Logien des vierten Evangeliums verwandter ist als die Verse 25-26 und 28-30. Man hat deshalb seine Authentizität ernsthaft angezweifelt [2]; viele schreiben es einer Glaubensgemeinschaft mit starken Bindungen an hellenistische Religiosität zu. Wir hätten in diesem Logion dann wohl einen Ausspruch über Jesus, nicht aber von ihm.

---

[1] Vgl. besonders J. BIENECK, Sohn Gottes S. 84-87.

[2] M. DIBELIUS, *Formgeschichte* S. 279-284; C. CLEMEN, *Religionsgeschichtliche Erklärung*, S. 77-78; W. BOUSSET a.a.O. S. 62; R. BULTMANN, ThWNT I S. 714; BULTMANN, *Geschichte* S. 176, glaubt anscheinend an die Möglichkeit, dass diese Worte innerhalb der palästinensischen Gemeinde entstanden. O. CULLMANN, *Christologie* S. 293, sieht im johanneischen Charakter des Logions keinen Einwand gegen dessen Authentizität. V. TAYLOR, *The names* S. 64, hält einerseits den hellenistischen Charakter für übertrieben, sieht aber andererseits auch in den Übereinstimmungen mit dem vierten Evangelium keinen Einwand, denn „Johannine sayings are frequently genuine logia expressed in a new idiom". G. SCHRENK, ThWNT V S. 994, meint, man müsse die Frage der Authentizität ebenso beantworten wie bei den Logien des vierten Evangeliums. Laut J. BIENECK, *Sohn Gottes*, S. 87, fällt das Logion nicht aus dem Rahmen der synoptischen Tradition. L. CERFAUX, *Les sources scripturaires de Mt. XI, 25-30*, EThLov XXX (1954) S. 740-46, XXXI (1955), S. 331-42, folgert an Hand einer Untersuchung der Schriftstellen, die diese Worte vielleicht inspirierten, dass das Logion sicherlich nicht hellenistischen Ursprungs ist, dass der Urheber nicht allzu fern von Jesus und der galiläischen Gemeinde gestanden haben kann, und dass schliesslich „Jésus aurait pu prier ainsi". Vgl. R. FEUILLET, a.a.O. S. 161-96. W. D. DAVIES, „*Knowledge* . . .", a.a.O. S. 58-63, betont die Verwandtschaft mit gewissen Stellen der Qumranrollen, durch welche ein direkter Einfluss des Hellenismus oder johanneischer Kreise noch weniger wahrscheinlich wird.

H. Mertens stellt die Frage, ob man im Feststellen der Verwandtschaft mit den Logien des Johannesevangeliums nicht zu weit gegangen sei [1]. Deshalb muss im folgenden der allgemeine Eindruck, den die diesbezügliche Stelle hervorruft, etwas ausführlicher analysiert werden. In bezug auf den Inhalt ist die erwähnte Übereinstimmung in der Tat frappant. Für Vers 27a kann man auf Joh. 3, 27. 35; 5, 19-20; 7, 16. 28; 8, 29. 38; 10, 29; 12, 49; 13, 3; 16, 5; 17, 2 (aber auch auf Mt. 28, 18) hinweisen. Für Vers 27b auf Joh. 7, 27 (ebenso Mt. 26, 17). Für Vers 27c auf Joh. 5, 20; 7, 29; 8, 55. Für Vers 27b-c auf 8, 19; 10, 15. Für Vers 27d auf Joh. 17, 2-3. Aber literarische Abhängigkeit oder Verwandtschaft wird vornehmlich in der Form sichtbar. Und diese ist, trotz aller inhaltlichen Übereinstimmungen, sehr verschieden. Der Unterschied liegt in erster Linie nicht in der Wortwahl, [2] sondern in dem geschlossenen Aufbau des Logions:

<table>
<tr><td>Mt 11, 27</td><td>Lk. 10, 22</td></tr>
<tr><td>(a) Πάντα μοι παρεδόθη
ὑπὸ τοῦ πατρός μου</td><td>Πάντα μοι παρεδόθη
ὑπὸ τοῦ πατρός μου</td></tr>
<tr><td>(b) καὶ οὐδεὶς ἐπιγινώσκει τὸν υἱὸν
εἰ μὴ ὁ πατήρ</td><td>καὶ οὐδεὶς γινώσκει τίς ἐστιν ὁ υἱὸς
εἰ μὴ ὁ πατήρ</td></tr>
<tr><td>(c) οὐδε τὸν πατέρα τις ἐπιγινώσκει
εἰ μὴ ὁ υἱὸς</td><td>καὶ τίς ἐστιν ὁ πατὴρ
εἰ μὴ ὁ υἱὸς</td></tr>
<tr><td>(d) καὶ ᾧ ἐὰν βούληται ὁ υἱὸς
ἀποκαλύψαι</td><td>καὶ ᾧ ἐὰν βούληται ὁ υἱὸς
ἀποκαλύψαι</td></tr>
</table>

Im vierten Evangelium sucht man vergeblich nach einem ähnlich aufgebauten Logion. Betrachtet man die oben angeführten Texte, so fällt besonders die — ich möchte fast sagen — Offenheit dieser Logien auf; ihnen fehlt der formale Abschluss. Deshalb gewinnt man aus den johanneischen Sprüchen auch nur selten den Eindruck einer selbstverständlichen Einheit. Man kann sie kaum von ihrem Kontext lösen, da sie weder von geschlossener Struktur noch abgerundet sind. Bei unserem Logion ist das Gegenteil der Fall: der einleitende Satz (a) entspricht dem Schlusssatz (d), da das παρεδόθη in der ersten Hälfte von (a) mit dem ἀποκαλύψαι in der zweiten Hälfte von (d), und das ὑπὸ τοῦ πατρός μου der zweiten Hälfte von (a) mit dem ὁ υἱὸς der ersten Hälfte von (d) korrespondiert. Auf Grund des umgekehrten Parallelismus von (a) und (d)

---

[1] a.a.O. S. 39.
[2] Vgl. jedoch L. Cerfaux, *L'évangile de Jean et „le logion Johannique" des Synoptiques*, a.a.O. S. 147; 153-58.

entsteht eine Art Inklusion. Der Aufbau des Hauptsatzes (bc) ist ebenfalls an Hand seines Parallelismus — den die zwei verschiedenen Versionen allerdings unterschiedlich verarbeiten — klar zu erkennen. Eine solch geschlossene Konstruktion ist den johanneischen Logien fremd, ist im Gegenteil kennzeichnend für eine Anzahl synoptischer Jesusworte. Man vergleiche z.B. Mt. 6, 1-4. 16-18. 19-21, die genauso geschlossen konstruiert sind und ebenfalls durch einen einfachen Parallelismus und einen straffen Rhythmus hervortreten. Auf Grund all dieser Eigenschaften behält man das Logion leicht im Gedächtnis; es scheint seine definitive Form [1] innerhalb der mündlichen Tradition erhalten zu haben (das erklärt auch, warum (b) und (c), besonders in der lukanischen Version, leicht miteinander verwechselt werden). J. C. Hawkins zeigte, dass auch das in Mt. und Lk. ganz verschieden vorkommende τις auf eine frühere mündliche Tradition hinweist; er sieht darin ein typisches Beispiel für „words differently applied" [2].

All diese Kennzeichen: geschlossene Konstruktion, Rhythmus und Parallelismus weisen auf einen „style oral" hin, der bei den Logien des vierten Evangeliums fehlt. Wir halten es aus diesen Gründen nicht für richtig, hier ohne nähere Nuancierung von einem johanneischen Logion zu sprechen.

3. Der „Sitz" im Leben Jesu

Obschon formal gesehen das Logion zu anderen Logien der synoptischen Tradition nicht im Widerspruch steht, lässt es sich doch nicht leicht in das Kerygma oder in die Katechese der ältesten Gemeinde einfügen. Es stellt nicht nur auf Grund seines einzigartigen Inhaltes einen Ausnahmefall dar, sondern auch dadurch, dass es — entweder isoliert oder innerhalb des von Mt. und Lk. überlieferten Kontextes betrachtet — ein spontaner Ausspruch von Jesus zu sein scheint. Derart spontane Ausdrücke kommen in der synoptischen Tradition nur bei der Verkündigung vom Reiche Gottes

---

[1] Wenn man hier überhaupt von einer definitiven Form sprechen darf. Eine allgemein anerkannte Formulierung gab es eigentlich nie. Das beweisen nicht nur die voneinander abweichenden Versionen von Mt. und Lk., sondern auch die patristische Literatur und das Nazaräerevangelium. Vgl. E. Stauffer, *Agnostos Christos*, Essays Dodd S. 295. Stauffer sieht gerade im Fehlen formaler Übereinstimmungen einen Hinweis für die Authentizität: „Nichts spricht dagegen, vieles spricht dafür, dass das Logion vom unerkannten Gottessohn ein echtes Jesuswort ist." a.a.O. S. 296.

[9] *Horae synopticae* S. 70 (12).

oder in Vorschriften für die Jünger vor; vielleicht auch noch bei Angriffen auf die Mentalität der Pharisäer. Man muss also untersuchen, ob dieses Logion vielleicht ursprünglich in einem Rahmen stand, in dem seine Besonderheit weniger zutage trat oder überhaupt nicht auffiel. Somit ist hier auch die Frage nach dem ,,Sitz'' im Leben Jesu viel wichtiger als die andere nach dem ,,Sitz'' im Leben der Kirche des ganzen Passus Mt. 11, 25-30 [1]. Kann man einen solchen Rahmen finden und dabei glaubhaft machen, dass das Logion — u.U. nur im Stadium der mündlichen Tradition — ursprünglich in ihm stand, so wird man auch eher auf seine historische Authentizität schliessen dürfen.

Schon T. W. MANSON [2] erkannte das; er hielt es für das Wichtigste, festzustellen unter welchen Umständen das Logion gesagt wurde. Er macht darauf aufmerksam, dass Mt. das Logion im Schema von Mk. vorne vor Petrus' Glaubensbekenntnis einfügt, während es sich bei Lk. weiter hinten und erst nach diesem Glaubensbekenntnis findet. Es heisst dann bei ihm: ,,In my opinion the occasion was probably the confession itself, which is not likely to have passed without leaving some trace in Q''. MANSON führt weiter aus, dass es sich hier offensichtlich um den spontanen Ausdruck besonderer Freude handle; man könne deshalb kaum einen besseren ,,Sitz'' im Leben Jesu als das Bekenntnis von Caesarea Philippi finden. Aber da er keine weiteren Argumente anführt, handelt es sich hier mehr um eine vage Vermutung als um eine fundierte Hypothese. Geht man vom Inhalt des Logions aus, so muss man eine andere Richtung einschlagen.

Das Logion scheint aller Wahrscheinlichkeit nach eine Antwort auf die Frage nach dem Ursprung von Jesu Autorität zu sein; diese Frage findet sich z.B. Mk. 2, 7 par. oder Mk. 11, 28 par. (vgl. auch Joh. 7, 15). Zu all diesen Beispielen lassen sich jedoch keinerlei literarischen Kontaktpunkte dafür anführen, dass die diesbezüglichen Texte jemals eine literarische Einheit mit Mt. 11, 27 gebildet hätten. Letzteres ist wohl der Fall, wenn man in Mt. 11, 27 / Lk. 10, 22 eine Antwort auf die Mk. 6, 2-3 / Mt. 13, 54-56 / Lk. 4, 22 (vgl. auch Joh. 6, 42; 7, 27) aufgeworfene Frage sieht. Diese literarischen Kontaktpunkte zeigen sich dann am deutlichsten, wenn

---

[1] Den Sitz im Leben der Gemeinde hat besonders M. RIST, a.a.O. untersucht; er beantwortet die Frage, ob es sich hier um einen Taufhymnus handelt, positiv.

[2] The Teaching of Jesus, S. 110.

man die Texte nebeneinander stellt (wobei wir auch die beiden
Johanneischen Texte berücksichtigen, da diese höchstwahrscheinlich
auf ein- und derselben Tradition fussen).

Mt 13,54-56	Mk 6,2-3	Lk 4,22	Joh. 7, 27; 6, 42
πόθεν τούτῳ ἡ σοφία^e αὕτη καὶ αἱ δυνάμεις;	πόθεν τούτῳ ταῦτα, καὶ τίς ἡ σοφία^e ἡ δοθεῖσα^b τούτῳ; καὶ αἱ δυνάμεις τοιαῦται διὰ τῶν χειρῶν αὐτοῦ γινό-μεναι		7,27 ἀλλὰ τοῦτον οἴδαμεν πόθεν ἐστίν· ὁ δὲ χριστὸς ὅταν ἔρχηται, οὐδεὶς γινώσκει^d πόθεν ἐστίν. 6,42
οὐχ οὗτός ἐστιν ὁ τοῦ τέκτονος υἱός^f;	οὐχ οὗτός ἐστιν ὁ τέκτων, ὁ υἱὸς^f	οὐχὶ υἱός^f ἐστιν Ἰωσὴφ οὗτος;	οὐχ οὗτός ἐστιν Ἰησοῦς ὁ υἱὸς^f Ἰωσήφ, οὗ ἡμεῖς οἴδαμεν^d τὸν πατέ-ρα^e καὶ τὴν μητέρα;
οὐχ ἡ μήτηρ αὐτοῦ λέγεται Μαριὰμ καὶ οἱ ἀδελφοὶ αὐτοῦ Ἰάκωβος καὶ Ἰωσὴφ καὶ Σίμων καὶ Ἰούδας; καὶ αἱ ἀδελφαὶ αὐτοῦ οὐχὶ πᾶσαι πρὸς ἡμᾶς εἰσιν; πόθεν οὖν τούτῳ ταῦτα πάντα^a;	τῆς Μαρίας καὶ ἀδελφὸς Ἰακώβου καὶ Ἰω-σῆτος καὶ Ἰούδα καὶ Σίμωνος; καὶ οὐκ εἰσὶν αἱ ἀδελφαὶ αὐτοῦ ὧδε πρὸς ἡμᾶς;		
	Mt 11,27 par.		

Πάντα^a μοι παρεδόθη^b ὑπὸ τοῦ πατρός^c μου,

καὶ οὐδεὶς { ἐπιγινώσκει / γινώσκει } de τὸν υἱὸν / τίς ἐστιν ὁ υἱὸς } ^f εἰ μὴ ὁ πατήρ

οὐδὲ τὸν πατέρα^c τις ἐπιγινώσκει^d } καὶ τίς ἐστιν ὁ πατήρ^c } εἰ μὴ ὁ υἱὸς

καὶ ᾧ ἐὰν βούληται ὁ υἱὸς ἀποκαλύψαι.

Selbst wenn man (e) nicht mit einbezieht, sind die literarischen
Kontaktpunkte unverkennbar [1]. Die Antwort entspricht auch rein
sachlich der Kernfrage, um die es sich Mk. 6, 2-3 par. handelt.
Da die aus Nazareth stammenden Menschen Jesu Familie kennen,
insbesondere seinen Vater, fragen sie sich auch, woher wohl seine
auffallende Weisheit und Wundermacht stammten. Darauf lautet

---

[1] Wir beziehen e mit ein, weil man hinter σοφία in Mt. 13, 54 par. דעת
vermuten kann und annehmen darf, dass in Mt. 11, 27b ידע gebraucht
wurde; vgl. dazu W. D. DAVIES, „Knowledge . . .", a.a.O.

die Antwort, dass man Jesu Vater *nicht* kenne (nur Jesus kennt seinen Vater), und somit auch Jesus selbst nicht. Weil ja gerade der Vater ihm diese Taten und Reden eingab, können die Zuhörer nicht verstehen, dass Jesus so redet und solche Dinge tut. Man kann zugleich auch den letzten Teil des Logions für eine Reaktion auf den sich in Nazareth verbreitenden Unglauben halten, wie er sich aus folgenden Worten ergibt: Wer der Vater ist (und damit auch, wer Jesus selbst ist und wie er so handeln und reden kann), ist nur dann zu erkennen, wenn Jesus all dies offenbart und wenn man seinem Wort Glauben schenkt. Unter solchen Umständen erscheint das Logion den Zuhörern natürlich besonders rätselhaft, doch ist dies kein Ausnahmefall. Man vergleiche z.B. Mt. 12, 40; 16, 2-4; 17, 25-27; 22, 43-45.

So ergibt sich eine Perikope, die allen Ansprüchen, die M. DIBELIUS [1] an ein Paradigma stellt, gerecht wird: Abrundung (mittels Frage und Antwort), Kürze und Einfachheit der Erzählung, erbauender Stil, Betonung eines Jesuwortes und Akzentuierung eines für die Verkündigung nützlichen Gedankens. BULTMANN würde die Erzählung ein Apophthegma nennen und sie zu den Streitgesprächen zählen [2].

Besteht aber überhaupt die geringste Wahrscheinlichkeit, dass in irgendeinem Traditionsstadium Mt. 11, 27 par. mit der Mt. 13, 54-56 par. überlieferten Fragestellung jemals eine Einheit bildete? Man kann mit Recht dagegen einwenden, dass diese Frage Teil einer anderen abgerundeten Erzählung ist, nämlich Mk. 6, 1-6 / Mt. 13, 53-58, die als Antwort ebenfalls ein Herrenwort enthält: ein Prophet gilt nirgends weniger denn im Vaterland und daheim bei den Seinen. Aber es handelt sich hier nicht um eine wirkliche Antwort, sondern um eine nahezu sprichwörtlich ausgedrückte Schlussfolgerung von Jesus, die uns auch ansonsten bekannt ist [3]; Joh. 4, 44 schreibt sie zwar Jesu zu, ohne sie jedoch irgendeiner konkreten Situation einzufügen. Das Logion von Mt. 11, 27 par. würde hier eine viel bessere Antwort abgeben.

Nun ist es in der Tat möglich, dass unser Logion mit der Frage von Mt. 13, 54-56 par. eine Einheit gebildet hat. Wiesen doch auch manche Forscher ungeachtet unserer Hypothese darauf hin, dass

---

[1] *Formgeschichte* S. 41-56.
[2] *Geschichte* S. 39-56.
[3] a.a.O. S. 30; vgl. auch STRACK-BILLERBECK a.a.O. I S. 678.

in der Erzählung Mk. 6, 1-6 par. eine Anzahl Unebenheiten vor-kommen: Die Verwunderung der Zuhörer (Vers 2) scheint der Aggressivität der Frage (Vers 3) und dem Ärgernis, das Jesu Auf-treten hervorruft (Vers 3), nicht recht zu entsprechen. Ebenso kann man die Betonung ihres Unglaubens (Vers 6) nicht leicht mit ihrer Frage, woher Jesu Weisheit und Wundermacht stammten (Vers 2), in Verbindung bringen; letzteres widerspricht wiederum der Tat-sache, dass der Herr in Nazareth keine Wundertaten verrichtet (Vers 5). Die betreffenden Autoren nehmen deshalb an, dass hier zweierlei Traditionen zu einer einzigen Erzählung verschmolzen [1]. Es wäre dann jedenfalls möglich, dass Mt. 11, 27 par. die Pointe einer dieser beiden Traditionen darstellte. Man kann jetzt diese beiden Traditionen natürlich nicht mehr voneinander trennen. Aber es fällt auf, dass Mt. 11, 27 par. über die Nennung der Mutter, der Schwestern und der Brüder überhaupt nichts aussagt [2], und dass hier gerade die Reaktion von Mk. 6, 4 am besten anschliesst. Beide Teile der Frage haben ihren Ursprung in Nazareth, und des-halb kann man auch verstehen, wie beide Traditionen zu einem einzigen Bericht verschmolzen. Auch lässt sich unschwer erklären, weshalb bei der Kombination gerade die Antwort von Mt. 11, 27 frei wurde und also später leicht Aufnahme in einem anderen Traditionskomplex finden konnte. Das Logion ist ja schon an und für sich geladen genug, um selbständig zu existieren; isoliert kommt es wohl noch stärker zum Ausdruck als innerhalb einer Diskussion.

Es scheint also möglich zu sein, unser Logion mit Mt. 13, 54-56 par. zu kombinieren; kann man noch weiter gehen? Dass die Tradition derartige Diskussionstypen kannte, erhellt aus Joh. 7, 15-16 und 8, 19, Texten die auch inhaltlich mit unserem Passus verwandt sind. Zwei weitere Stellen des vierten Evangeliums er-lauben die Frage, ob Johannes nicht vielleicht mit einer Tradition vertraut war, in der Mt. 11, 27 die Antwort auf die Frage von Mt. 13, 54-56 par. bildete. Natürlich wurden im vierten Evangelium sowohl Frage als Antwort eigenständig ausgearbeitet. Beim Vergleich der diesbezüglichen Texte fallen die Übereinstimmungen jedoch auf.

---

[1] Vgl. K. L. SCHMIDT, *Der Rahmen der Geschichte Jesu*, Berlin 1919, S. 155; R. BULTMANN, *Geschichte* S. 31; E. HIRSCH, *Frühgeschichte des Evangeliums* I, S. 43-45. V. TAYLOR, *St. Mark*, S. 298-99.

[2] Mutter und Brüder erscheinen auch sonst zusammen; vgl. Mk. 3, 31-35 und vielleicht 3, 20-21.

Mt.	Joh.	Joh.
13,55	6,42	7,27-29
οὐχ οὗτός ἐστιν ὁ τοῦ τέκτονος υἱός; οὐχ ἡ μήτηρ αὐτοῦ λέγεται Μαριάμ...	οὐχ οὗτός ἐστιν Ἰησοῦς ὁ υἱὸς Ἰωσήφ, οὗ ἡμεῖς οἴδαμεν τὸν πατέρα καὶ τὴν μητέρα;	ἀλλὰ τοῦτον οἴδαμεν πόθεν ἐστίν· ὁ δὲ χριστὸς ὅταν ἔρχηται, οὐδεὶς γινώσκει πόθεν ἐστίν..
13,56		
πόθεν οὖν τούτῳ ταῦτα πάντα;		
11,27	6,46	
πάντα μοι παρεδόθη ὑπὸ τοῦ πατρός μου, καὶ οὐδεὶς ἐπιγινώσκει τὸν υἱὸν εἰ μὴ ὁ πατήρ, οὐδὲ τὸν πατέρα τις ἐπιγινώσκει εἰ μὴ ὁ υἱὸς καὶ ᾧ ἐὰν βούληται ὁ υἱὸς ἀποκαλύψαι.	οὐχ ὅτι τὸν πατέρα ἑώρακέν τις εἰ μὴ ὁ ὢν παρὰ τοῦ θεοῦ οὗτος ἑώρακεν τὸν πατέρα.	κἀμὲ οἴδατε καὶ οἴδατε πόθεν εἰμί· καὶ ἀπ' ἐμαυτοῦ οὐκ ἐλήλυθα, ἀλλ' ἔστιν ἀληθινὸς ὁ πέμψας με, ὃν ὑμεῖς οὐκ οἴδατε· ἐγὼ οἶδα αὐτόν, ὅτι παρ' αὐτοῦ εἰμι κἀκεῖνός με ἀπέστειλεν

Obschon diese Verse des vierten Evangeliums zahlreiche typisch Johanneische Gedanken, Worte und Ausdrücke enthalten, findet man sowohl in der Frage wie in der Antwort viele Reminiszenzen an Mt. 13, 55 par. und 11, 27 par.; sogar in Einzelworten wie πόθεν und οὐδεὶς γινώσκει in 7, 27, πόθεν in Vers 28 und τις und εἰ μὴ in 6, 46. Diese Reminiszenzen liessen sich durch die Hypothese erklären, dass Joh. 6, 42. 46 und 7, 27-29 Reste einer Tradition bewahrt haben, in der die Logien von Mt. 13, 54-56 par. und 11, 27 par. als Frage und Antwort eine literarische Einheit darstellten. Trifft das zu, so bestätigen diese Texte des vierten Evangeliums die Existenz eines vorsynoptischen Erzählungsstücks (wenigstens in mündlicher Tradition), dem die jetzt getrennten Stellen ursprünglich angehörten. Somit hätte sich für Mt. 11, 27 par. innerhalb eines paradigmatischen Streitgespräches ein glaubhafter „Sitz" im Leben Jesu ergeben, wodurch die Authentizität dieses Logions literarkritisch geringere Bedenken auslöst.

Gleichzeitig weist natürlich diese Bestätigung an Hand des vierten Evangeliums wieder auf eine alte Frage hin: betont und bezeugt sie nicht deutlich den johanneischen Charakter des Logions? Mit anderen Worten: handelt es sich hier nicht abermals um eine Aussage der Gemeinde über Jesus, die in einem Logion des Herrn selbst historisiert wurde? Hat man eine Diskussion zwischen Juden und Christen ins Leben Jesu zurückprojiziert?

Dagegen lässt sich zweierlei einwenden. 1) Es steht fest, dass die Fragestellung, um die es hier geht, schon zu Jesu Lebzeiten aktuell war; man denke nur an einen Text wie Mk. 11, 28 par. 2) Man kann noch weiter gehen: die Frage Mt. 13, 54-56 / Mk. 6, 2-3 besitzt Elemente, die sich besser erklären lassen, wenn jene zu Jesu Lebzeiten gestellt wurde. Die Erklärung Mk. 6, 3 par. οὐκ εἰσὶν αἱ ἀδελφαὶ αὐτοῦ ὧδε πρὸς ἡμᾶς; verbietet es, zumindest diesen Teil der Frage einer allzu späten Tradition zuzuschreiben. Noch wichtiger ist, dass Jesu angeblicher Vater — bzw. Jesus selbst — als Zimmermann bezeichnet wird. Wir besitzen hier einen Hinweis, der in der weiteren NT-Tradition überhaupt nicht mehr vorkommt. Ja, in späteren Wiedergaben der diesbezüglichen Frage (Lk. 4, 22; Joh. 6, 42) verschwindet er sogar als ein nicht mehr zur Sache gehörendes Element. Nimmt man an, dass die Frage nicht zu Lebzeiten Jesu, d.h. nicht von seinen Zeit- und Dorfgenossen, aufgeworfen wurde, dann lässt sich diese Bezeichnung nicht erklären.

Deshalb halten wir sowohl die Frage wie die Antwort in Mt. 11, 27 par. für authentisch; die Formulierung dieses Passus ist mit anderen synoptischen Logien zudem näher verwandt, als man gewöhnlich vermutet. Die Hypothese, dass Mt. 11, 27 par. in einem vorsynoptischen Traditionsstadium Teil der jetzt Mt. 13, 54-56 par. stehenden Frage ausmachte, scheint uns begründet genug, um das Logion im Hinblick auf diese Frage zu interpretieren; wir glauben deshalb, dass es sich hier um ipsissima verba Jesu handelt. Vor einer allzu strikten Auffassung dieses Punktes warnt uns allerdings schon die Divergenz zwischen Mt. 11, 27 und Lk. 10, 22: natürlich wurden die Worte nicht buchstäblich (in Übersetzung) überliefert. [1]

4. TEXTANALYSE

Im ersten Stichos, πάντα μοι παρεδόθη ὑπὸ τοῦ πατρός μου, liegt der Akzent nicht auf πάντα, sondern auf ὑπὸ τοῦ πατρός μου; die Frage berührt nämlich in erster Linie den Ursprung von Jesu Weisheit. Πάντα wird sich deshalb vornehmlich auf letztere beziehen. Es frägt sich, inwieweit man hier direkt an Jesu Wundermacht denken

---

[1] Unschwer lässt sich erklären, warum Frage und Antwort in der synoptischen Tradition voneinander getrennt wurden. Das Logion Mt. 11, 27 war auch isoliert ungemein wichtig für die Predigt. Nachdem die beiden ursprünglich getrennten Fragen in Mk. 6, 1-6 zu einer einzigen verschmolzen worden waren, fiel es nicht leicht, auch die beiden unterschiedlichen Antworten zu vereinigen: sind doch Mk. 6, 4 par. und Mt. 11, 27 sehr verschieden. So war Mt. 11, 27 nirgends mehr verankert und konnte schliesslich in einem anderen Kontext Aufnahme finden.

muss; nicht nur beziehen sich die darauffolgenden Stichoi ausschliesslich auf die Erkenntnis, auch die Frage nach Jesu Wundermacht war vielleicht ursprünglich gar nicht mit diesem Erzählungs-
stück verbunden, sondern drang erst aus einer anderen Tradition
in die jetzige Textversion ein. Ebenso fällt uns auf, dass aus
dem Stichos gar nicht hervorgeht, wer eigentlich Jesu Vater ist.
Im heutigen Kontext ist das auf Grund von Mt. 11, 25 par. deutlich,
wird aber in unserem Fall nicht so formuliert. Jesu Antwort ist de
facto also noch viel rätselhafter als man denkt. Unverkennbar ist
die Verwandtschaft mit Mt. 28, 18, was R. BULTMANNS Auffassung,
Mt. 11, 27 sei anfänglich als ein Logion des auferstandenen Herrn
überliefert worden und habe erst später im irdischen Leben des
Herrn seinen Platz erhalten, erklären mag [1]. Allerdings kommt der
Mittelpunkt des Logions: Jesus habe alles von seinem Vater
empfangen, bei Mt. 28, 18 nicht expressis verbis zum Ausdruck
und bleibt insofern also ohne Betonung.

Das Zeitwort παρεδόθη kann als eine Anspielung auf δοθεῖσα
von Mk. 6, 2 betrachtet werden. Möglicherweise ist es aber auch
— und zwar im typisch jüdisch-rabbinischen Sinne des Wortes [2] —
eine Anspielung auf die Überlieferung traditioneller Lehren. Um so
mehr, als auch die Joh. 7, 15 wiedergegebene Frage „πῶς οὗτος
γράμματα οἶδεν μὴ μεμαθηκώς;", die offensichtlich auf eine solche
Belehrung hindeutet, damals lebendig war. Die Antwort Joh. 7, 16
ist — mag ihre Formulierung auch Johanneisch sein — nah mit
Mt. 11, 27a verwandt. Die Frage von Vers 15 besass aber wohl zu
Jesu Lebzeiten die grösste Aktualität, was vermuten lässt, dass
Mt. 11, 27a darauf anspielt. Das soll natürlich nicht heissen, dass
man das Wort παρεδόθη in ähnlich technischem Sinne verstehen
muss, es sei denn, man setze es zwischen Anführungszeichen. Jesus
will ja gerade sagen, dass es in seinem Falle etwas ganz anderes
bedeute. [3]

Mt. und Lk. haben im *zweiten und dritten* Stichos voneinander

---

[1] *Geschichte* S. 172.

[2] Im Gegensatz u.a. zu F. BÜCHSEL, ThWNT II S. 173.

[3] Vielleicht stellt Jesus die παράδοσις τοῦ πατρός der παράδοσις τῶν πατέρων
gegenüber. Letzterer Ausdruck kommt im NT nicht vor. Gleichwertige
Wendungen aber gibt es wohl; vgl. Gal. 1, 14 und 1. Petr. 1, 18; diese Tradition heisst Mt. 15, 2/Mk. 7, 5 ἡ παράδοσις τῶν πρεσβυτέρων. Häufig ist von
den πατέρες die Rede: Mt. 23, 30-32 / Lk. 11, 47-48; Lk. 6, 23. 26; Apg. 7,
51-52; Joh. 6, 31. 49. 58; 7, 22; die Kombination mit παράδοσις kommt
bei Flavius Josephus vor (vgl. F. BÜCHSEL, Art. παράδοσις, ThWNT II
S. 174 und G. QUELL, Art. πατήρ, ThWNT V S. 976).

abweichende Lesarten. Dabei fällt allerdings in den beiden Versionen ein deutlicher Parallelismus auf, wiewohl dieser auf verschiedene Art erreicht wird: Mt. wiederholt τις ἐπιγινώσκει, Lk. τίς ἐστιν. Ich glaube nicht, dass man ohne weiteres behaupten kann, Lk. stelle eine Vereinfachung der Matthäischen Lesart dar und sei somit sekundär. [1] Schon das eigentlich überflüssige τις von Mt. zeigt deutlich, dass das Wort auch in der mündlichen oder schriftlichen Urtradition vorkam, wurde es auch von Lk. auf viel einleuchtendere Weise angewandt. Ausserdem entspricht Lk.' einfache Antwort auch viel mehr der Fragestellung: schliesslich handelte es sich hier um die Identität von Vater und Sohn. Überdies könnte man noch hinzufügen, dass die Formulierung des Mt. dogmatisch reicher ist und den Formulierungen des vierten Evangeliums näher steht; das weist vielleicht auf den sekundären Charakter seiner Version hin. Die Frage, welche der beiden Lesarten primär und welche sekundär sei, ist deshalb äusserst schwierig zu beantworten.

Dennoch steht fest, dass im Hinblick auf den von uns angenommenen Hintergrund der Fragestellung der Text ohne den zweiten, von VON HARNACK und T. W. MANSON weggelassenen, Stichos [2] undenkbar wäre. Die Tatsache, dass man Jesu Vater zu kennen vermeint, ist ja gerade Ausgangspunkt und eigentlicher Grund dazu, seine Weisheit verdächtig zu finden. Allerdings handelt es sich letztlich — zumindest in der Frage — nicht um den Vater, sondern um den Sohn; in Jesu Antwort ist das umgekehrte der Fall: hier erscheint (u.a. auf Grund des vierten Stichos) das Wissen um den Vater als das eigentlich bedeutsame. Dieses Wissen um den Vater ist nicht nur innerhalb der ältesten Christologie, sondern auch in den Problemen von Jesu Dorfgenossen so eng mit dem Wissen um den Sohn verbunden, dass beide Stichoi untrennbar sind.

Welches auch die ursprüngliche Formulierung von diesem Teil des Logions gewesen sein mag, in beiden Fällen sollte die Antwort lauten: Ihr denkt, den Sohn zu kennen, weil ihr zu wissen glaubt, wer sein Vater ist [3] — in Wahrheit aber kennt ihr weder den einen noch den anderen. Wirklich kennen nur beide einander. Dieses „kennen", hinter dem wohl das Hebräische ידע steht, besitzt hier zweierlei Bedeutung: für die Menschen aus Nazareth ist es das

---

[1] Was u.a. J. BIENECK, *Sohn Gottes* S. 84 behauptet; er schreibt sogar, dass sei „kaum bestritten und zu bestreiten".

[2] Vgl. S. 146, Anm. 1.

[3] S. auch Joh. 6, 42, besonders wenn man, wie die ältesten Handschriften, καὶ τὴν μητέρα weglässt, und das vermutlich ironische Joh. 7, 28 b.

Wissen um seine wirkliche Identität (die man auf Grund des täglichen Umganges kennt); für die Christen aber das einzigartige Verhältnis zwischen Vater und Sohn. Für Jesus selbst wird es beide Bedeutungen zugleich gehabt haben.

Der *vierte* Stichos öffnet den vom zweiten und dritten Stichos geschlossenen Kreis wieder. Obschon das Verhältnis zwischen Vater und Sohn dem Wesen nach ein exklusives ist, können sie auch andere daran teilnehmen lassen: und zwar dann, wenn der Sohn ihnen diese „Kenntnis" offenbart. Das Wort ἀποκαλύπτειν wird so nicht nur hier, sondern z.B. auch Mt. 16, 17 gebraucht; es hat die gleiche Bedeutung, obschon dort merkwürdigerweise der Vater dem Petrus offenbart, wer Jesus eigentlich ist. In beiden Fällen scheint das Wort nicht die eschatologische Bedeutung zu besitzen, die es sonst häufig hat — oder dann höchstens in sehr übertragenem Sinne. [1] Auffallend ist dabei, dass Joh. — abgesehen von einem Zitat (12, 38) — dieses Wort nie gebraucht, was den johanneischen Charakter des Logions nur noch fragwürdiger macht.

5. Die theologische Bedeutung

Die theologische Tragweite des Logions wird auf Grund des von uns vorgeschlagenen ursprünglichen Kontextes nicht geringer, sondern noch bedeutsamer. Gerade durch die Fragestellung rückt Jesu Vater ins Zentrum des Interesses. Die Auffassung, dass Joseph, der Zimmermann aus Nazareth, Jesu Vater sei, weist in diesem Logion der Herr selbst von der Hand, (s. auch Lk. 3, 23), und zwar so, dass dieser Punkt nichts mehr an Deutlichkeit zu wünschen übriglässt. Man kann deshalb Jesu Auftreten nicht aus dem Milieu erklären, in dem er geboren und erzogen ist. Wer ist nun aber der Vater Jesu? Das wird hier nicht ausdrücklich berichtet; isoliert man das Logion von der Verkündigung Jesu, so kann seine Bedeutung eine sehr einfache sein: niemand, ausser Jesus selbst, kennt seinen Vater. Dennoch lassen sowohl die Tatsache, dass Jesu besondere Weisheit (vielleicht auch seine Wundermacht, insofern die diesbezüglichen Worte zum ursprünglichen Kontext gehören) vom Vater stammt, als auch der Ausspruch, dass einzig der Vater ihn wirklich kenne, auf Gott schliessen; man kann, berücksichtigt man Jesu Sprachgebrauch in bezug auf Gott als seinen Vater, überhaupt nicht daran zweifeln. Gottes

---

[1] Da das Eschaton seinen Anfang in Jesus hat, ist zwangsläufig jede Offenbarung, deren Subjekt oder Objekt der Herr ist, eine eschatologische.

Vaterschaft steht hier zur vermeintlichen Vaterschaft des Zimmermannes aus Nazareth im Gegensatz: man darf deshalb im ersten Fall nicht an eine Vaterschaft durch Adoption oder an bildliche Darstellung denken. Aus diesem Grunde gerade lässt ja der ursprüngliche Kontext das Logion noch stärker hervortreten.

Besagt das Logion, dass Jesus, als er es aussprach, sich seiner Präexistenz bewusst war? Häufig betont man das [1]. Natürlich führen die Gedanken über das einzigartige und exklusive Verhältnis zwischen Sohn und Vater zu dieser Überzeugung — wie das vierte Evangelium beweist. Für den Herrn implizierte das Bewusstsein seiner einzigartigen Sohnschaft die Präexistenz. Aber man kann nicht behaupten, sie komme auch in der Formulierung des Logions zum Ausdruck. A. SCHWEITZERS Konklusion [2], die auch O. CULLMANN [3] aufnahm, bleibt jedenfalls weiterhin gültig: die Worte des 27. Verses „können aus dem Bewusstsein der Präexistenz heraus gesprochen sein".

---

[1] Wir nennen nur: G. SEVENSTER, *De Christologie van het Nieuwe Testament*, Amsterdam 1948 [2], S. 102; J.-M. VOSTÉ, *American Ecclesiastical Review* 121 (1949) S. 25; A. W. ARGYLE, ET LXI (1950) S. 229.
[2] *Geschichte der Leben-Jesu-Forschung*, Tübingen 1956[6], S. 310.
[3] *Christologie* S. 294-95.

VIERTER TEIL

SCHLUSSFOLGERUNGEN

DIE SELBSTAUSSAGEN JESU UND DIE URKIRCHLICHE TRADITION.

1. Zwei sekundäre Sohn-Gottes-Stellen in der synoptischen Tradition — 2. Konstanten der kerygmatischen Sohn-Gottes-Bezeichnung — 3. Ihr Fehlen in den drei Selbstaussagen — 4. Wirkliche Herrenworte oder Gemeindebildung? — 5. Von der Selbstbezeichnung Jesu zur Christusbezeichnung der Gemeinde.

1. Zwei sekundäre Sohn-Gottes-Stellen in der synoptischen Tradition

Das Ergebnis des dritten Teils war die Feststellung, dass Mk. 13, 32 par., Mt. 11, 27 par. und die Urform des Winzergleichnisses, in dem sich Jesus selbst als „der Sohn" bezeichnet, wahrscheinlich authentisch sind. Weitere Schlussfolgerungen waren natürlich nicht möglich. So ist es auch nicht ganz ausgeschlossen, dass diese Selbstaussagen vielleicht sekundär sind; gerade der zweite Teil unserer Arbeit zeigte ja, dass in der kerygmatischen Verkündigung der Urgemeinde „Sohn Gottes" als christologischer Titel nicht ohne Bedeutung war. Dass diese Bedeutung in der katechetischen Tradition eher zu- als abnahm, bezeugen sowohl Paulus' Briefe wie die johanneische Literatur. Es versteht sich von selbst, dass die Gottessohnschaft Jesu auch in der synoptischen Katechese ein beliebtes Thema darstellte. Also darf man erwarten, dass die synoptische Tradition Tatsachen aus Jesu Leben oder Herrenworte im Hinblick auf die Gottessohn-Vorstellung interpretierte. An Hand der Versuchungsgeschichte und der Davidssohnfrage lässt sich dies tatsächlich nachweisen.

I. Die Versuchungsgeschichte Mt. 4, 1-11 par.

Die Versuchungsgeschichte [1], die Mt. und Lk. einer gemeinsamen Vorlage entnahmen, geht näher auf die bei seiner Taufe betonte

---

[1] Vgl. P. Ketter, *Die Versuchung Jesu nach dem Berichte der Synoptiker*, NTA VI, 3, Münster 1918; H. J. Vogels, *Die Versuchungen Jesu*, BZ 17 (1926) S. 238-55; I.-M. Vosté, *De baptismo, tentatione et transfiguratione Jesu*, Studia Theologiae Biblicae Novi Testamenti 2, Romae 1934; G. A. van den Bergh van Eysinga, *De derde verzoeking*, Nederlands Theologisch Tijdschrift 33 (1946), S. 280-94; A. Fascher, *Jesus und der Satan*, Hallische Monographien 11, Halle 1949 (mit kritischer Literaturübersicht, S. 7-26); S. Eitrem, *Some notes on the demonology in the New Testament*, Symbolae Osloenses Fasc. Suppl. 12, Oslo 1950; A. Dondorp, *De verzoekingen van*

Gottessohnschaft Jesu ein. Während Mk. 1, 12-13 der Titel ὁ υἱὸς τοῦ θεοῦ überhaupt nicht vorkommt, wird er Mt. 4, 1-11 par. zum Ausgangspunkt der Versuchung gemacht[1]. In Mt. und Lk. ist die Absicht des Dialogs Mt. 4, 1-11 par. deutlich: Jesus hat die Prärogative seiner Gottessohnschaft nicht zu seinem eigenen Vorteil empfangen, er darf sie nicht einmal gebrauchen, um Anerkennung und Glauben zu erzwingen; hingegen muss er in demütigem Gehorsam den ihm von Gott vorgezeichneten Weg gehen, da der andere der Weg von Gottes grossem Widersacher, nämlich Satan, ist. Der Sohn Gottes ist zugleich auch der Gottesknecht.

Sowohl die kurze Erzählung des Mk. als auch die ausführliche des Mt.-Lk. stellen unter den Einzelstücken der synoptischen Tradition in formaler Hinsicht Sonderfälle dar[2]. Beide Stücke tragen weder die Kennzeichen eines Apophthegmas oder Paradigmas noch die einer Novelle oder Legende[3]. In den synoptischen Herrenworten finden sich keinerlei Parallelen zu dem Dialog des Mt.-Lk., der mit einer rabbinischen Diskussion verwandt ist[4] und seitens Jesu beinah ausschliesslich Schrifttexte enthält[5].

Inhaltliche Berührungspunkte mit der katechetischen Tradition fehlen aber keineswegs. Hebr. 2, 18 und 4, 15 zeigen, dass die paränetische Predigt das Thema von Jesu Versuchung verwendete, um den Christen in ihren eigenen Versuchungen beizustehen[6]. Auch die, in der synoptischen Tradition sich auswirkende, christologische Katechese spricht von Versuchungen Jesu. So sieht man in seinem Ringen in Gethsemane einen πειρασμός (Mk. 14, 38 par.;

Jezus Christus in de woestijn, Kampen 1951; R. SCHNACKENBURG, *Der Sinn der Versuchung Jesu bei den Synoptikern*, ThQ 132 (1952), S. 297-326 (mit ergänzender Bibliographie, S. 297); J. DUPONT, *L'Arrière-fond biblique du récit des tentations de Jésus*, NTS 3 (1957) S. 287-304; A. FEUILLET, *Le récit lucanien de la tentation*, Bb 40 (1959) S. 613-31.

[1] Mk. sieht den Zusammenhang mit der Taufgeschichte anders, und zwar wegen der Rolle, die der Geist spielt.

[2] Mk. und Mt.-Lk. gehen hier wahrscheinlich auf zwei verschiedene Traditionen zurück.

[3] Nach R. BULTMANN, *Geschichte* S. 270, liegt in Mk. 1, 12-13 offenbar das Rudiment einer ursprünglich ausgeführteren Legende vor.

[4] S. u.a. R. BULTMANN, a.a.O. S. 272.

[5] Ebd.; vgl. T. W. MANSON, *The Old Testament in the teaching of Jesus*, The Bulletin of the John Rylands Library 34 (1952) S. 312-32; J. DUPONT, a.a.O.

[6] Der Dialog von Mt.-Lk. gehört wohl in einen paränetischen Kontext. Er zeigt den Christen, wie sie den Versuchungen wiederstehen sollen: indem sie nämlich Gottes Wort, das ja der Ausdruck seines göttlichen Willens ist, befolgen.

Lk. 22, 40), eine Versuchung, den Leidenskelch abzulehnen [1]. Auch Petrus' Bemühung, Jesus vom Weg des Leidens und des Todes abzubringen, wird von der Tradition als πειρασμός interpretiert; dabei ist man davon überzeugt, dass hier kein anderer als Satan im Hintergrund stehe (Mk. 8, 33 par.). Petrus' Zurückweisung ὕπαγε ὀπίσω μου σατανᾶ — so gut wie sicher ein authentisches Logion — erfolgt mit den gleichen Worten wie die Zurückweisung des Versuchers in der Wüste (Mt. 4, 10). Dieses Logion zeigt, dass Jesus einen jeden, der ihn davon abbringen möchte, dem Willen seines Vaters zu gehorchen, zum Satan stempelt. Die Urgemeinde sieht schliesslich auch in den Angriffen der jüdischen Autoritäten eine Versuchung; häufig verwenden nämlich die redaktionellen Einleitungen zu den betreffenden Einzelstücken das Wort (ἐκ)πειράζειν (Mk. 8, 11 par.; 10, 2 par.; 12, 15 par.; Mt. 22, 35; Lk. 10, 25; 11, 16) [2]. Die Urgemeinde sieht in jedem, der Jesus zu einer vom Willen der Menschen bestimmten Richtung drängt, einen Versucher oder gar einen Satan.

Handelt es sich hier ausschliesslich um eine Interpretation der Urgemeinde, oder empfand Jesus diesen Widerstand auch selbst als eine Versuchung? Man kann letzteres kaum bezweifeln, da die Authentizität von Mk. 8, 33 par. so gut wie feststeht und Satans Rolle hier eindeutig enthüllt wird. Bei den Angriffen der jüdischen Führer fragt Jesus anlässlich der Steuerfrage selbst die Pharisäer und Herodianer: τί με πειράζετε; (Mk. 12, 15 par.). Das beweist vielleicht, dass Jesus ihre Versuche, ihn in das Schema ihrer Auffassungen einzuordnen, tatsächlich als einen πειρασμός empfand. Ausserdem bewahrt das johanneische Traditionsgut ein Logion, in dem die Anführer der Juden Kinder des Teufels genannt werden (Joh. 8, 44). Mit grosser Wahrscheinlichkeit lässt sich somit die Auffassung der Gemeinde auf Jesu eigene Aussprüche zurückführen.

Obschon sie ihre literarische Form erst aus der katechetischen Tradition gewann, glaubt man, dass auch die Versuchungsgeschichte

---

[1] Vgl. u.a. SEESEMANN, ThWNT VI, S. 35-36.

[2] Laut SEESEMANN, a.a.O. S. 28. 34. 36, handelt es sich hier nicht um echte Versuchungen, u.a. weil solche „immer eine Versuchung zum Ausweichen vor dem Leiden sind". Dagegen lässt sich einwenden, dass die Versuchung in Mk. 8, 11 par. und Lk. 11, 16 in der Frage liegt, welches Zeichen denn Jesus als Messias legitimiere. Dieses Zeichen ist sicherlich eine Manifestation seiner messianischen Funktion, und steht deshalb im Gegensatz zu seinem Leiden und Tod.

ihre Entstehung einem solchen Ausspruch Jesu verdanke [1]. Inhaltlich aber fällt sie aus dem Rahmen des Traditionsgutes, insofern eine persönliche Begegnung zwischen Jesus und dem Satan sonst nirgends erwähnt wird. Auch formal findet sich in der ganzen Erzählung kein Hinweis auf eine Mitteilung von Jesus selbst. Namentlich fehlt hier alles, was auf ein echtes authentisches Herrenwort schliessen lässt, wie man das für den Satan etwa Lk. 10, 18 findet [2]. Das ist um so entscheidender, als bei dieser Begegnung niemand zugegen war, die Katechese ihre Angaben also keinem Zeugen, sondern ausschliesslich einem Herrenwort verdankte.

Da sowohl Mk. als auch Mt.-Lk. die Versuchungsgeschichte mit Jesu Taufe [3] und seinem vierzigtägigen Aufenthalt in der Wüste verbinden, scheint der „Sitz" im Leben Jesu ausser Frage. Dennoch ist diese Angabe in der Tradition weniger fest verankert als man vermutet. Kennt doch die johanneische Tradition nach der Taufe weder einen Aufenthalt in der Wüste noch die damit verbundenen Versuchungen. Die für diese Periode auffallend detaillierte Chronologie des vierten Evangeliums bietet für einen längeren Aufenthalt in der Wüste überhaupt keinen Raum (Joh. 1, 29. 35. 39. 43; 2, 1). Daraus geht jedenfalls hervor, dass sich die Zeitordnung von Taufe und Versuchung nicht überall in der Tradition durchsetzen konnte. Man steht somit vor der Frage, ob die Reihenfolge auch den Tatsachen entspricht. Die Zahl Vierzig spielt hier, obschon die Chronologie Unterschiede aufweist, eine wichtige Rolle [4]; dadurch wird die Vermutung, dass diese Anordnung einen anderen Ausgangspunkt habe, nur noch verstärkt.

Der Paulinische Midrasch in 1. Kor. 10 zeigt, dass Taufe und

---

[1] So P. KETTER, a.a.O. S. 133; I.-M. VOSTÉ, a.a.O. S. 85-86; T. W. MANSON, *The servant messiah*, Cambridge 1953, S. 55; A. DONDORP, a.a.O. S. 80-107.

[2] Das Hebräerevangelium bewahrt allerdings ein Logion, das man mit der Versuchung in Zusammenhang bringen kann (s. E. PREUSCHEN, *Antilegomena* S. 5); dass es sich hier um ein authentisches Jesuswort handelt, ist jedoch ausgeschlossen. Vgl. J.-M. LAGRANGE, *St. Matthieu* S. 66.

[3] Mk. 1, 12 betont eine direkte Reihenfolge. Bei Lk. sind Tauf- und Versuchungsgeschichten durch den Stammbaum getrennt; aber die Worte ὤν υἱός .... τοῦ θεοῦ (3, 23. 38) stellen die Verbindung wieder her.

[4] Mk. spricht von einem Aufenthalt in der Wüste und von Versuchungen während vierzig Tagen. Mt. erwähnt ein Fasten von vierzig Tagen und Nächten, nach denen Jesus Hunger verspürt und dem Versucher begegnet. Lk. kombiniert beide Angaben: vierzig Tage hindurch wird Jesus vom Teufel versucht; da er während dieser ganzen Zeit nichts ass, wird er hungrig, worauf die drei Versuchungen erfolgen.

Versuchung in der Tradition zusammengehören.[1] Paulus setzt voraus, dass die Kinder Israels nach dem befreienden Zug durchs Rote Meer (V. 1-2) in der Wüste (Vers 5) Versuchungen ausgesetzt waren (V. 13-14) und diesen auch erlagen durch ihren Götzendienst (V. 7), d.h. durch abgöttische Opfermahlzeiten, die sie in eine Gemeinschaft mit Dämonen brachten (Vers 20-21). Er weist darauf hin, dass dies τυπικῶς geschehen und deshalb zur Warnung der Christen aufgeschrieben worden sei (V. 11); er ruft diese auf zu mutigem Widerstand gegen die Versuchungen (V. 13-14), denen sie nach der Taufe ausgesetzt sind (V. 2). Deutlich stützt sich hier die Kombination von Taufe und Versuchung weniger auf konkrete Tatsachen als auf jene Texte, die vom Auszug und der Wanderung durch die Wüste handeln. Das neue Gottesvolk erlebt Israels Heilsgeschichte von neuem.

Hängt vielleicht auch die Zeitordnung der synoptischen Tradition damit zusammen? Wurde die Thematik von 1. Kor. 10 auch auf Jesus angewandt, so liesse sich das eher vermuten. An Hinweisen dieser Art fehlt es nicht völlig. Wie aus Mt. 2, 15 erhellt, wurde das Auszugsthema auch mit Jesus in Zusammenhang gebracht. Die Worte von Hos. 11, 1, die sich auf Israels Rettung und Erlösung beziehen: ἐξ Αἰγύπτου ἐκάλεσα τὸν υἱόν μου, werden hier auf Jesus angewendet. Also kann man im Auszug einen Zusammenhang mit bestimmten Tatsachen aus Jesu Leben erblicken. Dass der Kombination Taufe-Versuchung der Zug durchs Rote Meer und die Fahrt durch die Wüste zugrunde liegen[2], scheint daher nicht unmöglich. Mit dem Thema des Auszugs könnte auch eine Anzahl anderer Details zusammenhängen: z.B. die Wüste[3], die Zahl Vierzig oder das Hungern.

Obwohl diese Thematik an vielen Stellen des AT auftaucht, besteht die Möglichkeit, dass die Versuchungsgeschichte von einer bestimmten Stelle ausgeht. Dass die Schriftzitate, die Jesus im Dialog anwendet, darauf hinweisen können, versteht sich von selbst. Zwei davon kommen allerdings kaum in Betracht, nämlich

---

[1] Vgl. J. BONSIRVEN, *Exégèse rabbinique et exégèse paulinienne*, Paris 1939, S. 303-304; H. LIETZMANN, *An die Korinther*, HNT 9, Tübingen 1949, S. 44-45; J. HÉRING, *La première épître de saint Paul aux Corinthiens*, Commentaire du Nouveau Testament 7, Neuchâtel 1949, S. 77 ff.; W. D. DAVIES, *Paul and rabbinic judaism*, London 1955, S. 105. 152-153.

[2] G. KITTEL, ThWNT II S. 655 verneint das.

[3] S. P. BONNARD, *La signification du désert selon le Nouveau Testament*, in Recueil Barth S. 9-18.

Dt. 6, 13. 16. Sie wurden dem Schema-Gebet entliehen, das jeder fromme Jude täglich rezitiert. Man kann annehmen, dass auch die Judenchristen diese Worte nicht nur auswendig wussten, sondern auch schnell auf den Lippen hatten. Das andere Zitat jedoch stammt aus einer paränetischen Zusammenfassung der Auszugserzählung, Dt. 8, 3b. Im unmittelbaren Kontext finden sich hier tatsächlich Details, die zur Ausstattung der Versuchungsgeschichte gehören: τεσσαράκοντα (V. 4); ἐν τῇ ἐρήμῳ (V. 2; siehe Lk. 4, 1; die Seitenreferenten haben εἰς); πεινᾶν (V. 3; in der LXX die übliche Übersetzung für רעב; Dt. 8, 3 übersetzt den Hiphil von רעב mit λιμαγχονεῖν); ἤγαγέν (siehe Lk. 4, 1) σε κύριος ὁ θεός σου ἐν τῇ ἐρήμῳ ὅπως . . . ἐκπειράσῃ σε (V. 2). Ausserdem heisst es, Jahweh züchtige sein Volk in der Wüste ὡς εἴ τις παιδεύσαι ἄνθρωπος τὸν υἱὸν αὐτοῦ (V. 5). Auf Grund dieser Stelle liegt also der Sinn von Israels Wüstenaufenthalt in der Prüfung seiner Gesinnung, ob es Jahwehs Gebote halten will oder nicht (V. 2. 6) und auf des Herrn Wegen wandeln will (V. 6). Hier findet man leicht Übereinstimmungen, und zwar nicht nur in der Formulierung, sondern auch in bezug auf die Situation selbst: werden doch in beiden Fällen der Gehorsam vor Gott und die Bereitwilligkeit, seinen Wegen zu folgen, auf die Probe gestellt. [1]

Somit drängt sich von verschiedenen Seiten her die Vermutung auf, man habe die ursprüngliche Traditionsangabe der synoptischen Versuchungsgeschichten — dass nämlich Jesus zu seinen Lebzeiten in Versuchungen gebracht worden sei, die letztlich vom Satan ausgingen — wie einen Midrasch, und zwar an Hand von Details aus Dt. 8, 1 ff., ausgearbeitet. [2] Sofern dies zutrifft, muss man die Fassung der Versuchungsgeschichte in ihrer Gesamtheit der (wahrscheinlich palästinensischen [3]) Urgemeinde zuschreiben.

Aber selbst wenn das nicht stimmt, ist der Dialog in Mt.-Lk. wahrscheinlich sekundär [4]. Er enthält kein ursprüngliches Herren-

---

[1] Ein wichtiger Unterschied liegt in der Tatsache, dass Israel von Jahweh auf die Probe gestellt wird, während Jesu Versuchungen vom Satan, Gottes Widersacher, ausgehen. Dennoch haben sie mehr gemeinsam. Vgl. P. KETTER, a a O S 123 131; R. BULTMANN, *Geschichte* S. 272; I.-M. VOSTÉ, a.a.O. S. 101-103; T. W. MANSON, *Servant* S. 57; R. SCHNACKENBURG, a.a.O. S. 310. 316-19; SEESEMANN, ThWNT VI, S. 34-35.

[2] J.-M. LAGRANGE, *St. Matthieu* S. 65, lehnt diese Auffassung ab. Man muss zugeben, dass sich die Erzählung nicht restlos aus Dt. 8, 1 ff. erklären lässt.

[3] S. R. BULTMANN, *Geschichte* S. 275.

[4] a.a.O. S. 271-75.

wort, während Jesu Beitrag — abgesehen von den Schriftzitaten
— sich in den Worten ὕπαγε σατανᾶ (Mt. 4, 10) erschöpft; diese,
bei Lk. fehlenden, Worte entstammen vermutlich Mk. 8, 33 par.,
einer Stelle, wo sie jedenfalls authentisch sind. Man kann also
R. BULTMANN zustimmen: ,,Christliche schriftgelehrte Arbeit hat
die in Q vorliegende Geschichte geschaffen und ihr die Form eines
Streitgesprächs nach jüdischen Vorbildern gegeben."[1] Die Überzeugung, dass Jesus vom Satan versucht wurde, und dass dabei
sein Gehorsam gegenüber dem Vater auf dem Spiele stand, geht
auf Jesus selbst zurück; das lässt sich an Hand seiner Worte nachweisen. Hingegen handelt es sich im Dialog von Jesus mit dem
Satan — wo an zentraler Stelle der Titel ὁ υἱὸς τοῦ θεοῦ steht —
um eine Auswirkung der Katechese; diese veranschaulicht eine
authentische Traditionsangabe, indem sie eine Begegnung zwischen
Jesus und Satan inszeniert.

II. Die Davidssohnfrage [2].

Mt. 22, 41-46 zeigt, wie ein authentisches [3] Logion erst in zweiter
Instanz eine Pointe erhält, die es ursprünglich nicht besass. Mk. 12,
35-37 stellt den messianischen Titel ,,Davidssohn" in Frage (ist also
keine Negation [4]), und zwar auf Grund von Ps. 110, 1, der den

---

[1] a.a.O. S. 274-75.

[2] S. D. DAUBE, Four types of question, JThS n.s. 2 (1951) S. 45-48 (neue
Ausgabe in D. DAUBE, Rabbinic judaism, S. 158-69); R. P. GAGG, Jesus und
die Davidssohnfrage, zur Exegese von Markus 12, 35-37, ThZ 7 (1951) S. 18-30;
V. TAYLOR, The Names, S. 24; O. CULLMANN, Christologie, S. 132-34; zu
Unrecht nahm man den Namen David nicht als Stichwort ins ThWNT auf.

[3] W. BOUSSET, Kyrios Christos S. 5. 51; R. BULTMANN, Geschichte S. 145-
46; Theologie S. 29-30; G. BORNKAMM, Jesus von Nazareth S. 206, verneinen die
Authentizität. Aber man kann das Logion kaum der Gemeinde zuschreiben,
noch weniger, wenn es möglicherweise leugnet, dass Jesus Davids Sohn sei;
ist diese Auffassung doch Gemeingut der Tradition. Die Authentizität
befürworten: M. ALBERTZ, Die synoptischen Streitgespräche, Berlin 1921,
S. 26; V. TAYLOR, The messianic secret in Mark, ET 59 (1947-48) S. 149-50;
The Names S. 24 und 42 Anm. 3; St. Mark S. 490; J. SCHNIEWIND, Markus
S. 163-64; W. L. KNOX, The sources of the synoptic gospels I, Cambridge
1953, S. 87 Anm. 1; O. CULLMANN, Christologie S. 133. Man kann ihre Argumente noch ergänzen: Ps. 110, 1 wird hier ganz anders wie in der urkirchlichen Verkündigung verwendet. Der entsprechende Text wird sonst nur
auf Grund seiner zweiten Hälfte angeführt, in der vom Sitzen zur Gottes
Rechten die Rede ist: Apg. 2, 34-35; Hebr. 1, 13; Mk. 14, 62; Apg. 7, 55;
Röm. 8, 34; Eph. 1, 20; Kol. 3, 1; Hebr. 1, 3; 8, 1; 10, 12-13; 12, 2; 1.Petr. 3,
22 (vgl. C. H. DODD, According to the Scriptures, S. 34-35 und O. CULLMANN,
Christus und die Zeit, Zürich 1946, S. 133).

[4] Wie viele Autoren meinen; s. W. BOUSSET, ebd.; R. BULTMANN ebd.;
F. JACKSON, Beginnings I S. 364. E. LOHMEYER, Markus, S. 262-63,

Messias als Davids Herrn bezeichnet. Hier wird eine andere Wirklichkeit, die zugleich ins wahre Messiasbild miteinbezogen werden
muss [1], dem Davidssohntitel gegenübergestellt. Die Bedeutung
dieses zweiten Aspekts bleibt dunkel. Denkbar wäre dabei etwa
der Titel Kyrios [2], wobei der Herr als Gegensatz zum Sohn da-
stünde. Aber Jesus nennt sich selbst nie Kyrios [3], während dieses
Wort in der Tradition vorzugsweise absolut oder mit einem Pos-
sessivpronomen gebraucht wird. 'Davids Herr' ist kein Titel.
Auch ein anderer Gegensatz ist möglich. Ein neuer Aspekt neben
Davidssohn könnte Menschensohn oder Sohn Gottes sein [4]. De facto
wird das jedoch nicht näher bestimmt; Jesus weist nur darauf hin,
dass nicht seine Abstammung von David das entscheidende
Moment ist [5], sondern etwas anderes, das er nicht näher umschreibt:
eine Gegebenheit jedenfalls, die ihn nicht nur als Davids Sohn,
sondern gleichzeitig auch als Davids Herrn erscheinen lässt. [6]

Die Frage von Mt. 22, 42 τίνος υἱός ἐστιν; weist hingegen deutlich
auf die Gottessohnschaft. Sie kann nämlich nicht mit τοῦ ἀνθρώπου

---

glaubt, dass Jesus hier nicht über sich selbst, sondern nur ganz theoretisch über den Messias rede, indes die beiden Aspekte „Sohn des David"
(laut der Schriftgelehrten) und „Herr des David" (laut Schrift), einander
ausschlössen. Auch R. P. GAGG, a.a.O. S. 20, meint, dass das Logion negativ
sei, obschon der Text keineswegs gegen den Titel „Davidssohn" polemisiere.
„Sohn des David" und „Herr des David" seien hier als theologisch geladenen Bezeichnungen (S. 24). „Damit ist allerdings gegeben, dass Jesus sich
nicht positiv zum Thema „Messias" äussert . . . Unser Text liefert demnach
keinen Beitrag zur Theologie des Neuen Testaments." (S. 28). R. BULTMANN,
Geschichte . . ., Ergänzungsheft S. 21, bezeichnet GAGGS Auffassung mit Recht
als „höchst unglaubwürdig".

[1] Dass es sich hier um zwei für Jesus gleichermassen wirkliche Aspekte
handelt, wies D. DAUBE a.a.O. nach.

[2] W. BOUSSET a.a.O. S. 5; F. JACKSON-K. LAKE ebd. halten χριστός für
die Alternative; ihrer Ansicht nach handelt es sich letztlich um zwei Vorstellungen: Messias vom Stamme Juda und Messias vom Stamme Levi.
Die Möglichkeit ihrer Aufassung bestärken die Qumranschriften, die beide
Messiasgestalten berücksichtigen.

[3] S. O. CULLMANN, *Christologie* S. 209-10.

[4] So R. BULTMANN, *Geschichte* S. 145-46. Menschensohn wäre dann möglich,
wenn dieser Text einem palästinensischen Milieu entstammte, Gottes Sohn,
wenn sein Ursprung in der hellenistischen Umwelt läge. — Aber die Bedeutung von „Sohn" im Titel „Menschensohn" ist so abgeschwächt, dass letzterer dem Davidssohntitel nicht gegenüberstehen kann; vgl. u.a. O. CULLMANN,
Christologie S. 139-40; W. GROSSOUW, *De Zoon des Mensen,* 1957 S. 6.

[5] O. CULLMANN a.a.O. S. 133.

[6] Vielleicht mit einem vagen Hinweis auf „Sohn Gottes"; vgl. die LXX-
Übersetzung von Ps. 110, 3b; die LXX scheint in diesen Worten eine Art
Orakelspruch zu sehen. Möglicherweise klingen sie hier mit.

beantwortet werden, was hier, wo es sich um die Frage nach dem Vater handelt, gar nichts besagen würde. Die durch diese Ergänzung von Mt. suggerierte Antwort lautet: τοῦ θεοῦ [1].

Deutlich ist Mt. 22, 42ab eine sekundäre Ergänzung; die Worte τί ὑμῖν δοκεῖ; kommen ausschliesslich bei ihm vor: Mt. 17, 25; 18, 12; 21, 28; 22, 17; 26, 66. Markus hätte eine solche Suggestion, im Hinblick auf seine Betonung des „Sohn Gottes"-Titels [2], gewiss nicht weggelassen, wenn er ihr in den ihm zur Verfügung stehenden Texten begegnet wäre. Es handelt sich hier also um eine Interpretation des Mt. Er legt Jesus eben das in den Mund, was nach kirchlicher Tradition der Grund ist, weshalb er nicht nur Davids Sohn sondern auch Davids Herr ist [3]. Wir besitzen hier also ein Beispiel dafür, wie die Auslegung der Tradition in ein authentisches Logion eindringen und seine Formulierung beeinflussen kann.

Beide Beispiele beweisen, dass die Gemeindetheologie sicherlich nicht ohne Einfluss auf die synoptische Tradition blieb. Wir dürfen uns deshalb nicht auf eine Erörterung der Jesusworte selbst beschränken, sondern müssen diese auch mit dem kerygmatischen Traditionsgut der Urgemeinde vergleichen.

2. KONSTANTEN DER KERYGMATISCHEN SOHN-GOTTES-BEZEICHNUNG

Ein Vergleich der uns zur Verfügung stehenden kerygmatischen Texte [4] führt zur Feststellung, dass sowohl die Verkündigung als auch die Glaubensbekenntnisse bestimmte Kennzeichen haben; man kann diese Kennzeichen als *typische Eigenschaften der Verkündigung von Jesus als Sohn Gottes* ansehen. Jede dieser Eigenschaften treffen wir in mehr als einem Text an, während in Röm. 1, 3-4 alle vier zur Darstellung gelangen.

a. Sowohl Glaubensbekenntnisse wie Hymnen b e t o n e n , d a s s J e s u s G o t t e s S o h n i s t. Das ist im alten — textkritisch zwar gewiss nicht authentischen — Glaubensbekenntnis der Apg. 8, 37 der Fall: πιστεύω τὸν υἱὸν τοῦ θεοῦ εἶναι τὸν Ἰησοῦν

---

[1] Vgl. G. DALMAN, *Worte* S. 233-35; M. ALBERTZ, *Streitgespräche* S. 36; J. SCHNIEWIND, *Das Evangelium nach Matthäus*, NTD 2, Göttingen 1954[7], S. 224-25; J. SCHMITT, *Jésus Ressuscité*, S. 181. 211; M. MEINERTZ, *Theologie des Neuen Testaments*, Bonn 1950, I S. 159.

[2] J.-M. LAGRANGE, *St. Marc*, S. CXVLII und V. TAYLOR, *St. Mark* S. 120-122.

[3] Auch wenn Jesu Absicht richtig interpretiert wird, handelt es sich hier um eine — was die Worte selbst betrifft — sekundäre Interpretation.

[4] s. S. 66 ff.

Χριστόν; nach O. CULLMANN [1] gehörte es zum ältesten Taufritual und ist noch 1. Joh. 4, 15; 2, 23; Hebr. 4, 14 vernehmbar [2]. Das gleiche sehen wir in der Zusammenfassung von Paulus' Predigt, Apg. 9, 20: ὅτι οὗτός ἐστιν ὁ υἱὸς τοῦ θεοῦ. Auch die Röm. 1, 3-4 verarbeitete Formel vertritt die These, dass Jesus als Sohn Gottes eingesetzt ist; diese These betont zudem der Gegensatz γενομένου ἐκ σπέρματος Δαυὶδ — ὁρισθέντος υἱοῦ θεοῦ; Paulus fügt noch bekräftigend hinzu: κατὰ σάρκα — κατὰ πνεῦμα. Ὁ υἱὸς τοῦ θεοῦ wurde in diesen Texten zu einem Jesusprädikat, zu einem Titel, den man ihm zulegte.

b. Diese Bezeichnung wird m i t T e s t i m o n i e n d e s A l t e n T e s t a m e n t s i n Z u s a m m e n h a n g gebracht. Apg. 13, 33 weist nachdrücklich auf Ps. 2, 7 hin, einen auch Hebr. 1, 5; 5, 5 zitierten Text. Diese beiden Stellen sehen in Ps. 2, 7 ein von Jahweh zu Jesus gesprochenes Gotteswort, eine Auffassung, die auch Apg. 13, 33 teilt. Hier wird Ps. 2, 7 als Beweistext angeführt. Röm. 1, 3-4 spielt der Traditionskomplex von 2. Sam. 7, 14 eine wichtige Rolle [3], nämlich als ein Komplex von Texten, die — wie aus der Kombination Hebr. 1, 5 hervorgeht — mit Ps. 2, 7 verwandt sind. Somit darf in Ps. 2, 7 ein Beweistext für Jesu Auferstehung und Einsetzung als Gottessohn erblickt werden, der mit den anderen Beweistexten der Reden Apg. 1-13 auf einer Ebene steht; die Anspielungen auf den Traditionskomplex von 2. Sam. 7, 14 wollen der Gestalt Jesu allerdings eher eine bestimmte Stellung innerhalb der Heilsgeschichte zuweisen und können deshalb mit der Übersicht der Geschichte Israels, Apg. 7, 2-50 [4] und 13, 17-22 [5], verglichen werden. Gleichzeitig geben diese Anspielungen dem Namen ὁ υἱὸς τοῦ θεοῦ einen festumrissenen Inhalt.

c. Die Tatsache, dass Jesus der Sohn Gottes ist, wird m i t d e r A u f e r s t e h u n g i n Z u s a m m e n h a n g gebracht. Ausdrücklich heisst es Röm. 1, 4: ἐξ ἀναστάσεως νεκρῶν.

Ἀναστήσας in Apg. 13, 33 besagt wahrscheinlich das gleiche;

---

[1] s. S. 73 f.
[2] Ebd.
[3] s. S. 67 ff. und S. 78 ff.
[4] Die Verse betonen Gottes Güte Israel gegenüber und den Undank des Volkes; letzterer äussert sich besonders in Moses' Ablehnung (V. 27-28; 39 ff.) und in der Prophetenverfolgung (V. 52), die nur das Vorspiel zu Jesu Verstossung und Tod sind (V. 51-52).
[5] Diese Einleitung konzentriert sich auf die Davidsgestalt und ist auf die mit David zusammenhängenden Testimonien gerichtet (V. 32-37).

das Wort muss sich zwar nicht unbedingt auf die Auferstehung beziehen [1], deutet im Zusammenhang mit Vers 34 aber wohl doch auf diese hin. Man kann auch den frühesten Text anführen, in dem Paulus vom „Sohn" spricht, nämlich I. Thess. I, 10: τὸν υἱὸν αὐτοῦ ... ὃν ἤγειρεν ἐκ τῶν νεκρῶν, ein Beweis dafür, dass für Paulus damals Auferstehung und Gottessohnschaft noch immer zusammenhingen [2].

Ist der Zusammenhang zwischen Auferstehung und Gottessohnschaft ein kausaler oder nur ein zeitlich bedingter? Röm. I, 4 lässt beides zu. Apg. 13, 33 spricht vielleicht mehr für die Kausalität, da hier das γεγέννηκά σε des Ps. 2, 7 für eine Parallele des ἀναστήσας gehalten wird. [3]

d. Jesus wird in der Verkündigung und in den Glaubensbekenntnissen a u s d r ü c k l i c h ὁ υἱὸς τοῦ θεοῦ genannt: Apg. 9, 20; 8, 37 (1. Joh. 4, 15; Hebr. 4, 14); Röm. I, 4. Das wurde zu einer feststehenden Bezeichnung, einem christologischen Titel, der sich als solcher auch in der späteren kirchlichen Tradition durchsetzte [4]. Ob dieser Titel erst aufkam, als das Griechisch zur üblichen Kirchensprache wurde, oder ob er schon der aramäischen Verkündigung bekannt war (ברה די-אלהא), lässt sich schwer entscheiden und ist für uns nicht von Belang.

Also fügt sich das ὁ υἱὸς τοῦ θεοῦ der Predigt dem Gesamtbild der kerygmatischen Reden der Apg. 1-13 besonders gut ein: [5] Israel verwarf und tötete Jesus, Gott aber erweckte ihn wieder vom Tode und setzte ihn — wie die Schrift bezeugt — als „Sohn Gottes" ein.

3. DAS FEHLEN DER KONSTANTEN IN DEN DREI SELBSTAUSSAGEN

Vergleicht man die drei, im dritten Teil erörterten, Logien mit den angeführten kerygmatischen Stellen, so fällt einem auf, dass sie der vier oben erwähnten kennzeichnenden Eigenschaften vollständig entbehren.

---

[1] s. A. OEPKE, ἀνίστημι, ThWNT I S. 369, Z. 15-23.

[2] Hebr. 5, 5 hängt wahrscheinlich nicht unmittelbar mit der Auferstehung zusammen; das Wort ἐδόξασεν mag dies zwar suggerieren, doch spricht der Kontext, besonders Vers 8, für das Gegenteil.

[3] Das Glaubensbekenntnis „Jesus ist der Sohn Gottes" hängt vielleicht nicht nur zufällig mit dem Taufritual zusammen: sieht man doch die Taufe als ein Begraben- und wieder Auferwecktwerden mit Jesu, Röm. 6, 3 ff.; Kol. 2, 12-13. Dennoch bleibt fraglich, ob diese Sicht auf die Taufe alt ist.

[4] Vgl. hierüber ausführlich F. J. DÖLGER, *Ichthys, Der heilige Fisch in den antiken Religionen und im Christentum*, I, Münster 1928[2].

[5] s. S. 31 ff.

a. Nirgends wird ausdrücklich festgestellt, dass Jesus Gottes Sohn oder Gott Jesu Vater ist. Beide Textreihen zeigen diese Vorstellung vielmehr als Hintergrund von Jesu Worten, als ein Bewusstsein, das seinem Reden und Handeln zum Ausgangspunkt dient. Mt. 11, 27 und Mk. 13, 32 zeigen das besonders deutlich. Von Jesu Sohnschaft und Gottes Vaterschaft ist nur indirekt die Rede, und sie scheinen auch nicht unmittelbar oder um ihrer selbst willen zu Jesu Verkündigung zu gehören. Daher verwenden auch die diesbezüglichen Texte weder das Wort Sohn als Prädikat für Jesus noch das Wort Vater als Prädikat für Gott.

Diese Herrenworte unterscheiden sich somit nicht nur von den kerygmatischen Stellen, sondern ebenso von einigen Texten der synoptischen Tradition, die Jesu Gottessohnschaft besonders hervorheben: z.B. die Taufgeschichte [1], die Versuchung [2], Jesu Verklärung [3], einige Ausrufe der Dämonen [4], Petrus' Glaubensbekenntnis in Mt. 16, 16 [5], das Bekenntnis des Haupt-

---

[1] Vgl. H. GRESSMANN, *Die Sage von der Taufe Jesu und die vorderorientalische Taubengöttin*, ARW 20 (1920-21) S. 1-40; 323-359; W. TELFER, *The form of a dove*, JThS 29 (1928) S. 238-42; I.-M. VOSTÉ, a.a.O.; J. KOSNETTER, *Die Taufe Jesu*, Wien 1936; L. KOCH, *Die Geistsalbe Christi bei der Taufe im Jordan in der Theologie der alten Kirche*, BMS 20 (1938) S. 15-20; C. DE BEUS, *De oud-christelijke doop en zijn voorgeschiedenis* I, Haarlem 1945; O. CULLMANN, *Die Tauflehre des Neuen Testaments*, Zürich 1948; T. NICKLIN, *The Messiah's baptism and the Holy Ghost*, ChQR 149 (1950) S. 127-37; M. BARTH, *Die Taufe ein Sakrament?*, Zürich 1951; A. FEUILLET, *Le baptême de Jésus dans l'évangile selon Saint Marc*, CBQ 21 (1959), S. 468-90.

[2] s. S. 165-71.

[3] Mk. 9, 7 par.; vgl.: J. B. BERNARDIN, *The transfiguration*, JBL 52 (1933) S. 181-89; I.-M. VOSTÉ, a.a.O.; J. HÖLLER, *Die Verklärung Jesu*, Freiburg 1937; J. BLINZLER, *Die neutestamentlichen Berichte über die Verklärung Jesu*, NTA 17/4, Münster 1937; E. DABROWSKI, *La transfiguration de Jésus*, Scripta Pontificii Instituti Biblici 85, Romae 1939; G. H. BOOBYER, *St. Mark and the transfiguration*, JThS 41 (1940) S. 119-40; H. RIESENFELD, *Jésus transfiguré*, ASNU 16, København 1947; A. M. RAMSEY, *La gloire de Dieu et la transfiguration du Christ*, Dieu Vivant 15 (1950) S. 17-27; A. FEUILLET, *Les perspectives propres à chaque évangéliste dans les récits de la transfiguration*, Bb 39 (1958) S. 281-301; H. BALTENSWEILER, *Die Verklärung Jesu*, AThANT 33, Zürich 1959.

[4] Mk. 5, 7 par.; s. O. BAUERNFEIND, *Die Worte der Dämonen im Markusevangelium*, Stuttgart 1927; A. FASCHER a.a.O.; S. EITREM a.a.O.

[5] S. auch 14, 33. O. CULLMANN, *Petrus, Jünger-Apostel-Märtyrer*, Zürich 1952, besonders S. 190-206, löste Mt. 16, 16b-17 aus dem heutigen Kontext heraus und verlieh diesem Teil des Logions einen neuen „Sitz" im Leben Jesu, nämlich in der Leidensgeschichte. Er ist der Auffassung, das Logion sei ursprünglich im Zusammenhang mit Petrus' Verleugnung überliefert worden. Man erhob manchen Einwand gegen diese Hypothese; vgl. u.a. B. WILLAERT, *La connexion littéraire entre la première prédiction de la passion*

manns [1] und vielleicht Jesu Antwort an Kaiphas [2] und die auf sie hinweisende Verhöhnung Mt. 27, 43 [3]. Dass sich Jesus selbst nie ausdrücklich als Sohn Gottes bezeichnet, kommt dadurch nur noch deutlicher zum Ausdruck. [4]

---

et la confession de Pierre chez les synoptiques, EThLov 32 (1956) S. 24-25. H. LEHMANN, ,,*Du bist Petrus . . .*'', EvTh 13 (1953) S. 44-67, glaubt, CULLMANN habe diese Worte mit Recht aus dem Kontext des Mt. herausgelöst; mit einer neuen Hypothese gibt er ihnen einen anderen ,,Sitz'' im Leben Jesu, nämlich die Zeit nach der Auferstehung. Dafür spricht in der Tat vieles. Stimmt seine Hypothese, so darf Jesu Bestätigung, Mt. 16, 17, nicht als ein zu den Selbstaussagen über die Sohnschaft gehörender Ausspruch des irdischen Jesus angeführt werden, wie O. CULLMANN, *Christologie* S. 292, es tut; es handelt sich dann vielmehr um einen Ausspruch des erhöhten Jesus. Wir haben die betreffende Aussage ausser Betracht gelassen, da ihr ,,Sitz'' im Leben Jesu zumindest zweifelhaft ist.

[1] Mk. 15, 39 par. Wenn überhaupt, so muss man hier zwischen einem Sensus Dictionis und einem Sensus Scriptionis unterscheiden. Vgl. P. A. VAN STEMPVOORT, ,,*Gods Zoon*'' *of* ,,*een zoon Gods*'' *in Matth.* 27, 54 ?, Nederlands Theologisch Tijdschrift 9 (1954-1955), S. 79-89; R. C. BRATCHER, *A note on* υἱὸς θεοῦ (*Mk.* xv. 39), ET 68 (1956-1957) S. 27-28. Dieser Text erinnert, besonders, wenn man ihn im Zusammenhang mit Mt. 26, 63 par. und 27, 43 liest, an die Verhöhnung des Gerechten, Sap. Sal. 2, der sich für Gottes Sohn ausgab (besonders V. 13. 16-18) und an die Einsicht, Sap. 5, 4-5, dass dieser Gerechte in der Tat zu Gottes Söhnen gehört.

[2] Mk. 14, 61f. par. Vgl. zur Geschichtlichkeit des Jesusprozesses vor dem Hohen Rat: H. LIETZMANN, *Der Prozess Jesu*, Sitzungsberichte der preussischen Akademie der Wissenschaften, 1931, Berlin 1931, S. 311-22, und die anschliessende Diskussion in ZNW 30 (1931) S. 193-215, an der nicht nur M. DIBELIUS, F. BÜCHSEL, H. LIETZMANN, sondern später auch M. GOGUEL teilnahmen, ZNW 31 (1932) S. 294 ff. S. auch K. L. SCHMIDT, *Der Todesprozess des Messias Jesus*, Judaica 1 (1945) S. 1-40; J. JEREMIAS, *Zur Geschichtlichkeit des Verhörs Jesu vor dem Hohen Rat*, ZNW 43 (1950-1951) S. 145-50; P. WINTER, *Marginal notes on the trial of Jesus*, ZNW 50 (1959), S. 14-33. J. BLINZLER, *Der Prozess Jesu*, Regensburg 1955², S. 86-89, gab eine Zusammenfassung sämtlicher Diskussionen.

Offen bleibt, inwieweit man Jesu Antwort für eine Bestätigung halten darf, dass er Gottes Sohn sei. Vgl. Anmerkung 4.

[3] s. Anmerkung 1.

[4] Hat Jesus das nicht irgendwie vor dem Hohen Rat (Mk. 14, 61-62 par.) bestätigt? Auffallend ist, dass es hier keine übereinstimmende Tradition gibt. Die Frage, ob Jesus, der Christus, der Sohn Gottes (bzw. des Hochgelobten, Mk.) sei, wird nur durch das ἐγώ εἰμι des Mk. formell bestätigt. Bei Mt. 26, 64 steht σὺ εἶπας, während Lk. (der die Frage in zwei verschiedene Fragen aufteilt) die beiden Antworten von Mk. und Mt. zu einer einzigen kombiniert: ὑμεῖς λέγετε ὅτι ἐγώ εἰμι; dabei bleibt allerdings von Mk.' Bestätigung nicht mehr viel übrig.

Will man (im Gegensatz zu J. A. BENGEL, *Gnomon Novi Testamenti* S. 585, wie auch vielen anderen) nicht harmonisieren, so ist die Bedeutung von σὺ εἶπας nicht leicht zu definieren. Diese Worte stellen bestimmt keine formelle Bestätigung dar (vgl. J.-M. LAGRANGE, *St. Matthieu*, S. 507; E. LOHMEYER, *Matthäus*, S. 369; J. H. MOULTON, *A grammar of New Testa-*

b. In den Logien fehlt jede Anspielung auf die Testimonien des Alten Testaments, die doch im kirchlichen Gebrauch
als Beweistexte eine wichtige Rolle spielen. Übrigens ist von einem

---

ment Greek, Edinburgh 1949³, I S. 86; BLASS-DEBRUNNER, *Grammatik* § 441;
W. BAUER, *Wörterbuch*, S. 851; W. C. ALLEN, *St. Matthew*, S. 276. 284).
O. CULLMANN hält die Worte sogar für eine Verneinung (*Christologie* S. 118-
21). Wichtig ist, ob der Hauptakzent auf σύ oder auf εἶπας liegt; dort überwiegt die Verneinung, hier die Bestätigung. Der Kontext spricht in mancher
Hinsicht für die stärkere Betonung von σύ: die Antwort steht in erster
Linie im Gegensatz zur Frage des 63. Verses ἵνα ἡμῖν εἴπῃς, die nur Mt. so
formuliert; zweitens aber steht diese Antwort ebenfalls im Gegensatz zu
πλὴν λέγω ὑμῖν (vgl. F.-M. ABEL, *Grammaire* § 78 0; BLASS-DEBRUNNER,
a.a.O. § 449, W. BAUER, a.a.O. S. 1218). Diese Gegensätzlichkeit kann sich
unterschiedlich äussern: nach E. LOHMEYER (ebd.) widerspricht Jesu eigene
Aussage (πλὴν (ἐγὼ) λέγω ὑμῖν) den Worten des Hohenpriesters (σὺ εἶπας
ὅτι ἐγώ εἰμι); Jesus distanziert sich eigentlich von dem Titel, jedoch ohne
ihn dabei eindeutig abzulehnen. Dass ἐγώ nicht ausdrücklich erwähnt wird,
kann schwerlich als Beweis dafür gelten, dass der Gegensatz ein anderer
sein müsse (vgl. Mt. 19, 9). — Man könnte den Kontrast auch in ὁ υἱὸς τοῦ
θεοῦ und ὁ υἱὸς τοῦ ἀνθρώπου erblicken oder, wie J.-M. LAGRANGE (a.a.O.
S. 508), in der Situation selbst: Jesus der Beschuldigte, im Gegensatz zu
Jesus „associé à la gloire de Dieu". Anderseits bedingt der Kontext
jedoch eine bestätigende Antwort, da man Jesu Worte als Gotteslästerung
verstand.

Welche der beiden Antworten steht den ipsissima verba Jesu am nächsten?
Mt. könnte eine sekundäre Version von Mk. sein. Dafür sprechen ἄρτι, das
in der synoptischen Tradition nur bei Mt. vorkommt, und λέγω ὑμῖν. In
bezug auf ὁ υἱὸς τοῦ εὐλογητοῦ ist der Titel ὁ υἱὸς τοῦ θεοῦ vermutlich
ebenfalls sekundär. Er ist in der katechetischen Tradition bestimmt ein
feststehender christologischer Titel, während die Umschreibung des Gottes-
namens mit ὁ εὐλογητός im NT ein Hapaxlegomenon ist und somit auch
kaum von Markus selbst, sondern aus einer älteren Tradition stammt. Man
kann jedoch nur schwer motivieren, warum Matthäus die unzweideutige
Bestätigung abschwächte in σὺ εἶπας; er vermeidet allerdings auch sonst das
absolute ἐγώ εἰμι (ausgenommen 14, 27, wo es eine ganz gewöhnliche und
alltägliche Bedeutung hat). Eine gewisse Wahrscheinlichkeit kann also dem
sekundären Charakter von Mt. 26, 63-64 nicht abgesprochen werden.

Ebenso gibt es aber Hinweise für den sekundären Charakter von Mk. 14,
61-62. In 61b sind πάλιν (*Statistik*: 17/28/3/43/5/28/ weiter fünfmal) und
ἐπηρώτα (*Statistik*: 8/25/17/2/2/2/) offensichtlich Ergänzungen von Markus.
Bei ihm ist der Bericht zudem logischer, da die Fortsetzung eine eindeutige
und formelle Bestätigung Jesu voraussetzt; man kann deshalb Mk. 14, 61-62
auch für eine Verbesserung des Mt.-Textes halten; Mk.' Änderung lässt sich
leicht erklären: sein besonderes Interesse gilt auch in seinem Evangelium
der oft betonten Gottessohnschaft Jesu; die Veränderung von σὺ εἶπας in
ἐγώ εἰμι bewirkt eine Akzentverschiebung, durch die Mk. eine eigene Aussage
von Jesus erhält, die seine Gottessohnschaft unzweideutig bestätigt.
Dann wird Jesus nicht nur deshalb abgelehnt, sondern stirbt auch als Sohn
Gottes. Mk. vermittelt uns somit eine besonders gläubige Sicht auf Jesu
Tod; wir haben hier ein Beispiel für das, was K. H. SCHELKLE (*Die Passion
Jesu in der Verkündigung des Neuen Testaments*, Heidelberg 1949, S. 281)

Beweis für seine Gottessohnschaft bei Jesus überhaupt nicht die
Rede. Möglicherweise verkündet er aber im Gleichnis von den bösen
Winzern (Mk. 12, 1 ff. par.) selber seine Stellung in der Heilsgeschichte: das trifft zu, wenn auch er mit den ausgesandten Dienern bereits
die Propheten meint. Diesem Gleichnis liegt übrigens das Gleichnis
von Jes. 5, 1-7 zugrunde; eine Anspielung auf einen etwas über
die Gottessohnschaft aussagenden AT-Text fehlt aber vollends.

Das gleiche gilt für Mt. 11, 27, einen Text, in dem L. CERFAUX [1]
und A. FEUILLET [2] zahlreiche Reminiszenzen an Dan. 7, 14; Jes.
42, 1 und die Sapientia-Literatur entdecken. Jesus selbst mass
diesen Worten keine an AT-Texte rührende Bedeutung bei. Mit
Recht schreibt V. TAYLOR [3]: „The idea of Messianic kingship, it
might be suggested, was the path which led to a richer and more
intimate sense of sonship. Evidence to support this suggestion,
however, is wanting. It suffers also from the objection that the
implied process of thought is exegetical rather than personal
and religious."

Einige synoptische Texte unterscheiden sich auch in dieser Hinsicht. Die Worte der Himmelsstimme bei Taufe und Verklärung
(Mk. 1, 11 par.; 9, 7 par.) erinnern nicht nur an Jes. 42, 1 (vielleicht

---

folgendermassen beschreibt: „Das kerygmatische Interesse veranlasst die
Erzähler . . ., das Geschichtliche übergeschichtlich zu motivieren und die
Darstellung der Geschichte unwillkürlich gläubig zu formen."

Trotz alledem ist es nicht möglich, eine der beiden Stellen zu bevorzugen.
Es liesse sich sogar erwägen, ob nicht die Formulierung der Frage mit dem
zusammengesetzten Titel ὁ χριστὸς ὁ υἱὸς τοῦ θεοῦ auf eine sekundäre
christliche Interpretation hinweist. Wurden doch diese beiden verschiedenen
Titel, indem man sie ein und derselben Person zulegte, in der Gemeindepredigt zu Synonymen. Ob das aber auch im vorchristlichen Judentum
der Fall war, ob der Hohepriester überhaupt in dieser Form fragen konnte,
ist noch stets zweifelhaft.

Jedenfalls wird hier deutlich, dass Jesu Antwort nicht in allen Traditionsstadien gleich überliefert wurde; somit tritt uns in diesem Dialog wahrscheinlich auch kein buchstäblich überliefertes Herrenwort entgegen.

[1] *Les sources scripturaires*, EThLov 31 (1955) S. 331-36.
[2] *Jésus et la Sagesse divine d'après les évangiles synoptiques*, RB 62 (1955)
S. 161-96.
[3] *The Person of Christ*, S. 174. H. B. KOSSEN, *Op zoek naar de historische
Jesus*, Assen 1960, S. 235 schreibt (wir übersetzen): „Auf Grund von
2. Sam. 7, 14 und Ps. 2, 7 ist es viel wahrscheinlicher, dass Jesus, der
sich für Davids Abkömmling hielt, auch den Titel „der Sohn" auf sich selbst
bezog, als dass dieser Titel ihm erst von der Gemeinde zugelegt worden wäre."
(Vgl. S. 150-151). Aber in den Formulierungen der Gemeinde ist der Zusammenhang mit den hier erwähnten Texten deutlich, während er in den Jesuslogien fehlt.

auch an 43, 1; 44, 2; 62, 4), sondern ebenso an Ps. 2, 7, während der letzte Text bei Lk. sogar in den Handschriften der westlichen Gruppe Aufnahme fand. Die ,,Sohn Gottes''-Texte der Leidensgeschichte sind ebenfalls fest mit AT-Texten verknüpft [1].

c. Nirgends verbindet Jesus seine Sohnschaft mit der Auferstehung; nicht einmal dann, wenn er im Winzergleichnis (Mk. 12, 8 par.) über seinen eigenen Tod spricht. Auch in den anderen Texten des synoptischen Materials, wo vom ,,Sohn Gottes'' die Rede ist, fehlt — mit Ausnahme der Verklärungsgeschichte (Mk. 9, 9 par.) [2] — jede Beziehung zur Auferstehung.

d. Der Ausdruck ὁ υἱὸς τοῦ θεοῦ kommt in diesen Jesuslogien nirgends vor. Das lässt sich keineswegs damit erklären, Jesus habe sich selbst nicht so bezeichnen können. Genauso wie er sich des öfteren ὁ υἱὸς τοῦ ἀνθρώπου oder, ausnahmsweise, ὁ υἱός oder ὁ υἱὸς αὐτοῦ nennt, hätte er auch von sich als ὁ υἱὸς τοῦ θεοῦ, aramäisch ברה די-אלהא, reden können. Der Ausdruck ist der synoptischen Tradition sonst geläufig; man denke etwa an die Überschrift von Mk. (1, 1) oder an Lk. 1, 32. 35, deutlich sekundäre Texte, dann an die Versuchungsgeschichte (Mt. 4, 3. 6 par.), die Ausrufe der Dämonen (Mk. 5, 7 par.; 3, 11 par.), die Glaubensbekenntnisse des Petrus in der Version von Mt. (14, 33; 16, 16), das Verhör durch den Hohen Rat (Mk. 14, 61 par.), die Verspottung am Kreuze (Mt. 27, 43) und an das Glaubensbekenntnis des Hauptmanns (Mk. 15, 39 par.).

4. WIRKLICHE HERRENWORTE ODER GEMEINDEBILDUNG?

Diese formalen Unterschiede zwischen den Logien und der Verkündigung von Jesu Gottessohnschaft beweisen, dass der Ursprung der beiden Texttypen nicht in der gleichen Traditionsschicht liegen kann. Es erweist sich aber auch, dass die Predigt und die Glaubensbekenntnisse in bezug auf die Logien — und

---

[1] S. 177, Anm. 1.

[2] Manche Einzelheiten der Erzählung wecken ebenfalls den Eindruck, dass die Apostel den erhöhten Jesus sehen und dass dieses Ereignis der Auferstehung vorgreift; dem widersprechen u.a. G. BOOBYER, a.a.O. und H. RIESENFELD a.a.O. S. 292-302. Nach WELLHAUSEN, LISY, BOUSSET, BERTRAM, GOETZ und GOGUEL behauptet auch R. BULTMANN, Geschichte S. 278-79, dass es sich hier um eine zurückprojizierte Erscheinung des auferstandenen Jesus handle. Diese Hypothese löste grossen Widerspruch aus; Argumente, die sie widerlegen, findet man am deutlichsten bei C. H. DODD, The appearances of the risen Christ: an essay in form-criticism of the gospels; Studies Lightfoot, S. 9-35.

nicht umgekehrt — sekundär sind. Sind doch die Logien in for-
maler Hinsicht den Texten der kirchlichen Tradition unterliegen.
Letztere besitzen klarere Formulierungen, sind mit dem AT verbunden, haben den Titel ὁ υἱὸς τοῦ θεοῦ und tragen deshalb die
Spuren echter Gemeindetheologie; zudem zeigt die eindeutige
Beziehung zur Auferstehung, dass sie in einem ziemlich frühen
Traditionsstadium entstanden. Im Gegensatz zu diesen Texten
klingen die Logien vage, sagen nicht deutlich, dass mit dem „Sohn"
Jesus selbst gemeint ist, enthalten keine stereotypen Elemente
und kennen auch keine festumrissenen Assoziationen mit bestimmten Texten des ATs. Sie sind viel eher eine Widerspiegelung
von Jesu Bewusstsein, auf einzigartige Weise Gottes Sohn zu sein.
Dass er Gottes Sohn ist, sagt Jesus nicht ausdrücklich: handelt es
sich doch — wie wir nachgewiesen haben — in allen drei Texten
um etwas anderes. Aber die Gottessohnschaft steht im Hintergrund
seiner Worte, sie ist das verborgene Fundament seiner sichtbaren
Gestalt. Eben deshalb tritt sie nur am Rande und auf indirekte
Weise in Erscheinung. Was sich in den für uns bestimmten Jesusworten als ein Widerschein seines Bewusstseins, seines Wesenskerns,
darstellt, wird von der Verkündigung und den Glaubensbekenntnissen der Urgemeinde als Glaubenswahrheit ausgedrückt. Die
Unterschiede der beiden Textreihen widerspiegeln die Entwicklung
von Wirklichkeit zu Wahrheit. Gemäss ihrer Natur verlangt die
Glaubenswahrheit eine abgerundete Formulierung und den Versuch
einer Präzisierung, wie sie in den Worten „Jesus ist der Sohn Gottes"
bereits anklingen. Diese Glaubenswahrheit wird zugleich auch an
Hand der Schrift begründet, nämlich durch den Traditionskomplex
von Ps. 2, 7 und 2. Sam. 7, 14, der Jesu Stellung innerhalb der
Heilsgeschichte erläutert. 1. Thess. 1, 10 und Röm. 1, 3-4 sind
dann die ersten Ausarbeitungen der Lehre von Jesu Gottessohnschaft.
    Vertritt man die These einer entgegengesetzten Entwicklung, und
hält man also die Logien gegenüber der Verkündigung für sekundär,
so muss man annehmen, dass sich die Formulierung zurückent-
wickelte — und das klingt höchst unwahrscheinlich.
    Zweifellos gibt es — was den Inhalt des Gottessohnnamens be-
trifft — eine Rückentwicklung. Da dieser Titel innerhalb der
Gemeindepredigt theologisch noch nicht so präzisiert ist, dass er
eine adoptianische Interpretation ausschliesst, können auch die
späteren Adoptianer die Formulierung dieser Glaubenswahrheit
noch eine Weile unterschreiben. Der Inhalt des Glaubensartikels

„Jesus ist der Sohn Gottes" blieb anfänglich ziemlich vage, besonders, wo es sich um das Verhältnis zwischen Jesus und Gott handelte.
Eben darauf aber beziehen sich die Logien. Sowohl der strenge
Unterschied zwischen „Mein Vater" und „Euer Vater" in den
Jesusworten als auch die Art und Weise, wie Jesu Sohnschaft als
ein strikt persönliches und exklusives Verhältnis zu Gott betrachtet
wird (besonders Mt. 11, 27 par. und Mk. 13, 32 par.) — anderen
zwar zugänglich, aber nicht im gleichen Sinne — stehen, obschon
damit die Präexistenz noch nicht unmittelbar ausgesprochen wird,
einer adoptianischen Interpretation grundsätzlich im Wege. Der
Inhalt dieser Logien übertrifft deshalb den Inhalt der ältesten
Predigt, weshalb hier auch von einem gewissen Regress gesprochen
werden darf. Das ist gerade hier nicht erstaunlich. Bleiben doch
Verkündigung und Bekenntnis immer hinter der Realität zurück.
    Wird eine Glaubenswirklichkeit als Glaubenswahrheit aus-
gedrückt, so wird erstere immer nur unzulänglich wiedergegeben.
Im ersten Stadium versucht die Predigt, die Wahrheit tiefer zu
erkennen, indem sie sich auf Schriftangaben besinnt und also
von aussen her an die Wahrheit herantritt. Die Logien hingegen
zeigen uns das Verhältnis zwischen Jesus und seinem Vater von
innen her, weshalb sie uns auch näher an die lebendige und vollständige Wirklichkeit heranführen.
    Wir haben bereits kurz erwähnt, dass sich manche Kennzeichen
der kerygmatischen Periode in einer Anzahl synoptischer Texte
zurückfinden lassen. Heisst das, dass sie eindeutig sekundär sind?
Keineswegs. Wohl aber waren diese Texte dem Einfluss der Tradition mehr ausgesetzt als die entsprechenden Logien. Dort, wo es
sich um Erzählungen über Jesus handelt, ist das selbstverständlich:
wurden doch diese Erzählungen gerade in der Verkündigung formuliert [1]. Grössere Freiheit lässt sich auch in den Dialogen zwischen
Jesus und anderen oder in den Aussagen Dritter a priori vermuten.
Diese Perikopen konnten also leicht von der Kirche den Stempel
der Glaubensüberzeugungen erhalten. Das rechtfertigt unsere
Beschränkung auf Jesusworte im strikten und technischen Sinne.
Bilden doch die synoptischen Evangelien sowohl den Ausgangspunkt der kirchlichen Tradition (nämlich in den Logien) als auch
ihren vorläufigen Endpunkt (weil sie der Niederschlag dieser Tra-

---

[1] Die hier möglichen Verschiebungen beschrieb H. BALTENSWEILER, *Die
Verklärung Jesu*. Besonders interessant ist, dass er das Wort der Wolken-
stimme für ein sekundäres Element hält, a.a.O. S. 98 ff.

dition sind). Eben deshalb mussten wir uns hier aber auf diejenigen Stellen beschränken, die a priori vermuten lassen, als Ausgangspunkte herangezogen werden zu können.

5. Von der Selbstbezeichnung Jesu zur Christusbezeichnung der Gemeinde

Eine Zusammenfassung unserer Untersuchung — soweit das Textmaterial sie gestattet — führt zu folgender Rekonstruktion: obschon sich Jesus larit der synoptischen Tradition niemals ברה די־אלהא nennt, zeigt er doch schon durch die Art, wie er Gott als Vater anredet und ihn anderen gegenüber seinen Vater nennt, wie auch durch den Ausdruck „Sohn" für sein Verhältnis zu Gott, dass er sich davon bewusst war, in einzigartiger Weise Gottes Sohn zu sein; diese Sohnschaft ist daher unübertragbar. Es bleibt die Frage, inwieweit sich Jesu Jünger dies schon zu seinen Lebzeiten realisierten. Die indirekte Form, in der Jesus dieses Bewusstsein in seine Verkündigung aufnimmt, lässt darauf schliessen, dass diese Realität von Jesu Leben und Person kaum durch die Jünger beachtet wurde. Erst nach seiner Auferstehung, vielleicht auch auf Grund dieser, erkannten die Jünger diesen Aspekt. Christliche Besinnung auf die Aussagen der Heiligen Schrift brachte ans Licht, das schon im AT — besonders im 2. Psalm und in der Verheissung an David — von der Sohnschaft die Rede war. Man sieht nun in Jesus die Erfüllung dieser Verheissung und bezieht die entsprechenden Texte auf ihn. Man interpretiert sie in erster Linie in bezug auf das messianische Königtum; erst in zweiter Instanz werden sie mit der wirklichen Gottessohnschaft Jesu in Zusammenhang gebracht. Röm. 1, 3-4 enthält die Darstellung beider Auffassungen und ist eben deshalb so schwer zu erklären. In dem Augenblick, wo das Griechisch die Kirchensprache wird, erscheint ὁ υἱὸς τοῦ θεοῦ als feststehender Titel, der immer häufiger gebraucht wird — schon, weil er in den religiösen Vorstellungen des Hellenismus ebenfalls eine Rolle spielte.

Wahrscheinlich bezeichnete man Jesus anfänglich nur in seinem erhöhten Zustand als „Gottes Sohn", während die Überzeugung, dass er als wahrhafter Sohn Gottes dies auch schon zur Zeit seines Auftretens und sogar seit seiner Geburt gewesen sein musste, erst später Fuss fasste. Deshalb verbindet das christliche Denken Jesu Gottessohnschaft auch erst in einem späteren Traditionsstadium mit seiner jungfräulichen Geburt (Mt. 1, 20-23; Lk. 1, 34) und mit der Glaubenserkenntnis, dass er durch den Heiligen Geist empfangen wurde (Lk. 1, 35). Von hier bis zum Glauben an die Präexistenz ist nur noch ein Schritt.Die Überzeugung, dass der Sohn Gottes schon existierte, bevor er als Jesus von Nazareth zu Gottes auserwähltem Weinberg ausgesandt wurde, kommt bereits in der Hymne Phil. 2, 6-11 und an anderen Stellen der Paulinischen Briefe zum Ausdruck; sie wird aber nirgends so konsequent ausgedrückt wie im vierten Evangelium, das Jesus von Nazareth auch in den dunkelsten Stunden seines Lebens im Lichte seiner Herrlichkeit darstellt.

STELLENREGISTER

Gen.		2 Sam.		Ps.		Ps.	
2,17 f.	60	3,18	80 f.	2 4, 6, 10, 21,		94,13	46
37-50	56	7,12 ff.	67 f., 73.	68 ff., **75 ff.**, 78,		105,17	56
37,20	138		**78 ff.**,	**81 ff.**, 183		106,16	25
45,4	57	7,12 f.	42, 68	2,1 f.	62 f., 69 f.	110,1 42, **45**, 61,	
45,5	56	7,12	68	2,2	80	**81**, 115, 171	
		7,14	10, 67, 75,	2,7 5, 10, 18, 19,		110,3	172
Ex.			105, 174, 179,	21, 22, 28, 31,		116,3	47
4 f.	13, 105		181	40, 42, 51, 61,		117,18	57
8,11	39			**66 ff.**, 67, 79,		118,15	57
28,43	60	1 Kön.		105, 115, 174 f.,		118,20	57
		2,10	68	179, 180, 181		118,22 42, 54, 61	
Lev.		16,19	60	7,16	46	118,22 f. 56, 130	
22,9	60	19,16	82	9,15	82	132,11 f. 61, 68	
23,29	42			9,16	46	132,11 42, 68, 78,	
		2 Kön.		14,7	82		81
Num.		14,6	60	16,8-11	42, 61		
18,32	60			16,10 42, **45 f.**,		Sir.	
27,3	60	1 Chron.		61, 68, 69, **79**		4,10	106
		17,13	105	20,3	82	13,1	106
Deut.				22	56	23,4	106
6,13	170	2 Chron.		22,25	54	46,16	69
6,16	170	6,9 ff.	42, 68, 78	30,10	46	51,10	106
8,3 ff.	**170**	6,9 f.	68, 80 f.	31	56		
13,10	135	24, 21	135	31,19	57	Sap.	
14,1 f.	103, 105	25,4	60	34	56	1,1 ff.	75 ff.
18, 15 42, **45**,61,80				34,16	57	1,1	76
18,19	42, 61	Esra		34,20	57	2 ff.	56
21,22 f.	62	7,8	60	35,37	46	2	177
24, 16	60			36,12-39	57	2,10-24	75 ff.
32,5 f.	105	Nehem.		37,13	76	2,10	57
32, 6-9	13	6,17	60	40,3	57	2,12	57
32,19 f.	105	8,36	57	41	56	2,13-20	22
				42-43	56	2,13 53, 56, 76,	
		2 Makk.		43,5	82		106, 177
Jos.		12,43	60	49,10	46	2,16 ff. 106, 177	
22,20	60			53,7	82	2,16	57, 76
		Hiob		55,24	46	2,18	57, 76
Richt.		1,1	56	59,9	76	3,1-9	75 ff.
3,9	80	1,5	60	69	56	3,10	57
3,15	80	1,8	56	69,29	57	4,7	57
5,11	39	2,6	57	69,34	54	4,16	57
		4,18	56	80	56	4,18	76
1 Sam.		39,3	46	89,4 f. 42, 68, 78,		4,20	22
12,19	60				81	5,1 ff.	22, 75 ff.
13,14	67	Esther		89,5	80, 81	5,4 f.	177
26,16	69	7,1	39	89,21	67	5,5	76
				89,27	10, 105	5,6	76, 106

AUTORENREGISTER

Abel, F.-M. 103, 178
Albertz, M. 171, 173
Allegro, J. M. 68
Allen, E. L. 74
Allen, W. C. 4, 178
Argyle, A. W. 120, 124, 145, 161
Arvedson, T. 74

Baltensweiler, H. 176, 182
Barth, M. 176
Barthélemy, D. 5
Bauer, W. 35 ff., 43, 75, 133 ff., 178
Bauernfeind, O. 176
Beasley-Murray, G. R. 120
Bengel, J. A. 102, 177
Benoit, P. 22, 46
Bergh van Eysinga, G. A. van den 165
Bernardin, J. B. 13, 176
Beus, Ch. de 176
Beyer, H. W. 53, 59, 73
Bieler, L. 13, 56
Bieneck, J. 3, 5, **13 f.**, 17, 24, 26, 104, 108, 120, 124, 146, 149, 159
Bietenhard, H. 74
Billerbeck, P. 50, 102, 104, 107, 154
Black, M. 34 f., 53, 54, 102, 103, 133 ff.
Blass, F. 43, 135, 143, 178
Blinzler, J. 5, 22, 176, 177
Boismard, M.-E. 71
Bonnard, P. 169
Bonsirven, J. 104, 106, 107, 169
Boobyer, G. H. 176, 180
Bornkamm, G. 66, 117, 171
Bousset, W. **8 ff.**, 20, 31, 53, 65, 66, 76, 104, 105, 106, 109, 117, 118, 119, 121, 124, 147, 148, 149, 171, 172
Bratcher, R. C. 177
Brownlee, W. M. 52
Buber, M. 53
Büchsel, F. 158, 177
Bultmann, R. 5, **11 ff.**, 65, 71, 72, 117, 118, 121, 124, 129, 144, 148, 149, 154, 155, 158, 166, 170, 171, 172, 180
Burkitt, F. C. **125, 130**

Cadbury, H. J. **32 f.**, 40, **43**, 50, 55, 73
Cellini, A. 3
Cerfaux, L. 15, 31, 32, 35 ff., 53, 54, 55, 58, 60, 70, 74, 115, 123, 149, 150, 179
Charles, R. H. 106
Chevallier, M. A. 71
Clemen, C. 117, 118, 124, 149
Craig, C. T. 55
Cullmann, O. **17 ff.**, 26, 52, 53, 55, 59, 63, 69, 73, 74, 80, 93, 108, 114, **119**, 120, 123, 124, 149, 161, 171, 172, 174, 176, 177, 178

Dabrowski, E. 145, 176
Dahl, N. A. 71
Dalman, G. **4 ff.**, 8, 25, 56, 93, 97, 99, 100, 103, 105, 106, 108, 109, 110, 114, 117, 118, 173
Daniélou, J. 84 ff.
Daube, D. 171, 172
Davies, W. D. 147, 153, 169
Debrunner, A. 43, 135, 143, 178
Dibelius, M. **10 f.**, **33**, 40, 43, 50, 73, 129, 148, 149, 154, 177
Dodd, C. H. 43, 53, 54, 56, 59, 68, 71, 72, **125 ff.**, 130, 131, 140, 141, 143, 144, 171, 180
Doeve, J. W. 32, 45, 46, 47, 64, 68, 70, 78
Dölger, F. J. 15, 175
Dondorp, A. 4, 165, 168
Dupont, J. 23, 32, 34, **44 ff.**, 46, 53, 54, 55, 56, 59, 61, 66, 74, 166

Eitrem, S. 165, 176
Euler, K. F. 52
Evans, C. F. 33, 35

Fascher, A. 165, 176
Feine, P. 4
Feuillet, A. 147, 149, 166, 176, 179
Fiebig, P. 124
Foerster, W. 143, 145
Fonck, L. 124
Frey, J. B. 106